失敗者回憶錄

下卷

李怡 著

目錄

第四章：

香港前景：

有始有終：

獨立輿論／徐復觀：

香港悲劇：

本土意識：

兩制死亡路：

最終章：《蘋果》被殺：

備註：失敗者回憶錄原刊於《蘋果日報》直至編號27。28起開始刊於作者個人網頁。

第四章

96／買護照住石頭　香港前景惹恐慌

一九八四年十二月二十一日，《中英聯合聲明》在北京簽署後兩日，英國首相戴卓爾夫人[1]來港開記者會，時任記者的劉慧卿提出一個火辣的問題：英國不只是把香港的土地交給中國，而且把五百萬香港人交到一個共產政權手上，這在道義上是否說得過去？戴對這問題看來早有準備，她的回答是：「我相信絕大多數香港人的確欣然接受這份協議，你或許是唯一例外。」

不過，當時更有一個犀利的提問是英首相沒有準備的，那是在香港工作的美國記者 Linda Jaivin 提的，她問：一九七九年香港總督麥理浩到北京，鄧小平是否告訴他會在一九九七年收回香港？如果是，為什麼英國不把這訊息告訴香港人？戴卓爾夫人遲疑了一下說：我不知道鄧小平跟麥理浩談過些什麼。Linda 後來對我說，她被這個無恥的回答唬住了，竟沒有追問：你不是應該知道的嗎？她說她恨自己當時沒有即刻追問。

九七後維持資本主義

Linda 的提問更重要而且涉及未知事實的本質。可惜大多數報導都沒有提及，但我記得。

到底麥理浩在一九七九年有沒有從鄧小平口中得知中共對香港前途的立場？據麥理浩後來接受媒體訪問時說，當時不是首先由他提出一九九七這問題的，鄧小平也只是重申香港是中國的一部分，一九九七前會作出商討。據後來解密文件顯示，麥理浩提出，因為現在新界土地不能批出超過一九九七年的年期，因此是否可以在賣地契約上說：「若一九九七後的政治環境不變，契約會繼續有效。」鄧小平很敏感或早有準備地說，中國擁有主權，九七後香港仍然搞資本主義，請投資者放心。沒有直接講收回，但中國主導主權的含義很清楚。按約辦事的英國這個法治國家，唯一的選擇是與中國商談九七後的安排。

鄧小平或沒有明說，但英國政治人物應該意會到未來的可能變化。於是，那一年，最大的英資公司怡和洋行，已悄悄將部分資產移至其他地方；匯豐收購美國密蘭銀行，使之變成國際化銀行。英國開始醞釀新國籍法，將英籍人士分成兩類，第二類是在英國沒有居留權的「英國海外國民」（BNO），香港近三百萬英籍人士即屬此類。一九八〇年，香港開始提出政制改革，準備設立區議會。這些動作都不能不說與為九七作準備無關。

另一方面，據一九九七年時已經退休的新華社（即今中聯辦）副祕書長黃文放在《九十年代》撰文透露，當年鄧小平為解決香港問題，成立五人小組，黃文放是成員之一。他說中共本來並沒有想過要收回香港，而是想繞過九七這個年限，延長英國對香港的管治，但英國逼北京表

1 即柴契爾夫人。

態，堅持要就九七問題談判。對中共來說，這是一個「痛苦的抉擇」，因為收回香港容易，但維持香港繁榮穩定則殊不容易，他承認，當時中共陣營內也有不少人反對收回香港。但在民族主義思維主導下，鄧小平也一言定音，大家只好在收回這大前提下絞盡腦汁。

港人開始用腳投票

一九八一年初，哲學教授勞思光發起組織「香港前景研究社」，邀我參加。參加者不多，還有胡菊人、董千里、陸鏗、孫述憲等。主要目的，就是想研究和提出些意見和建議，讓香港在九七後可以維持某種形式的英國管治，包括主權換治權、仍然留在英聯邦等。我們都深知道，不管中國如何信誓旦旦的承諾，不管有怎樣完善的文本設計，在一個沒有法治自由傳統的國家統治下，都不可能守得住法治規則，香港的自由、人權會逐漸或快速淪落。

那幾年，我的主要精神，都放在香港前景問題上，編輯雜誌、寫文章，大都離不開這個話題。

戴卓爾夫人說，「絕大多數香港人欣然接受這份協議」，絕非事實。一九八二年五月底民調顯示，98%的人希望維持現狀，64%的人選擇中國擁有主權而繼續由英國管理，42%的人接受香港成為特區，37%的人希望香港獨立，26%的人接受香港歸還中國。一九八四年聯合聲明發表後，因不少人相信明文規定的法治傳統，這比例有一些改變，但仍然每年有以萬計的人離開，用腳投票以示不信任中國的承諾。

一九八〇年至一九八六年，每年約兩萬人移民，及至一九八七至一九八九年，移民人數升至

三、四萬人。不過，許多人並非舉家移民，而是全家移民後，先生先回香港繼續賺錢，太太就帶著孩子留在國外，那時有個流行的名詞，把這叫做「太空人」。

那時一些小國也紛紛用「賣護照」的方式吸取香港人取得外國人身分作護身符。那時美國領事館簽證處主管告訴我，說有人持南太平洋小國東加王國的護照來拿美國簽證，但護照上寫明這人沒有居住在東加的權利，護照只允許他住在東加主島之外的一塊大石頭上。

這樣的護照香港人也要買，可見港人當時的恐慌程度。

（原文發布於二〇二二年一月十四日）

《七十年代》1983年7月號封面。

97／從來沒有「民主回歸」

關於中英就香港前途的交涉過程，已有許多論文或專著談到，我這裡只就我記憶深刻的一些事談談。

從一九八一到一九八四年，是中英就香港前途問題的交涉時期。這時期中國不斷地通過高層會見香港訪客，明確透露一九九七年收回香港。到一九八二年九月，戴卓爾夫人訪北京會見鄧小平，中國的意向更清楚。這階段有大批新政治團體產生，包括香港觀察社、太平山學會、匯點，以及我有參與而且目標明確的香港前景研究社。除了匯點表示支持在港人民主治港下回歸中國之外，大部分政治團體都傾向如何實質上延續英國管治。

一些大專院校的學生會，從反殖、民主的抽象概念出發，也主張中國在主權下實行港人民主治港。他們曾經致信中國總理趙紫陽，獲趙紫陽回信，說民主治港理所當然。於是入世未深、不明白所謂「民主」實在是專權政治都會運用的好名詞，比如「人民民主專政」，比如中共高官說「社會主義民主是最廣泛的民主」。

但絕大多數市民從這麼多年的新聞報導，特別是自身在大陸的親人的經驗，對中共收回主權仍然恐慌。一九八三年九月二十四日出現美元兌港元跌至九．六，港股跌至這一年最低點，超市食糧幾被搶購一空。這一天被稱之為「黑色星期六」。約十天後，財政司彭勵治（John Bremridge）宣布港元與美元掛勾，自十月十七日起指導性匯率一美元兌七．八港元。這個聯繫匯率一直實行到現在。

數百萬人被英捨棄

在英治時期，港英在穩定香港方面確實作出有效決策，但英國在對一九九七年後香港人權的保護就甚有爭議。在幾乎一面倒的香港民意反對下，仍然同意將一個有民主宗主國保護的幾百萬香港人交到共產政權手上，尤其是對其中三百萬英籍港人關上移居英國的大門，在道義和責任上的確說不過去。

當時主導此事的是英國外相賀維（Geoffrey Howe）、英國外次雷斯（Richard Luce）、港督尤德（Edward Youde），有人就把這三個人的姓氏用諧音讀為：How You Lose 再加 HongKong（你如何失去香港）。

最多政界人士的主張是「主權換治權」，這主張很可能是英國授意的。一九八三年六月，中共派出省部級大員許家屯來港任新華社社長，為中國收回香港對各界作統戰，他可以直接同中共最高層通話。在他後來寫的《許家屯回憶錄》提到，到任不久就受到滙豐主席宴請，出席的有當時親英的四料議員（即行政局、立法局、市政局、區議會議員）譚惠珠，她講話最多，看來有備而發，她講到香港人對中國不信任，香港人移民、移資。她建議中國政府採用「香港公司」辦法，當香港的「董事長」，聘用英國當「總經理」。她很露骨地說：「這樣的辦法，英國可以接受。」

香港又有人提出在太平洋買一個島，香港人大批移往，在那裡重建香港的繁榮。有人提出延長過渡期，等中國和香港的發展較接近時才轉移主權，前景社提出香港回歸後仍然留在英聯邦，及後又提出分階段移交管治權。

顯然所有建議都沒有一個被中共接受。一九八四年四月英國外相賀維抵港舉行記招，正式宣布九七後放棄香港管治權。那一天，一位一向溫文爾雅的港府高官給我電話，氣急敗壞地告訴我這個消息。在我們心目中，這意味著英國捨棄數百萬香港人。

中共反對「三腳凳」

我在整個香港前途問題的交涉、談判和市民反應中，保持高度關注與報導。有一些事實我認為應作出澄清。第一，麥理浩意會到中共要收回香港而他沒有告訴香港人，固然可能是事實，但中英交涉的第一天開始，中國就堅決否定香港人參與香港前途談判的角色，不允許當時香港的新聞處長曹廣榮隨港督尤德去北京，連尤德代表香港的角色也否定，只同意他是英方成員之一；英國認為要「三腳凳」（中方、英方、香港代表）才坐得穩，中國斷然否定「三腳凳」。在之後的每一個要港人廣泛參與的步驟，包括全民就聯合聲明投票，包括後來《基本法》起草，包括八八直選等擴大香港民主成分的安排，中方都強烈反對。因此，中共反對香港民主、港人自主，是從一九四九年建政時就開始的，這政策只在談判陷僵局時作過字面上的讓步，實際上是絕不容許香港人對自己的權利有任何角色，直至發展到今天香港的政治狀況。

第二，當時絕大多數香港人只是期望維持現狀，抗共意識清楚而普遍，只有少數大專學生和政治團體匯點主張九七後實行港人民主治港，雖有「民主回歸」的含義，但直到一九九七年，我沒有聽過「民主回歸」的說法，更不用說是當時的香港人支持「民主回歸」了。

第三，香港絕大多數人在抗共意識下，是無奈地接受《中英聯合聲明》的。前景社在聯合聲明發表後，就覺得香港前景已經無望了，即時解散前景社，多數成員移居國外。沒有團體也沒有人組織遊行抗爭。正如倪匡二〇一九年對我說，如果那時有百萬人上街反對「回歸」，英國也不會這麼輕易放棄香港。

（原文發布於二〇二二年一月十七日）

98／和許家屯的一次交鋒

前文提到香港前途談判時，若有一百萬市民上街，英國將會如何。歷史沒有如果，當時的社會結構影響了香港人的表現。從來社會上帶頭出來抗爭的都是沒有家庭事業包袱的年輕人。二〇一九反送中開始時，是年輕人的熱情感染了絕大部分市民，才會有後來波瀾壯闊的運動。

一九八一到八四年，大專學院活躍的學生領袖們，大都在「反殖」、「民主」、「民族大義」這些堂皇而抽象的觀念支配下，支持脫離殖民地、回歸祖國、民主治港。那時文革已過去多年，中國實行改革開放政策，鄧小平、胡耀邦、趙紫陽的管治也趨於寬鬆，因此年輕人反對中國九七年收回主權的不多，根本搞不起運動，更別說大型示威了。中老年人從反右、大躍進、文革等歷史對中共有所認識，許多人都從大陸避秦來港，但他們有家庭、事業的包袱，對強權只想到要「躲開」，也就是找尋「太平門」，抗拒中共的意識明顯，但不會也不敢面對中共抗爭。政治團體大部分由中產者組成，他們的思維是想方設法讓中共調整政策，或向英國游說關顧香港人。行政局首席議員鍾士元為香港人權益僕僕風塵於倫敦、北京，都沒有結果，其中原因之一是他認為香港沒有強力的民意支持他的行動。這也是事實，因為當時大部分香港人的想法，是隨大流，反正香港變得怎樣自己也無能為力；小部分人的想法是「大難臨頭各自飛」。現在說上一輩的人接受「民主回歸」絕非事實，說上一輩的人沒有如後來般聯合抗拒「回歸」則是事實。但我覺得也應該在這裡把歷史背景講清楚。

我和《七十年代》、前景社是少數力拒主權轉移的人士之一，《明報》、《信報》的評論也反映多數民意。六四後去了美國的前新華社社長許家屯在《回憶錄》中，主要講自己如何在香港開展統戰工作，如何與不信任中共的人「求大同、存大異」。書中多次提到與前景社這些長期批評中共的學術和傳媒中人的談話，以顯示他的寬容和耐心。

實際上，我們正面作思想交鋒只有一次，就是由陸鏗和新華社楊奇安排的對前景社成員的宴請和之前的座談。《許家屯回憶錄》說，「由李怡帶頭發言，對我窮追猛打，我因有心理準備，盡量地『存』了彼此的『異』，『求』了彼此的『同』，以縮斷彼此間的距離。整個宴會二、三個鐘頭，始終保持緊張卻和諧的氣氛。我也對他們尖銳的提問給予肯定，不因有人反共，而認為不愛國。」他說他與批共文化人「接近交友，這是關鍵一役」。

我也記得這一役，但記憶與許家屯不同，我不認為我們有什麼「大同」，而是真正存在「大異」。前景社其他成員，因為是客人，包括主席勞思光都說話留餘地，我確實是不停提出尖銳問題和反駁許的講話的一人。

為何改變對港政策

我主要問他，毛澤東、周恩來提出來而且長期對中國有好處的對香港政策「長期存在，充分利用」，為什麼不「存在」、要改變了？有沒有考慮過這種改變使中國付出多大代價？中國的對內施政確實比文革時好太多了，但一黨專政沒有改變，基本上仍然是由人而不是由法律決定人民的命運，如果只有自上而下的決策而沒有自下而上的制衡，誰能夠保證鄧小平以後的政策不會改變？

許家屯的回應是，我們對中國的批評，是基於對中國過去二十多年的了解，而現在中國已經不一樣了，中國一直有進步，過去二十多年，在中國歷史上只是短短的一瞬，在人類歷史上更微不足道，我們應該用長遠的歷史眼光去看待過去那二十年的短暫歷史。

我回應說：二、三十年對人類來說無疑是短短一瞬，但二、三十年對一個人來說就是半輩子，尤其是正值可以做事可以奮發的好時光。我特別提到我那位被打成右派的同學，大學後二十多年下放勞動，就這樣犧牲了整個人生。[1]我又提到中國收回香港的政策，產生了許多「太空人」，製造了許多家庭悲劇。我希望中共黨人，不要只想著中國歷史、人類命運，而是想到每一個人都是一個生命，從每一個人的命運去思考政策。

許家屯一下子無言以對，有一刻似在沉思。我想，以他這樣的部級高幹，即使在香港接觸權貴，大概也沒有試過被人這樣當面頂撞。但我也必須承認，他始終保持溫和的笑臉，沒有因為我不留情面的「窮追猛打」而發怒。論度量，還是值得一讚。

（原文發布於二〇二二年一月十九日）

1 參考篇目49。

99／用堂皇道理殺人的變色龍

《中英聯合聲明》在一九八四年九月二十六日發布，習慣於法治的許多香港人，大都認為這就是一九九七年後會依足實行的「小憲法」。中共也這麼說。條文中特別受注意的，是在中國對香港的基本方針政策說明中所確立的政制：「香港特別行政區立法機關由選舉產生。行政機關必須遵守法律，對立法機關負責。」從常識去理解，這就意味行政機關間接向香港廣大市民負責，市民藉選出的立法會議員監督政府施政。

另一令香港人感到安心的條文是表明「《公民權利和政治權利國際公約》和《經濟、社會與文化權利的國際公約》適用於香港的規定將繼續有效」。

這兩條一是制度的保證，二是國際人權公約的保證。相信「法定統治」的香港人因此對九七後較有信心。也有人提出中共過去有過不知多少對人民的承諾最後都自我背棄，但也有人說中共對國際承諾的遵守紀錄尚好，但這次是中共對內政策的國際承諾，尚待考驗。

中英雙方的爭拗點

《中英聯合聲明》簽署後，中共實際主管整個談判和「回歸」事務的魯平，來港統戰，也邀約了我們這些批共文化人晚飯。他不像許家屯般平易近人，有點官架子，他說，聯合聲明附件一提出的中國對香港的方針政策，所有條文都是中方提出來的。我隨即問，「立法機關由選舉產生，行政機關對立法機關負責」這一條也是中方提出來的嗎？他遲疑片刻說，當然也不是那麼具體啦！這樣說就是迴避問題了。我想他當時以為我知道談判的內幕，實際上我什麼都不知道，只是看這種民主制度的設計，從絕對權力的本質就覺得不可能是中共提出來的而已。

從近年英國解密文件中看到，原來英國當時堅持行政長官要由選舉產生，中共拒不接受，談判陷入僵局，最後妥協為英方接受「行政長官通過選舉或協商產生」，交換條件是中方接受行政機關對選舉產生的立法機關負責。而兩個公約又指明選舉必須是「普及而平等」，以為這就可以在制度上對九七後香港的人權作保障。

從中英談判開始，到聯合聲明簽署，在主權換治權被中共斷然拒絕之後，中英雙方就在民主保障與行政主導一切的問題上爭拗，而焦點就在上面提到的那句話。其後，中國成立了基本法起草委員會。一九八五年第一次在北京開會，委員查良鏞（金庸）會後在他辦的《明報》寫了名為〈參草漫談〉的連載文章。大意是，香港繁榮穩定的基礎，是法治和自由，「民主」他很喜歡，但會帶來很多紛爭，香港一直有自由和法治而無民主，也搞得這麼好，所以九七後，保持自由和法治就好，民主實在不需要。

我相信這是他在北京體會到的中共意向。我那時在《信報》寫「星期一評論」，即以〈參參草談〉來回應，表示我不像他那樣喜歡「民主」，但自由和法治要靠民主制度保障，香港自由法治的保障來自它現在的宗主國——行民主制度的英國，若宗主國換了專權政治和人治的中國，再美麗的自由法治的承諾都沒有保證。金庸沒有回應，卻突然邀我為《明報》寫專欄。我婉拒了。

己所不欲勿施於人

一九八四年《中英聯合聲明》簽署後，我去新加坡旅行。有一晚同幾位在新加坡大學任教的學者吃飯，其中有兩位台灣來的學者，他們表示，如果香港人站在民族主義立場，就不該反對中國收回香港，洗雪國恥。來自香港的哲學學者翟志成回應說：「如果過去三十多年中國搞得比香港好，人民自由、安居樂業勝過香港，香港不會有人反對中國收回。如果香港老百姓今天對中國收回很難接受，那麼香港老百姓不應該有民族主義的罪咎，相反中國領導人應該有民族主義罪咎。如果我們自己不願意接受共產政權的直接間接的統治，卻用一些堂皇的理由去指責他人對共產政權的抗拒，那就是『以理殺人』，你有權『以理自殺』，但無權『以理殺人』。」

這段話不僅使在座的空泛民族主義的學者無言以對，而且也使我一直牢記到今日。我後來在多篇評論文章中借用他的邏輯，比如：如果過去二十年中國切實按照《基本法》去做，確實如《基本法》二十二條所言不干預香港內部事務，那麼香港不會有什麼人起而抗爭；如果香港人的抗爭越來越洶湧，那不是香港人的罪咎，而是中國掌權者的罪咎；如果你自己把子女送到外國、把財產移往外國，卻叫香港人愛國，去大灣區謀生，要他們的子女接受國民教育，這就是「以理殺人」。

「己所不欲，勿施於人」，兩千多年前的古訓，人人會講，但為權為錢為色，現代許多人早把這古訓拋到九霄雲外了。於是，《中英聯合聲明》簽署後，不少權貴紛紛做了變色龍，每天用堂皇大道理殺人。日前提及曾經為英國做說客的某大員[1]即此中表表者。

（原文發布於二〇二三年一月二十一日）

1 參考篇目97。

100／從創辦到離開天地圖書

二〇二二年一月十六日，天地圖書的前董事長陳松齡離世。想到天地圖書，這正是我生涯中的一個重要經歷與轉折。

一九七六年《七十年代》原租用文咸東街舊樓社址，面臨業主迫遷，經朋友介紹找到灣仔一個八千多呎的地庫。那是霍英東的物業。我因雜誌的成功，就雄心勃勃地想開一家中立的中英文大型書店，以讀書無禁區的態度，既賣大陸書也賣台灣書。那時正是文革後期，左派書店集中賣毛著，門可羅雀；右派書店以賣台灣書為主，規模較小。中共在港的工委，大概也看到極左路線在香港無出路，而我們又是外圍的華僑資本，於是同意我的想法。經新華社斡旋，霍以略低於市價的租金租給我們。我為書店起名「天地圖書」，是從古文「仰觀宇宙之大，俯察品類之盛」聯想而來。並請中共駐港高層的潘公[1]為店名題字。他說他已經為不少左派機構題字了，不想被人認出，就從古代字帖中集了「天地圖書」四字給我做招牌。

填補讀書界的真空

我們雜誌是小本經營，要設立這麼大規模的書店，財政上要較大量投入。上海書局投入一些，潘公找富商以資助方式投入一些，三中商屬下的僑商置業投入一些，我再邀請願意支持《七十年代》的約十位海外和香港的知識人投資。因此，天地圖書的組成靠的就是支持《七十年代》的社會基礎。其中左派的僑商佔不超過一半的最大股份。董事長是出資辦《七十年代》的方志勇。背後的推手是三聯的負責人藍真。我任總經理兼總編輯，具體擔負所有的責任。

一九七六年九月二十五日天地圖書開張，九月九日毛澤東去世，左派在一片哀悼聲中，我們開張也低調處理。想不到頭一天就吸引大量讀者光顧，可見真是填補了當時讀書界的真空。但另一方面，毛去世，接著發生四人幫事件，在北京大變局中，我的編輯、寫評論變得非常傷神和忙碌。從三數人的雜誌編輯部一下子經營數十人的書店，管理、人事都忙不過來。除了編雜誌還要出版書籍，每晚都寫作、編輯到兩三點，第二天一早去書店處理業務。

那時我主要的思考和精神都專注於中國的變局和雜誌的出版，經營企業是我從來未做過的事，既不熟悉，心理上還有點排拒。兩年多後，藍真問我能否接受陳松齡當我副手。我想想，說可以。我與陳同年，一九五五年同期進入上海書局，他在發行部，我在編輯部，他不是寫作人，但為人敦厚、正派、誠實、勤懇。他在一九七九年進入天地圖書，曾經在《七十年代》寫過稿，但沒有擔任過雜誌的編輯工作。我把部分管理業務和出版圖書的業務交給他。我有一種感覺，是中共對他的忠誠信任度較對我的高。

一九七九年《七十年代》因連發三篇社論[2]，對中共在開放後又突然禁止《七十年代》入境提出質疑，又因得罪了主管香港的廖承志，以致他向新華社社長王匡「當面交代，『把他們徹底搞垮！』」[3]。但長期在香港工作的副社長祁峰和祕書長楊奇都沒有執行。王匡邀我去新華社談，我據理力爭。在近年出版的《羅孚書信札》中有王匡給羅孚的信，其中提到請羅孚跟我談「七十」的事，「深以為念」。我想是勸我不要在雜誌中再針對中共。但羅孚實際上也沒有為此與我談過。

眾籌資金續辦《七十》

但搞垮《七十年代》的辦法終於有了，就是一九八〇年天地接到霍英東辦公室的信，表示一九八一年租約到期後不再續租。這樣，辦得相當成功的天地圖書就找不到一個適合又還廉宜的地方繼續營運下去，投放在那裡的設施報廢不說，恐怕連銀行貸款都還不起。這時藍真就傳來信息，說如果《七十年代》結束，霍英東就會答應繼續租給天地。他認為天地是較大的事業，我不應該放棄。

但我午夜深思，一份擁有幾萬知識人讀者的雜誌，是否就應該這樣自動消失呢？我既然承諾

1 即潘靜安。
2 參考篇目85。
3 參考篇目86。

過讀者也是作者、作者也是讀者，那麼雜誌的存廢就不應該由我決定，而應該交給讀者決定。

為此，我決定在雜誌發起眾籌資金的活動，使雜誌可以脫離天地圖書繼續辦下去。我把天地不再出版《七十年代》的決定通過新華社轉告霍英東。霍約我到他辦公室，親口問我這件事，我明白表示下個租約前，天地不再出版這本雜誌，他也很爽快地答應延續租約。

不少朋友勸我，不要放棄天地圖書總經理的職位，我不僅失去在左派出版界闖出的地位，而且可能連廉租的房子也被收回，家庭生計會困難。但我已經作出決定，就是保住天地，個人也離開天地，集中精力當雜誌總編輯，重新回到幾個人艱苦辦雜誌的處境。

（原文發布於二〇二二年一月二十四日）

101／掃地出門　另起爐灶

為脫離天地另組公司出版《七十年代》發起眾籌，與近幾年的眾籌方式不同。當時我們的方式分兩種，一是不公開、只向因雜誌而同我們結識的朋友徵求入股，投資一千美元（當時合五千港元）即成為股東，但最多只接受投資二萬港元，以免公司被大股東控制；另一方式是在雜誌公開徵求「贊助讀者」，即預付一千港元，作訂閱及購書費用，扣滿一千港元為止。

兩個方案都得到非常理想的回應。股東有個人投資亦有數人湊一股投資。加上「贊助讀者」，很快就籌得足夠另起爐灶的資金了。

繼續留任掛名董事

繼續有中共駐港大員直接間接地向我勸說，要我留在天地，另找人去經營新公司的《七十年代》。但那時我關心的兩岸三地都處於關鍵時刻：香港開始出現九七問題；台灣在美麗島大審後民主運動更趨積極；中國是鄧小平在一九八〇年八月的政治局擴大會議講話提出大範圍的政治改革，到一九九四年出版《鄧小平文選》這講話已大幅改動。我稍後會介紹根據講話而提出的「庚中改革」[1]方案，其後雖無疾而終，但當時是給人帶來希望的。我極度關注這些大轉折的後續發展，覺得很難不直接參與報導、思考、分析。所以還是選擇離開天地，繼續《七十年代》編輯生涯。

我本意是挽救天地圖書、也保存《七十年代》，誰料竟被視為「背叛」、「不知好歹」，隨後與中共僑辦有關係的《鏡報》發表了兩篇先栽後誣的文章對《七十年代》大張撻伐，而中共內部的《參考消息》則予轉載。接下來麗儀在商務出版部待不下去而離職，所提供的廉價住處也以拆卸為由要我們搬走。在北京任高幹的叔叔後來對我說，這叫「掃地出門」。

不過，我仍然保留天地的股份，而且也繼續留任董事直至二〇一七年。但董事只是掛名，並沒有參與實務。因此，天地雖是我開創，但掌管理權只有五年，一九八一年後就交棒給陳松齡，其後天地的所有經營、發展、壯大，都是在陳松齡、劉文良等領導下取得的，與我無關。出版方面，除了亦舒是老相識由我引進之外，其他也都與我無關。但宗旨是開創時定下的，即以非左派、至少不是正統左派的面目出現，出版品也基本上不受左派政策規條限制。在陳松齡背後，有中共左派出版界退休的領導人藍真支持。一些對中共來說屬政治敏感的書之所以能夠出版，固然有陳松齡的膽色和擔當，也有藍真的背書。私底下，陳贊同我對許多問題的看法。但公開，就是另一回事了。

二〇一〇年我在天地出版了《細味人生100篇》等談論人生話題的好幾本書，都很暢銷，陳在我面前展示銷售數字並付版稅。這是許多出版商做不到的，常有出版商向作者隱瞞銷售數字，以減少版稅支出，香港叫「走數」。陳是一個誠實、正派的出版人。《細味人生100篇》自出版以來，每年都至少加印兩千本。二〇一七年陳離職至今，卻沒有通知我被加印過，我的其他各本暢銷書也沒有再收到版稅。

買賣泡湯性質改變

二〇一三年我要出版政論集《香港思潮》，陳表示天地不宜出版，但我可以自費出版，天地代做所有版面、封面設計工作，並介紹願意印刷和發行的出版商。這以後我繼續出版了好幾本政治敏感的書籍，他都讓天地幫忙。

二〇一七年由於經營環境困難，天地連年虧損，我提出趁現在資產豐厚，不妨考慮賣盤，也許有資金雄厚又願意投資文化事業的人士願意買下來。當時包括最大股東三中商擁有的僑商置業也同意了。我找到了這樣的商人。在帶他去天地大致定出價錢後，僑商突然反口反對出售，而且增持股份至接近50％。於是買賣泡湯。這一年陳松齡退休，由中聯辦持有的三中商派來新董事

2020年3月，日本草思社將2013年出版的《香港思潮》翻譯日文出版，書名改為《香港為何抗鬥》。

1 參考篇目102。

長。天地的性質也就改變了。

我被「掃地出門」後，一直沒有把被迫離開天地的經過說出來，只在遷離天地的一九八一年八月號的「卷頭語」輕輕提到「曾經被迫考慮要停刊」。不公開披露的原因，是我覺得這是我的選擇，怪不得人。香港的中共工委沒有執行廖承志「徹底搞垮」的指令，但中共派駐香港有多條不同的線，霍英東應可直通廖承志辦公室，作為左派商人他作出的選擇理所當然。香港左派領導人直接間接勸我放棄《七十年代》可能出於好意。轉讓出版《七十年代》的權利也順暢。我不將經過公開的更實際原因是保護天地，我相信陳松齡、劉文良會秉持始創時的宗旨。後來天地的發展我也必須承認他們比我更會經營。

《七十年代》作為一本政論雜誌，應該獨立而公正地就事論事，論的是兩岸三地及世局，個人的際遇若摻雜其中，格局就小了。

我不但沒有把這段「掃地出門」的經歷寫出來，而且還不時警惕自己，不要在論政時有個人的情緒因素。

（原文發布於二〇二二年一月二十六日）

102／「庚申改革」胎死腹中

一九八一年《七十年代》被迫脫離天地，正值中共不久前提出大幅度政治改革的時期。那時在中共內部提出一個叫「庚申改革」的方案，因一九八〇是庚申年，故名。方案是根據鄧小平八月十八日在政治局擴大會議講話內容作出的，又叫「八．一八改革」，其後收進《鄧小平文選》，題目是〈黨和國家領導制度改革〉，但對原講話已經作了大幅度刪節，改革的目標和一些具體措施也不見了。

在鄧小平八．一八講話不久，就由中共中央黨史研究室研究員廖蓋隆提出一個六萬字的報告，在第四部分，就是「庚申改革」，長達一萬八千字。講明根據鄧小平講話所作出，因此有主流派的權威性。《七十年代》從某渠道取得這個講話的油印本，並於一九八一年三月號全文刊登。

當時的社會背景是文革後，一些制度上的問題已經突顯，鄧小平、胡耀邦等開明改革派經過文革的教訓，深知制度問題的嚴重性，除了經濟採取改革開放政策之外，也亟欲作政治改革。他們已經掌握實權。而當時的社會氣氛，也有政治改革的要求，尤其是年輕人。因此，這是中共作政治改革的最好時機。

開宗明義進行民主化

「庚申改革」開宗明義講改革的目的就是民主化，而且肯定民主既是手段，也是目的，而且是最終目的。推翻了中共過去認為民主只是實現社會主義、共產主義的手段的說法。

「庚申改革」的內容很廣泛，除了批判主政以來的種種弊端之外，更提出一些重要的具體措施，這些措施絕大部分在《鄧小平文選》中沒有出現。

首先提出要大幅度修改憲法，使憲法能夠保證人民有民主權利。具體做法第一條，就是把三千多人的全國人大的人數削減到一千人，分兩個院，一個叫區域院，由全國各個地區的人民代表組成；一個叫社會院，代表各階層、各企業的利益。兩個院共同行使立法權，互相制約。並指出三千多人每年開一次會，根本無法議事，被人指為「橡皮圖章」也是事實。改為兩個院後，開會要多些，時間長些，要真正議事。人大常委現在三百多人也不便議事，將來兩個院的常設機構應該只有六、七十人，都是年富力強的，而且是專職，不做其他工作。

司法就定下三條原則，一是法律面前人人平等，不允許任何人有凌駕法律的特權；二是每個公民的人身自由和公民權利受法律保護，隨便抓人、抄家、刑訊要受法律追究；三是司法獨立，黨委不能干涉。

行政方面過去一直是黨政不分，以黨代政，黨委說了算，而且是第一書記說了算。改革要厲行黨政分工，黨只通過黨員在行政部門發揮政治影響，不能代替行政部門執行政策。

「庚申改革」特別提到要有代表工人權益的工會，工會的領導者要通過選舉產生，不能由黨去委派。遇到工人與企業管理層發生衝突，工會要代表工人權益去談判。此外，要在全國和各地建立獨立的農會，領導者也由選舉產生，獨立運作去代表農民利益。

「庚申改革」更提出黨和政府決定，除了國防外交的機密之外，原則上把一切告訴人民。新聞記者獨立報導新聞，評論工作者獨立發表評論，要求和鼓勵對黨和國家發表批評建議。

此外，還有企業、事業管理民主化，基層實行直接選舉，等等措施。

從此對中國政改絕望

上述提到的這些，其後都未見執行。只實行了收進《鄧小平文選》中建議黨中央設立三個委員會：中央委員會、紀律檢查委員會和顧問委員會。

還有不少沒有執行的，包括方案指保留毛澤東遺體的決定錯誤。但至今毛遺體仍保留。

「庚申改革」大概一九八〇年十一月在各級傳達。有不同政見者在民間刊物作回應。

當時中共開明派大概對改革的實行很有信心。我那時覺得雖然方案中多處強調黨在各領域的政治領導，但領導層至少看到制度上的問題所在，會大致實行方案所提出的改革。但想不到的是幾乎完全沒有執行，全部無疾而終。最關鍵的原因，我認為是一個由列寧式政黨建立的國家，很難做到「黨政分開」，即無法避免黨插手以至代替行政、司法、立法。

這樣好的時機，又有真正想改革的領導人，政治改革都無法走出哪怕一小步，就知道建國政黨加上中國的專制主義傳統，和人民的奴性，中共國的政治改革是不會有希望的。從那時起，儘管胡耀邦、趙紫陽輪流站在最高權力地位，儘管其後每一個新領袖上台就有些人看好，儘管經濟發展就有論者說會帶來政治改革，儘管每一次中共大會都提到「黨政分開」，實際上就是永遠擺脫不掉以黨代政，而中國的政治氣候、人民的權利、自由和法治，已經遠遠倒退至一九八〇年之前了。

「庚申改革」這四個字，從未在中國公開的報刊出現過。它的流產，使我從此對中國的政改絕望。

（原文發布於二〇二三年一月二十八日）

103／中共主動割席　洗脫左派色彩

「庚申改革」提出時，正值《七十年代》脫離天地自立門戶。因方案講到新聞記者可以獨立報導新聞，鼓勵對黨和國家發表批評意見，因此也有朋友認為我們遭中共杯葛只是暫時，中共政改後會有所改變。但眼看方案流產，政治改革在最好的時機也無法推動，我認定中共一黨專政這種結構性的痼疾已不可能改變。後來雖有趙紫陽在一九八六年推動政改（見吳國光《趙紫陽與政治改革》），也胎死腹中。光是一個「黨政分開」，就數十年來，中共一直掛在嘴邊都實現不了，黨的一元化領導以致一人化領導只有變本加厲。黨政不分，黨總忍不住在所有事情上插手，就是中共無法實行政改的死症。所以，儘管那時在香港的中共工委對我仍然表面友善，但我已深知中共不可能接受對它批評建議的言論監督了。

我邀請了幾個原有的職工，先在中環租了一個地方辦公，繼而在灣仔自置小物業繼續出版《七十年代》。

因麗儀離職，遷離廉價房屋，少了收入，單靠《七十年代》月薪，家計頓成問題。八二年台灣的《中國時報》出美洲版，因香港問題受關注，故在香港每天編一個香港專頁，黃毓民主持編務，我受邀負責作最後審視，並寫一段點題短文。每天早上七點多去上班，至九點多回《七十年代》辦公室。《中時》兼職的薪資不差。我又受邀在《信報》寫「星期一評論」專欄，稿酬也算豐厚。那幾年，兩女兒分別去美加上大學，家庭負擔很重，所幸身兼數職，熬了過來。

兩位大師的重要專訪

離開天地前後，我分別作過兩個專訪，一個是一九八一年三月訪問儒學大師徐復觀教授，另一是同年九月訪問哲學大師勞思光教授。這兩個訪問對《七十年代》以至對我的思想認識都起了很大作用，也使我與中共的關係進一步趨於破裂。

徐復觀的訪問引起海內外極大關注。訪問時他已患癌，身體較衰弱，但就中共政局、儒家文化、民主理想和知識分子的角色，表達出他衷心的誠懇與激情，使我感到他或許自忖不久人世，因此要作無保留的公開談話。

談話內容非常豐富，他從早年對共產黨的傾慕，談到慢慢的改變，文革時的失望，而四人幫被捕後，許多老幹部復出，他們的腐敗，使他對復出老幹部的失望，「遠超過我對江青的失望」。他說權力不是好東西，過分龐大的權力使掌權者必然腐敗。這使他非常傷心，因為「我們國家的命運在他們手裡」。

徐先生表現出一個真正愛國者的激情。他說，「一定要把國放在黨之上，黨有功有過，國無功無過，一切的罪惡不能說是國家的罪惡，一切的錯誤不能說是國家的錯誤，不論國家怎麼樣，我愛國是問心無愧的，國家越困窮我越愛。現在你把黨放在國家之上，先愛我，你才算愛國，我愛你愛哪一點呢？」

我想起，我的愛國感情也正是在中國抗戰的艱困時期產生的。對當時仍然抱有「愛國不愛黨」感情的我來說，徐先生說出了關鍵。當然，後來的中國已完全被中共黨替代的情況下，愛國也就變成愛黨的代名詞了。

徐先生關於儒家文化的明白而顯淺的解釋，使我徹底改變了受五四新文化批判儒家所影響的觀念。他對海外知識分子的批評也很到位，這些留待日後再詳述。

將訪問定性為「反共」

徐復觀的訪問刊出後，許多與中共關係密切的人士對這訪問讚不絕口。但也有人持相反意見，表示對我作此訪問的不滿。我記得當時陳松齡對我說，整個訪問就是「反共」，他可能是接收到中共的訊息。

勞思光的訪問就從哲理上釐清一些對中共的觀念。其中我向他提及徐復觀曾表示，中國大陸目前的困難局面如果不能突破，中國有可能發生第三次革命，勞教授的回應是：「一個政府在大政策上的失敗，每每使人想到革命，但事實上革命另需要正面條件。現在，龐大的幹部集團不會贊成革命，群眾也無意革命，正面條件幾乎看不見，我們怎能判斷革命會在中共統治下發生呢？」他明顯不贊同會有革命的估量。

訪問發表後不久，香港的左派刊物《鏡報》發出幾篇文章，針對這個訪問，並直指我的名字，不顧事實地說勞教授鼓吹中國第三次革命，並列出一些我從未講過的話和發表過的文章，對我大張撻伐。到一九八二年一月，中共的《參考消息》轉登這幾篇文章。我為此寫了一封「致《參考消息》編輯部的信」，二月送去新華社，在無反應之下，在《七十年代》三月號發表。

至此，北京大概藉兩個訪問執行廖承志的「徹底搞垮」指令，香港中共工委奉命執行「不投資，不印刷發行，不刊廣告，不邀請」的四不政策。中共對《七十年代》割席，幫助我們洗脫左派色彩，成功成為一份獨立的刊物也。

（原文發布於二〇二二年一月三十日）

方蘇製作的木刻版畫，畫中人是《九十年代》的董事及支持者。前排左起：吳文超、司徒華、李怡。中排左起：馮以浤、陳爵、陳求德。後排左起：方蘇、潘天賜、黃達仁、夏兆彭。

104／與徐復觀先生的兩年交往

《七十年代》徹底脫離左派陣營的那兩年，是我與徐復觀先生交往，並在思想認識上深受其影響的兩年。他在一九八二年四月一日辭世，我在《七十年代》五月號發表一篇一萬五千多字的長文，回憶自一九八〇年與他相識後的兩年交往。題目是〈《七十年代》怎麼樣呀？——回憶徐復觀先生〉。這篇文章於一九八四年被收進台灣時報文化的《徐復觀教授紀念文集》中，中國大陸的九州出版社在二〇一四年出版《徐復觀文集》，在最後一本書名《追懷》中也收錄進去。不過，兩個集子都刪除了我講他晚年為《七十年代》寫陳文成案的一段。

追求「透明人生」

徐先生一九六九年在台灣東海大學被迫退休，到香港任新亞研究所教授，同期在《華僑日報》寫政論專欄。我在一九七〇年創辦《七十年代》月刊。幾乎是同一時期在香港論政。我受魯迅和五四新文化運動「打倒孔家店」影響，對徐先生以傳統文化來批判現實政治的基本態度，帶有抗拒性的不以為然。一九七五年我們發表了訪問蔣經國舊部蔡省三，他講到一九四八年蔣從大陸撤退時，成立一個救國大同盟的祕密組織，徐復觀是第一任書記。於是，我更肯定有人對我說，「他是蔣介石的人」這樣的話。但想不到徐先生隨後在《華僑日報》專欄寫了一篇〈垃圾箱外〉，直接承認曾經籌備這樣的組織而終於放棄的經過，文前更說明他追求「透明的人生」，即「事無不可對人言」的態度，這使我不由不暗自佩服和欣賞。在這個充滿虛飾的世界，有如此複雜經歷的人，不迴避問題，仍追求「透明人生」，實難能可貴。於是，我認真地去閱讀與思考他的文章。

我發現徐先生在批評中國政治之外，也關心台灣的民主運動，在鄉土文學論戰中，有國民黨人士指鄉土文學作者「與匪隔海唱和」，徐先生說這種「紅帽子」很可能是武俠片的血滴子，造成人頭落地。一九七八年底，《七十年代》出版了《雷震回憶錄》[1]，次年雷震去世，徐先生在專欄為文悼念，說《雷震回憶錄》「表現了雷震爭歷史是非的堅強意志」。

那時常為《七十年代》這份左派雜誌寫文章的作者中，好幾位都是徐先生的得意門生，其中楊誠在一九八〇年來港，約了徐先生午餐，他先來找我，接著問我要不要同去，我說好。於是我與徐先生第一次會面。他想不到會見到我，但顯然願意認識，而且談得坦然和投契。

這以後，我們見過兩三次面。那年我出版了《中國新寫實主義文藝作品選》，寄了一本給徐先生，他讀後在專欄寫了一文，說「政治上與這類作品為仇，這類作品便是政治的喪鐘；與這類作品為友，這類作品便是政治新生的啟明」。

這之後，他有幾本書在台灣出版或重版，他都寄給我。其中有四卷蕭欣義彙編的《徐復觀雜文》。我常讀至深夜，一年多來從閱讀他的書中所獲教益，絕非一篇文章可以說完。他對傳統文化了解透徹，並以深入淺出的生動語言解釋，他的民主思想無處不在，他對中共政局的論述切中時弊，對台灣國民黨政權亦有批評。

專訪震動一時

一九八〇年十月我分別在美國獲知徐先生發現胃癌做了手術，但可能已經太晚了，治癒機會微乎其微。我當時只感惋惜，卻沒有難過。惋惜是我想給他作一個專訪，現在怕開不了口了。回港後我去他家看望他，沒有提這件事。想不到八一年春節後不久，他來書店找我，說只是路過，但我們聊了很久，我終於提出專訪的事，他慨然允諾。於是，兩星期後在他準備去美國前兩天，我去他家作了那個震動一時的專訪。

專訪內容豐富，也不是這篇短文所能表述。他對中國文化和國族命運的關懷，對百姓之愛和對官僚特權和沒有人格的讀書人之憎惡，講到聲音嘶啞，眼含淚光，使我深受感動。回家後，我整個晚上想了很久，反省自己的過去，也難過地想到，徐先生會不會是自分不久人世，於是作這樣無保留的公開談話？

訪問結束後，在閒談中他說聽到一些對我不利的消息，問我究竟如何。我不想增加他的精神負擔，就說，處境有點困難，不過我一定會忠於自己的認識和良知，該做的事還是會去做。

1　參考篇目77。

1981年訪問徐復觀先生。

其後他去了美國。我們之間信來信往了好幾次。據他的門生翟志成告知，在東海大學徐復觀檔，現在還保存我寫給他的三封信。至於他給我的信中，則多次提到我當時面臨的處境，說：「我沒有愛才的能力，只有希望您自己愛惜自己，避免可以避免的挫折。我想向你表達的千言萬語，可以集中在這一點。」

這是我在困難時期，一個癌末老人對我的持續關懷，儘管他不清楚我們發生什麼事。

（原文發布於二〇二二年二月三日）

105／徐先生的臨終呼喚

前文談到徐復觀先生歿後我寫的文章，我原打算寫三千字，結果邊寫邊翻看他的書信和文章，有時讀到凌晨也未能寫出一個字，結果寫了一個多星期，成了如此長文。

在專訪後徐先生旅美期間，中共十一屆六中全會通過了《關於建國以來若干歷史問題的決議》，徐先生拖著病體，為我們雜誌寫了一篇文章，其中提到這決議以神來之筆，對毛的錯誤創造出「終究是一個偉大的無產階級革命家所犯的錯誤」這樣「石破天驚」的一句話，徐先生說「假定把這句話理解為毛澤東一貫的錯誤，是與馬列主義有必然性的關係，則這句話可為歷史作證，而千萬不要把它當作歷史的『笑話』」。這個評價發人深省。

匿名評論陳文成案

九月中旬，收到他從香港寄出的一篇稿，用筆名「蔣山青」，附一便條「我回來了，精神稍好便來看您。寄上之文，刊用或不刊用，望將原稿焚毀」。文章寫的是台灣不久前發生的陳文成案。美國助理教授陳文成於一九八一年五月自美返台，七月被警備總部帶走，隔日發現陳屍於台大圖書館旁。國民黨政府聲稱他是畏罪自殺，陳的家人及朋友則指遭政治謀殺。此案至今未破。徐先生的文章論證陳文成之死，是由於警總迫陳供認是他在美國指使台灣內部的台獨分子殺害林義雄老母幼女，而台獨分子的目的是以此慘案嫁禍當局，影響輿情及當時美麗島軍法大審。[1]陳文成堅決不認，遂受酷刑和注射某種針藥而死。徐先生剛從台灣回港，這一推測雖無實證，但言之成理。我們刊登了。徐先生不想讓人知道此文是他所寫，也很自然，因為他還要去台灣治病。人在病危的處境下，往往要作出不得已的選擇。

我的悼亡文章刊出後，受到一些輿論批評，認為我不應該把徐先生明言不要讓人知道他寫此文的事情公開。其實對此我也有心理糾葛。但想到徐先生已歿，他去台治病的顧慮已不存在，而他追求的是「事無不可對人言」的透明人生，而且這也代表他晚年反對專權政治的恐怖辦案和維護人權的心向。

我沒有把原稿焚毀，而是稍後去拜訪他時，親自把原稿交還給他，他當即撕毀。他說「我寫這篇文章只有一個目的，就是希望今後少死幾個人」。我想他的目的在台灣是達到了。

九月底，我去探訪他，他說，「我那篇訪問記，使你受到不幸的對待，實在過意不去」。我一時不知如何回答他，只告訴他我們籌集資金、離開天地繼續出版，財政難關大致已經過去。

談話中他告訴我，兩年前的一九八〇年五月，廖承志外訪回國途徑香港，曾經由新華社社長王匡和《新晚報》總編輯羅孚陪同，去探訪徐先生。三個中共黨員繞著圈子談話，旨在拉關係，後來徐先生說，我覺得光聊天沒有什麼意思，我提點意見好不好。廖說「那太好了」。於是徐說，第一點，希望你們以後不要積極講統一，統不統一主要取決於你們自己的民主與法治，如果你們的民主與法治搞好了，有基礎，任何人不能阻止統一；現在你們的民主法治沒有進步，談統一不僅國民黨不贊成，台灣老百姓也不會接受。你們拚命談統一，只是給台灣一種刺激。第二點意見，我覺得共產黨員的人數太多了，三千八百多萬人（這是那時候的數字，四十年後已是九千萬了），對老百姓是一個負擔，對黨的組織工作也是一個負擔。如果能減掉一半，對黨對國家都好得多。第三點意見，是我覺得應該恢復一點私有，私有制是人類文明的起源，人總得自己掌握自己一點什麼，才能夠有創造能力。如果連生存權利、生活條件都受支配的話，社會就很難進步了。第四點意見，徐先生說，馬列主義是外來的東西，比之中國傳統文化的合理部分，後者更講得清楚，更易被中國人接受，因此，希望中共能夠發揚傳統文化中的民主主義思想。廖承志的回應說，我們國家的封建意識已經太濃了，再多講傳統文化，那豈不是更封建？徐先生笑了，他是對牛彈琴呀！

對獨立輿論的待望

以後兩個多月，我忙搬家和搬辦公室，沒有去探望徐先生。不久，胡菊人兄從台灣回來，告訴我徐先生在台大醫院，已進入垂危狀態。從菊人兄處取得徐先生在醫院的房號，就打了一個長途電話過去。徐太太接電話，轉給徐先生接聽，他用掙扎著的聲音問了一句：「《七十年代》怎

---

1 參考篇目93。

麼樣呀？」我告訴他景況尚好，請他放心，我一定會把雜誌辦下去的。

「《七十年代》怎麼樣呀？」這是徐先生對我和雜誌的最後遺言，是他對一份從左派立場轉為獨立輿論的雜誌的待望。我腦際中一直迴盪著徐先生病危時的這個聲音。聲音微弱，但又極為響亮。它是一個臨終者對獨立輿論的呼喚。

二〇一四年，羅孚病逝，在喪禮上徐先生的公子徐帥軍講他父親晚年與羅孚交往甚密。相信他作為共產黨員，一直奉命統戰徐先生，以為他還是國民黨政府器重的人。我和《七十年代》逐漸被「掃地出門」[2]相信也是他告訴徐先生的，也許他希望徐先生可以勸我走「避免受挫折」之路。但實際上反而使徐先生更關注我們走獨立輿論之路。

弔詭的是，就在徐先生歿後一個月，羅孚這個負有統戰任務聯繫徐先生的著名報人、共產黨員，突然被召回北京扣查，更被栽上「美國間諜」罪，被判十年徒刑。

溫文和善的羅先生，有此遭遇，使我既感錯愕，也感脫離這敵情觀念無所不在的圈子的幸運。

（原文發布於二〇二二年二月七日）

2 參考篇目100-101。

106／愛國是無賴的最後防線

徐復觀先生在專訪中談到中國文化、國族命運時聲音嘶啞、眼含淚光。我在寫悼念他的長文寫到最後，也忍不住淚流滿面。因為我們雖然都在批評中共國，但所有的批評，包括徐先生向廖承志說的四點意見[1]，都是出自對中國的感情，他在講「黨有功有過，國無功無過」[2]那段話之前，還說了這樣一段：「共產黨最基本的問題是：你要愛國首先要愛我共產黨，你不愛我共產黨就是反革命，就不算愛國。那我現在問：你做得一塌糊塗，我並不愛你共產黨，我只愛國家，這樣算不算愛國？」顯然，他認為「愛國不愛黨才是真正的愛國」。我當時也認同這種看法。

愛黨騎劫愛國

我們對中國的感情有歷史根源——中國近代史充滿苦難：滿清腐敗，列強侵淩、日本侵略、多次內戰，百姓遭殃。稍有良知的讀書人都懷有愛國救亡之心；對中國傳統文化有深入認識者如徐先生，說他在學校每開《論語》課，都懷著感激心情，這種對中國文化的認識自然也深化對中國的認同。那時的香港，宗主國英國從不向市民宣傳「愛英國」，而香港人若關心政治，也不關心英國或香港本土的政治，而是關心中國大陸和台灣的政治。錢穆、唐君毅、牟宗三、徐復觀在新亞傳授儒家文化，其客觀效果固然使學生對文革毀滅傳統文化反感，也增強了學生從對中國文化的認同，而產生「愛國」不愛黨的思想觀念。那時候，很少香港華人說自己不是中國人。

文革後，毛澤東那一套「繼續革命」「解放全人類」「實現共產主義理想」的思想教條，在全國包括中共高層已經沒什麼人真正相信了。為了鞏固政權，從那時起，中共就極少講馬列毛思想，而是大講特講愛國主義，用多數人與生俱來、未經思考的民族主義感情去凝聚民氣，而真正目的則是利用民族感情去維護政權的合理性。

一九八一年《人民日報》發表長篇文章，呼籲「發揚愛國傳統，立志振興中華」。這一個指導思想，雖經中共幾代領導的轉換，也沒有改變。什麼「共產主義理想」早被中共拋到九霄雲外了，只有在領導人作報告時提幾句。

然而，在中共具體施政時，並不是以「愛國」作為判定「是敵是友是我」的準則，而仍然一貫地以「愛黨」作準則。實際上，愛國是沒有準則的，而愛黨卻有準則，準則就是要跟隨此一時彼一時的黨的政策或指令。以愛黨的準則去衡量愛國，於是長久以來，可以說一貫地，就是如徐先生說的「你不愛黨就不算愛國，就是反革命」。

我很早就從自身所受到的對待中認識到這一點，因此，長久以來，對於「愛國」已經被「愛黨」騎劫了的政治現實，在言論上不遺餘力地批判。批判愛國主義、民族主義，是我辦政論雜誌、寫政論文章數十年來針對各個具體事情所作的主要論述。若把所有這些文章彙集起來，可以出好幾本書了。

所謂「愛國主義」

就記憶所及，對於愛國主義，我的論述大概有幾個方面。

一是何謂國，二是何謂愛，三是何謂主義。

國家的定義按國際法規定包括三元素：人民、土地、主權。在中國出版的《辭海》中，就根據馬列主義的解釋，指國家是「階級統治的工具」，是一個階級統治其他階級的合法暴力機器。不過，出於維護統治者的目的，中共已經不講這個馬列定義了，雖不講，實際上所貫徹的就是這一個定義。

按國際法規定的三元素，何者為先，決定了國家的性質。由全民定期投票授權領導人的國家，是主權在民的國家，人民掌有領土和主權。一黨專政的極權國家，主權、領土、人民都在黨的手裏。國家機器就是黨的權力。

中國先秦時代，雖未有民主觀念，但已有「以民為本」思想，即《尚書》所說的「民惟邦本，本固邦寧」。《孟子》說：「民為貴，社稷次之，君為輕。」社稷可以狹義地解作土地，君可以廣義地解作主權。三者以人民最重要。《孟子》又說：「天下之本在國，國之本在家，家

1 參考篇目105。
2 參考篇目103。

之本在身。」個人自身為本、家為本，有家才有國。因此，說「沒有國哪有家」，就是專權政治「以黨為本」的思想。

何謂「愛」？愛是一種感情。感情是一種難以衡量、計算的東西，所謂「情人眼裡出西施」就說明在感情支配下，人不是理性的。捷克作家昆德拉（Milan Kundera）在一篇文章中說，「人不能沒有感情，但當感情本身變成某種價值、衡量是非的標準，或是開釋某種行為的藉口時，就變得非常危險。最恐怖的罪行往往出於最高貴的愛國情操，而人……在聖潔底愛的名義下殺人放火。」

何謂「主義」？主義代表理念或有完整體系的思想。愛國的完整體系和思想是什麼？從來沒有人講清楚，也許最清楚的是十八世紀英國作家約翰遜（Samuel Johnson）的定義：「愛國是無賴的最後防線。」

（原文發布於二〇二二年二月八日）

107／守護我們的心智

一九八四年開始，我在《信報》寫每週一篇的「星期一評論」。比較在月刊上發表文章，更能緊貼時政。中共在決定收回香港主權後，不斷宣揚愛國主義和民族主義。我的專欄文章，許多都針對中共的宣傳。這裡就略為介紹其中一篇〈交響樂、公廁與核電〉。

一九八六年四月，蘇聯發生切爾諾貝爾核電廠爆炸、釋放出大量高能量輻射事件，不久，中國宣布在鄰近香港的大亞灣興建核電廠，引起香港輿論強烈反彈、民情沸騰。中共在香港的黨媒和親共人士則極力強調大亞灣核電的安全。

核電公廁交響樂

那年九月，中央樂團來香港演出，《文匯報》新派來的一位副社長在演出次日的頭版寫了一篇短文，代表報館同仁和讀者向中央樂團表示祝賀，說震耳的掌聲和坐在他身後的中大英籍教授伸出大拇指說 good，反映了樂團的水平。他回憶起四十年前在上海第一次聽大型交響樂團演奏，台上大部分是外國人，四十年後在香港看到全部由中國人組成的交響樂團，「不免感觸良多」，什麼感觸呢？「如果說發射人造衛星，綜合反映了一個國家的科技水平的話，那麼一個交響樂團的成功演出，則是綜合反映了一個國家的藝術水平。我謹希望那些以『管理不好公廁』為由，認定中國管理不好核電廠的人士，從昨晚的盛況中得到某些啟示。」

這篇短文，把不相干的中國人、外國人、交響樂、公廁、核電扯在一起，正正是以民族主義感情超越了理性思考的典型例子。

首先，一個樂團由中國人或外國人組成，跟樂團的藝術水平無關。日本指揮家小澤征爾，長期在波士頓交響樂團任指揮，樂團成員大部分非日本人，但藝術水平就體現在小澤身上。這是藝術創作與演繹重「個人價值」的特點。其次，震耳掌聲、演出受歡迎，未必就等於藝術水平高。藝術水平還是應該由樂評家去判斷。至於說 good 的英籍教授，除非他是教音樂的，否則也不能因為他是英籍就認為他具判斷樂團水平的能力。

其三，說一個交響樂團的成功演出，「綜合反映了一個國家的藝術水平」，則未免抹殺了其他藝術形式的存在價值。交響樂只不過是藝術形式的一種。中國的交響樂水平肯定比不上有深厚傳統的蘇聯、德國、英國、奧地利等國家，但如果你承認京劇、河北梆子戲也是藝術的話，那麼中國地方上的一個小京劇團到了西歐都是第一流的京劇團。藝術之所以不能用計量的方式去評斷，就在於它的多式多樣和多姿多彩。

最妙的是作者的結論，他顯然認為有這樣高水平的交響樂，怎麼會管理不好核電？尤其不同意有人說中國「管理不好公廁」就管理不好核電廠的說法。作者或不知道或忘記，蘇聯在交響樂方面成績輝煌，應該遠在法國之上，但就偏偏管理不好核電，鬧出大爆炸事件；而大亞灣核電廠引進法國技術，等於認可法國的核電技術較先進可靠。交響樂與管理核電，是完全不一樣的東西，管理核電廠與交響樂演出好壞，沒有半毛錢的關係。至於公廁嘛，要管理好並不難，管理公廁的技術水平，絕難與管理核電廠相比。實在很難想像這位副社長如何「從中得到某些啟示」。

民族主義巨嬰國

我絕不懷疑這位副社長說的是發乎情之言，他從交響樂、公廁、核電中得到不顧事實、沒有邏輯的「啟示」，是由於民族主義、愛國主義感情超越了理性思考。愛因斯坦說「好比痲疹，民族主義是嬰兒病」。從副社長四十年前就在上海聽交響樂來推算，應該也是五、六十歲的人了，但仍然沒有離開嬰兒期。

距離寫這篇文章已經三十多年，這種嬰兒病在專權政治的不斷重複宣傳洗腦下，已經製造出一個幾乎囊括全民的巨嬰國，在各個領域、各種場合都千奇百怪地表現出來，即使受到權力最大化的專制政權欺凌壓迫，也以能夠接受這種壓迫為榮。

西方國家經歷文藝復興，注入了與感情平衡的理性主義：不是集體主義的愛國，而是個人主義的自由，尊重事實，可以計量，懷疑與寬容。儘管絕大多數現代文明國家也有領導人談愛國，但他們談愛國時都強調目的是維護人民權利最大化的憲法。儘管世上仍然有弱小民族以愛國為思想武器去追求獨立與自由，但只有極權國家才會以愛國主義去鼓動人民情緒，騎劫民權，使人民盲目地去愛那個將黨置於國之上的國家。

英國哲學家羅素說：「假如我們不想看到我們整個文明走向毀滅的話，一個偉大而艱難的責任有待我們來做，就是守護我們的心智，避免愛國主義的侵入。」

香港是長期接受西方文化熏陶的地區，香港人過去幾年所做、現在及將來要做的，就是羅素所說的守護我們的心智。

（原文發布於二〇二一年二月十一日）

108／《九十年代》的「獨家」風波

《七十年代》於一九八一年脫離左派陣營成為獨立媒體，於一九八四年改名為《九十年代》。在享受最自由和獨立的輿論空間之際，一個重大的考驗就來了，那就是旅美作家江南在美國遇刺身亡、台灣情治單位利用《九十年代》發放「獨家新聞」的風波。

台情治單位涉暗殺

江南，原名劉宜良，台灣媒體人出身，移居美國在加州灣區經營小禮品店謀生。多年來為《七十年代》寫過不少文章，主要是評論台灣政局，具批判和揭祕的特色，有獨特文風，具可讀性。他往大陸途經香港，或我去美國途徑三藩市，很多時會與他會面，是我的作者朋友。一九八四年十月十五日，他在家中被台灣黑幫槍殺，我當天就接到他太太崔蓉芝的電話告知慘劇。案件引起軒然大波，幾乎所有輿論都指向台灣情治單位派遣竹聯幫執行暗殺任務，而原因則是由於江南正在寫、並開始在報上登載《蔣經國傳》。台灣當局派人去美國殺害美國公民，使美台關係受到挑戰。其後兩三個月，輿論大致上循此方向，《九十年代》也不例外。一九八五年一月，台北中央社承認，情報人員涉及此案，情報局長汪希苓停職待查。

一月中旬，《九十年代》收到一份資料，是江南寫給台灣情報機構的七封信件的影印本，憑其獨特的字跡、行文語調及信件內容，信服地顯示，這出自江南的手筆，極可能是他從一九八四年二月到十月遇害前，寫給台灣情報機構的彙報信件，內容是有關中共和台獨在美國的動向，詳述他與中共民航局駐美人員崔陣交往並意圖向他策反的經過，並為這些行為收取台灣情報機構的金錢。

《九十年代》在一九八五年二月號發表這七封信，我在七信檔案前表明：作為我們的長期作者和多年朋友，「極不願意相信這些信件的存在，也極不願意見到這些信件的發表。但是，作為一個負責任的傳播媒介，取得這些信件是必須予以發表的」。

稍早時，《人民日報》分四天連載了署名崔陳的文章〈江南先生印象記〉，據介紹他是中共民航局派駐美國人員。文中細說

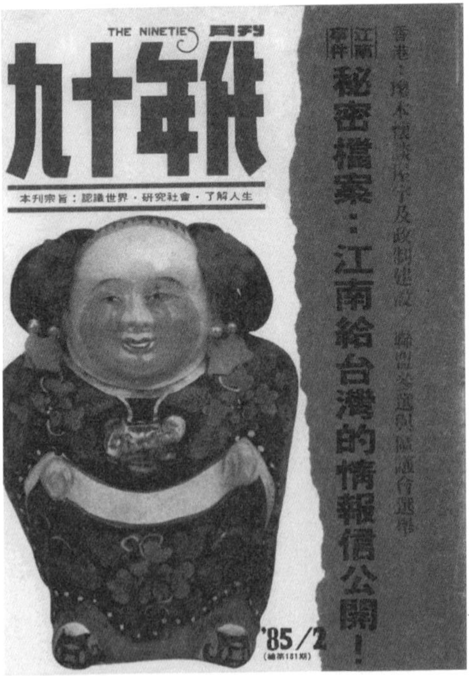

《九十年代》1985年2月號封面。

與江南來往的印象，只是與江南七信採取完全不同角度，指江南是一個支持統一的愛國者。崔陳與崔陣應是同一人。

《九十年代》發表這七封信，引起相當大的震動和爭議。不太關心台灣話題的香港傳媒也紛紛報導。包括台灣黨外雜誌在內的台港專業傳媒和學者，大都認為取得這些信件是必須發表的，如果只考慮到對什麼人有利、什麼人不利的話，那就是預設立場，不是值得尊重的社會公器了。許多一直認同《九十年代》對掌權者的監督角色、尤其是反國民黨政權的讀者，則認為我們被國民黨政權「利用」了。有的認為我們不應該不提供這些信件的來源；有的指責我們何以不作進一步的查證就予以發表；有些在江南七封信中被提到的具名人士就對信中所述表示不符合事實，尤其是提到某些人是台獨，而當時因為曾經發生過一九七〇年的「刺殺蔣經國」事件，台獨在美國仍然被列為「暴力組織」。反對我們刊登七信的信件和電話紛至沓來，編輯部感受到壓力。

不論立場只辨真偽

對於信件中部分內容不符合事實，《九十年代》編輯部在四月號作了澄清，「並向當事人致歉」。儘管我們發表時已經表明七封信只是提供江南可能有不為人知的另一面，對於信件所述內容則不予肯定，但信件既發表，就等於傳播了信件中的事實，因此是有責任的。

就信件來源，不用說都知道來自台灣的情報機構。是怎麼來的或誰交來的，按照保護來源的新聞守則絕不能透露。講到被利用，那麼傳播媒介本來就是供人利用的社會公器。掌權者利用傳媒是常態，故意不刊登與傳媒立場不容的領導人的談話或資訊，反而是傳媒未盡職守。任何政治勢力或商業機構，願意提供真實資料給報刊，只要認定資料非偽造，並且應該讓讀者知道，就要予以刊登。供稿者的動機由讀者判斷，政治上對誰有利不是傳媒應該考慮的。

至於刊登前的查證問題，我們也表示，只要判定是江南親筆，我們的選擇就只是刊登或不刊登，要在刊登前作全面追索，不僅在時間上不可能，在運作上也不安全。世界上許多媒體在揭露事實方面反覆查證，但在發表密件時都只憑判斷而無法查證，比如《紐約時報》發表的〈五角大樓密件〉，如何查證？若查證就不能夠刊登了。

至於是否出自江南親筆？則自發表七信後，沒有人表示懷疑，包括江南太太也沒有否認。

不過，基於言論自由原則，《九十年代》還是把一些批評我們做法的來信來稿刊登了。我們做得對不對？交由讀者判斷。

考驗沒有完，還有後續。

（原文發布於二〇二二年二月十四日）

109／一宗暗殺逆轉台灣專權政治

江南案與《九十年代》關連的後續，是我們在一九八五年七月號發表的對夏曉華的訪問。

江南七封信的第一封信，有他簽名，是寫給他在台灣做新聞工作時、對他有知遇之恩的夏曉華的。這在江南太太崔蓉芝的即時回應中獲確定。信中主要講他會遵行夏向他提出修改《蔣經國傳》的原則。接下來六封信，收信者署名李漢文，而江南就署名向真，內容是對中共和台獨在美活動的報告。在第六封信末，寫「夏先生既一再懇托，只好盡心盡力」，顯示他與台灣情報單位的聯繫，是夏曉華牽的線。

夏曉華曾在國民政府情報機關軍統局工作，一九四九年到台灣，創辦有保密局背景的「正聲廣播電台」，主持對大陸廣播。一九六四年創辦《台灣日報》，因虧損而轉讓。江南在這段期間受夏曉華賞識擔任記者。江南七信發表後，媒體紛紛追訪夏，但都被他拒絕。一九八五年六月，我接獲曾經為雜誌寫過稿但久無聯絡的王隱（假名）電話，說夏曉華六月十五日到東京，他與夏相熟，願意就江南案對夏作訪問，問我們是否參與及刊登。

赴日為獨家專訪做見證

我為這個獨家採訪所吸引，決定去一趟東京，親自認識夏曉華，並為訪問作見證。我們安排住同一旅館。十七日上午做訪問，我在場但由王主導提問。王將訪問寫成文字稿，我帶返香港在雜誌刊登。

訪問中，夏曉華主要就他同江南的關係，他受台灣情報當局之託，去美國向江南遊說修改《蔣傳》，對蔣經國莫作人身攻擊，私生活不可信筆而書。江南回應表示書的大部分已經排版，要改版的話需要八千美元。夏說回台後與有關方面商量。回台後他向情報部門回覆洽談經過，以後就是情報部門與江南直接聯絡了，其後六封信的內容都是發表時他才知道。訪問記大部分是敘述事實，其中涉及不少夏曉華、江南和台灣情報部門的故事，夏這老報人貌似誠懇和清心直說。他私下表示，所講的98％是事實，僅有2％是就他所知、即聽聞的事；就意見部分，他說是純由他個人觀察所得，並非受他人意見左右。

在發表這個訪問記時，我指出以夏曉華的保密局出身的背景，他仍然在台灣生活的現實，在最敏感的問題上，他不可能說出與法庭審判完全相反的意見。但我沒有對他的談話內容尤其是動機表示存疑，甚而對他個人有溢美之語。這是我處理這件事的瑕疵。

當時的情勢，是美國從殺手陳啟禮打回台灣的電話中證實國民黨情治人員介入此案，美國國務院對台灣派人刺殺美國公民極為憤怒，美台關係陷入谷底。台灣政府迅速逮捕了情報局長汪希苓等三人，五月經軍事法庭審訊，判汪無期徒刑。但有報導指汪希苓不是關在一般監獄，而是住別墅專區，有返家特權，後經兩次減刑於一九九一年出獄。當時台灣黨外雜誌和海外輿論認為下暗殺令的有更高層級，汪希苓只是奉命行事。其中，普遍提及的下令者是蔣經國的兒子蔣孝武，甚至是蔣經國本人。

江南案後政權潰散

夏曉華儘管說他講的98％是事實，但關鍵卻在那2％當中。他講到情報局長汪希苓與江南有過節，找竹聯幫下毒手乃基於私怨。江南遺孀崔蓉芝在給我們的來稿中，就指出私怨絕無其事，江南與汪希苓只吃過一次飯，沒有來往，更談不上過節。

講到蔣孝武與此案的關係，夏曉華引用一個與蔣經國有深交的朋友的意見說：「年輕人在一起吃喝玩樂是有的，但要蔣孝武指使陳啟禮做什麼，絕不可能，他也沒有這膽量，他怕他爸爸怕得要命。」

因此，夏曉華被情報單位擺布到東京接受我們的訪問，其任務就是在結語中他反覆強調，暗殺江南的主使者最高到汪希苓為止了。

不過，他又說，雖然汪希苓做了許多年情報工作，但實際上可以說是外行。「以前戴雨農時代，要殺一個漢奸，都是要最高當局批准的，怎麼可以這麼胡來」。

但做了許多年情報工作的汪希苓會是外行嗎？假如他真是得到最高層批准呢？在江南案主犯陳啟禮一九九一年出獄後，我在台灣對他作了一次訪問，他承認自己當時是有編號的情報局特工，他說以當年的架構來說，情報局的頂頭上司雖屬於國家安全局，事實上情報局長當年是直屬於總統的。真正命令他的，一切都是總統。這說法，與夏曉華說的內行做法，若合符節。而汪希苓在法庭上說他的錯誤是沒有向上級報告，是否為配合當局的說法，值得存疑。

台灣當局給我們送上夏曉華專訪，有欲蓋彌彰的效應。江南案仍然充滿疑團。

江南案後，蔣經國下令改革情報機構，以軍事將領接任情治首長而不是從情治系統人士中提拔，重規則而不是重個人意志。因蔣孝武受外界懷疑，蔣經國後來向外媒表示不會傳位給蔣家後人。接著解除戒嚴令，台灣走向民主自由的大道。作家柏楊說：「江南之死，引起整個政權潰散的骨牌效應。」

江南案或者可以說是台灣邁向民主化的里程碑。事件的複雜性也使我們這個獨立媒體受到考驗。

（原文發布於二〇二二年二月十五日）

110／「李匪怡」和《香港1997》

一九七七年十一月，台灣警備總部宣布破獲了叛亂組織「人民解放陣線」案，一九七八年一月軍事法庭審訊，判為首者戴華光無期徒刑，另五人分別判三至十五年。在軍事檢察官的提告中，這幾個年輕人犯罪的具體行動就只是散發傳單，而其中「匪嫌」吳恆海的罪證就是他招認於一九七六年九月當海員時到香港，與《七十年代》雜誌的「李匪怡」會面交談，「李匪怡」表示可安排他去大陸訪問，又給了他一些任務。

一九七六年我仍然在左派陣營，九月剛遷新址成立天地圖書，因《七十年代》常有文章揭露台灣戒嚴時期的鎮壓不同意見者，並支持民主抗爭行動，確有些海外或台灣來客到雜誌社找我談話，我也安排過一些人去大陸訪問。這些人去了之後，回來有正面亦有反面的反應。約略記得有一位台灣年輕海員來訪，談話間相互交換大陸與台灣的情況，他可能提出過想訪大陸，但初相識不可能為他安排，也沒有留下通訊聯絡方式，何來給予「任務」之事？

看了這報導，我固然一笑置之，我的一些文化界朋友，就常以「李匪怡」和成語「匪夷所思」跟我開玩笑。後來我在《星島晚報》的一個小專欄，索性用「李所思」為筆名。

獨立公正監督政權

講這件舊事，就是想說明當年我和《七十年代》在台灣情治機關眼中根本就是敵人。但江南七封信和夏曉華的專訪，他們就偏偏要找「李匪怡」去發布。儘管在《七十年代》刊出前不久，台灣《聯合報》系統的美洲《世界日報》已刊過七信的其中一封，但沒有人關注，原因是《聯合報》老闆是國民黨中常委，自己人為自己人開脫，缺乏公信力。只有在獨立的、對掌權者一貫持置疑態度的報刊發布才有公信力。對中共也是一樣。如果《七十年代》從一開始就像《文匯》《大公》那樣，向中共一面倒，對中共來說也就沒有利用價值，也不會有一段時期在「認同中國」的問題上成為中共「非常有用的白痴」[1]。

實際上，所有具固定立場的媒體，都不可能有公信力。黨派性的宣傳只在封閉的社會有人相信，放到開放社會就是政黨領導人的自瀆，因為媒體的受眾會接觸其他資訊，每個人有自己想法。

我堅持《七十年代》保持獨立性，不惜放棄對自己更有利益的事業，也就是固執於媒體的獨立和公正，知道讀者的需求，媒體應該永遠是權力的監督者。

這道理，我相信中國、台灣的掌權者不會不知道，否則他們就不會將他們非常想發放的訊息輾轉交給外媒去發表了。但儘管知道，在一黨專政或一黨獨大之下，所有權力都是自上而下等級授權，這就決定了不可能辦一個哪怕對權力持小小監督態度的媒體。也因此，老報人徐鑄成[2]說，輿論監督只能靠外國人管治下的保護傘，中共建政前靠租界，一九四九年後靠最後一個租界的香港，一九九七年香港主權轉移之後，媒體也就慢慢以至急速走向「愛國愛黨」矣。

從不相信一國兩制

從一九七九年香港九七問題浮現以來，我根據個人的經驗，以及從老報人、學者徐鑄成、徐復觀、勞思光談話與文章中得到的啟示，我從一開始就不相信一國兩制、港人治港。我也絕不相信香港可以實現民主治港。中英談判期間，中共就一直否定香港人有參與決定香港命運的角色。《中英聯合聲明》發布後，中共開始起草《基本法》，整個過程都圍繞著政制的民主程度爭辯。儘管香港草委有民主派的司徒華和李柱銘力爭，但中共主流意見仍然極力阻止香港市民對政制的廣泛參與。港英當局開始了民主改革步伐，亦不斷被中國強烈反對，無論是香港廣大市民支持的八八直選，還是彭定康的擴大選民基礎的方案，每一步都受到北京阻攔嚴拒。經歷過這麼多事件，若還相信中共會容許民主治港，不是太天真了嗎？

但不是天真，而是沒有其他路可以走。在主權轉移已成定局的情況下，唯有站在市民權利的一方，據理力爭多一點民主，或可以稍保障我們的自由和法治。因此，我雖然從一開始就不相信一國兩制、港人治港，但在爭不到「主權換治權」的英國保護傘的情況下，就只能站在明知爭不

1 參考篇目67。
2 參考篇目52。

到的民主一方了。

我所珍惜的不是民主，而是自由，特別是可以監督政府任何部門的新聞自由，這是我的志業，也是我大半生的奮鬥和成就所在，如果有成就的話。一九九六年，我在台灣出版了《香港1997》一書，這本書隨即有日本出版社翻譯成日文出版，改名為《香港之悲劇》。日本版的書名，更能夠概括這本書的內容。我沒有自豪，不感高興，只有悲涼。

（原文發布於二〇二二年二月十八日）

《香港1997》之中文版及日文版。

111／一國兩制只是權宜之計

二〇二〇年香港一位在大學任教實用神學的助理教授[1]，說他多年來任教的一科是「香港社會」，而「九七回歸」是不可或缺的課題，並以一九九六年我的著作《香港1997》作為這課題的閱讀材料之一。他說，「多年來，絕大部分閱讀這書的同學皆表達一個類似的反應：太準確……有如預言一般的準確！」他在這一年國安法實施前寫了一篇長文，對我書中的一些段落，比對這些年的現實，說我二十多年前的憂慮，「今天已大量應驗」。我對他表示，我不是未卜先知，當年的預見，只是「基於對絕對權力的基本認知，而香港多數人都有 wishful thinking」。

制度需在國家之上

香港前景研究社[2]在一九八五年解散，當時主席勞思光與我們幾個成員，咸認為主權轉移大局已定，香港已經沒有可以研究的前景可言了。一國兩制有可能成功嗎？我們談到國家的構成是土地、人民、主權三元素。在一片土地上的人民為什麼要建立一個主權國家？為什麼要推倒原來的國家建一個新國家？不是要換一個名稱，而是為了要建立新的制度。孫中山要實現共和，中共講

「只有社會主義才能救中國」，都不是不要「中國」而是要建立中國的另一制度。國家因制度而立，制度在國家之上，若國家在制度之上，那就是專權體制的非法治國家。

美國獨立運動，要追求的是三權分立的共和制度。美國憲法第一句是：「We, the people」，以昭示主權在民。每一個總統在演講中講到「愛國」，都不會忘記提到美國人最珍視的憲法所賦予的制度。

《中英聯合聲明》簽署後，一九八五年中國成立基本法起草委員會，任命了二十三名香港委員，其中有一位是有「愛國」家庭背景的廖瑤珠律師，她對起草《基本法》很熱心，草委會還沒有開會，她就每星期自己掏錢約一批知識界人士午餐，一起討論《基本法》的原則，我也在被邀之列。她提出過一個憲政問題，就是中國憲法第五十一條規定：「中華人民共和國公民在行使自由和權利的時候，不得損害國家的、社會的、集體的利益。」廖瑤珠說，這反映了中國以國家的、社會的、集體的利益為上，而香港人長期受西方政治文化影響，普遍重視個人權利，我們的習慣想法是：國家、社會、集體在行使權力時必須避免損害個人的自由和權利，而且有些基本個人權利——天賦人權，根本就從來沒有由人民交出來，付託給國家、社會或集體處理。

這段分析，觸到了中國憲法與香港在英治下實行的制度最根本的分歧。中國憲法規定的，是國家權力最大化，而西方以及英治時實行的，是人民權利最大化。

一黨專政緊抓權力

有一部電影《驚殺大陰謀》（*The Conspirator*），講的是一八六五年林肯總統遇刺身亡後審判凶嫌和同謀者的真實故事，其時南北戰爭剛結束，社會主流聲音認為應從重從快對所有凶嫌和同謀者進行軍事審判並即處死刑，拖延或放過任何可能的同謀者都會引發南方的暴力，國家再次面臨動盪與分裂的危機。當時一位年輕律師艾肯（Aiken）挺身為一個被指為同謀者的寡婦辯護，不是因為他相信她真的無罪，而是他執著於被告有辯護的權利，法庭要駁倒他提出來的所有疑點，才能判被告有罪。艾肯的堅執使他被主流社會杯葛、戀人無法諒解並離他而去，有人對艾肯說，如果同謀者不迅速判死，就無法遏制南方的暴力，國家都無法存在了，你還講什麼法律。艾肯的回答是，如果沒有了憲法保障的人民權利，要這個國家做什麼。

《七十年代》在中國剛透露一國兩制構想的一九八二年底，就舉辦「五學者座談會」討論一國兩制，五學者是勞思光、翁松燃、劉述先、宋恩榮和謝劍。到一九八四年《中英聯合聲明》草簽後的十月又舉行第二次的「五學者座談會」。兩次都從哲理、政治、經濟和制度上探討一國兩制的可行性及對香港可能的後果。而最具學術性兼可讀性的，是一九八五年十二月發表翁松燃所寫的〈「一國兩制」芻論——概念、性質、內容、困難和前景〉，此文是一九八五年八月在廈門舉行的「台灣之將來」討論會上發表的論文，長達兩萬多字。那時中國在胡趙主政下還較有自由空間，據稱此文曾在中國社會科學院的學報上轉登過「上篇」，但沒有登「下篇」，極有可能是對一國兩制的質疑太具說服力，因而被迎合一國兩制發明者鄧小平的高層叫停。

---

1 香港浸信會神學院劉振鵬。
2 參考篇目96。

「五學者座談會」及翁松燃長文，無論從學理上還是從現實政治上的發揮，都全面和豐盛，我從中獲益匪淺，也鞏固和指引了我日後對香港問題的論述方向。《香港1997》的「預言」建基於此。

一國兩制的最根本問題安在？國家權力最大化的一黨專政，豈容香港這另一制的人民權利去分薄它的國家權力呢？提出一國兩制只不過是香港還沒有到手，而中國那時還需要香港這個對外窗口，是一黨專政的政權不得已的權宜之計，一旦到手跟著覺得一國已經夠強時，自然就「一闊臉就變」啦！

（原文發布於二〇二二年二月二十日）

112／港人治港只是誘餌

鄧小平關於「一國兩制」的構想最先是針對與台灣統一而提出來的，九七問題浮現後就拿來用於一九九七年後的香港。「一國兩制」的具體實施就是「港人治港」。

中共透露這個構想不久，我在一九八三年底到日本，與剛剛完成在亞細亞研究所任短暫客座的麗儀會合，同遊京都。京都大學教授竹內實設晚宴，並送了我一本剛剛出版的《毛澤東集補卷》的第一卷。

「港人治港」非新發明

與竹內實相識在一九八〇年，那年他應《週刊朝日》之約，來香港與我座談中國局勢。竹內實一九二三年在中國出生，生活了十九年才回日本。他在日本被譽為「毛澤東學」的權威和「現代中國研究的第一人」。他說，京都大學圖書館收集中國自晚清以來的報紙雜誌最齊全，於是由他主持，搜尋了毛澤東自少年起的所有文章，編成《毛澤東集》共十卷，又仔細比對其中收進中國出版的《毛澤東選集》的文本，註明中國《毛選》作了怎樣的刪改。其細緻和完整的工作實在讓人佩服。

那晚他說，後來又繼續發現更多毛的文章，於是出版《補卷》，預計五本。不過最終出版了九本加《別卷》，即《補卷》也是十本。真是工程浩大。

我當晚回酒店翻看新出的「補卷」第一卷，赫然發現一件與當時熱議的話題相關的事，就是毛澤東在一九二〇年九、十月間，在長沙《大公報》寫了十二篇文章，推動他與志同道合人士的「湖南自治運動」。當時在軍閥混戰中，原籍湖南的譚延闓把燒殺搶掠、兵匪不分的張敬堯驅逐，當上省長和督軍，就打著「湘人治湘」的旗號，想贏得湖南人支持。毛澤東連續發表的文章，認為「湘人治湘」的提法，「根本要反對」；因為「仍然是官治，不是民治」。他主張的是「湘人自治」，是鄉長、縣長、省長全部民選產生的自治實體，而不是徒具外形的「由本省少數特殊人來治」。他又反對大一統的中國，認為要「打破沒有基礎的大中國建設許多小中國」，各省實行民選的全自治，努力「造邦」，然後才考慮結成聯邦。

原來「港人治港」不是什麼新發明，一百年前就有人提出過類似的口號，而且還受到中共的老祖宗毛澤東年輕時的「根本反對」。當然，那時中國共產黨還沒有成立，而毛也不是掌權者。

前面我談謝雪紅的篇章[1]，提到二〇一〇年出版的前中共統戰部副局長胡治安寫的書《統戰秘辛》，記錄了中共黨員謝雪紅一九四七年在台灣領導二二八起義失敗後，逃到香港，是中共「香港工作組」負責人。一九四八年她在香港成立「台灣民主自治同盟」，提出由中共高層指示下的口號。一九四九年謝雪紅到北京參政，在開國典禮主席團中位列高層。後來在反右和文革中遭到批鬥，主要罪名就是指她提出台人治台、高度自治的主張是「台獨觀點」。

中共高層授意謝雪紅提出的口號，到批鬥謝時就翻臉不認帳，反而批鬥是謝自己提出的台獨口號。

一國兩制欠原則理念

到八十年代，既然說一國兩制是首先針對台灣的構想，那麼「港人治港，高度自治」應該也適用於對台政策吧。但一九八三年鄧小平在接見美國西東大學教授楊力宇時，儘管說如果「和平統一」，一國兩制對台灣可以更寬大，台灣可以有自己的軍隊，中國不會在台灣駐軍，而且對香港是五十年不變，對台灣是一百年不變。那麼是否也沿用香港一國兩制的模式實行「台人治台」呢？鄧小平卻說他反對這一詞語，因為有「台灣獨立」的含意。

一九八五年一月北京出版以台灣人為對象的《台聲》雜誌，刊出一篇〈「一國兩制」、「台人治台？」〉的文章，出版數日後即收回，再印時這篇文章就消失了。不過有人將刪去之文提供給《七十年代》，我們在五月號刊登。這篇文章肯定「台人治台」，並說「台人治台」比「港人治港」更寬厚。為什麼收回？當然是「台人治台」的口號不正確啦！

但為什麼「港人治港」就沒有「香港獨立」的含意呢？因為那時候香港還沒有什麼人提出「獨立」，而台灣獨立的主張就已經存在許多年了。

1　參考篇目79。

從「湘人治湘」要「根本反對」，到以「台人治台」先拿來向台灣人統戰、繼而又指這是「台獨」口號對謝雪紅批鬥，再到以「港人治港」來爭取英國和香港人的認同，再後來又以「台獨」為由反對用「台人治台」這詞語，這樣變來變去，顯示「一國兩制」並沒有固定的原則和理念，而只是因時制宜、因地制宜實際上是「因權制宜」的誘餌。如果仍然相信「港人治港」，就不止太天真而且太糊塗了。

（原文發布於二〇二二年二月二十三日）

113／「京人治港」是否較好？

記得有一位美國華裔教授[1]，一九八七年在北戴河獲鄧小平接見後，約我在香港見面，我以為他會有什麼訊息告訴我，或供發表，誰知他只是在談話中炫耀他受到怎樣的厚待，說從廣州到深圳，一路有二十輛軍警摩托車在前面開路。問他鄧小平談了什麼，他說不能講，但對未來香港和未來台灣很重要，要等時機成熟才能說。一副又想說又故作神祕的表情，實在幼稚可笑。

這就是我前面提過的「接近絕對權力的亢奮」。[2]中共統戰最善用這一招。因為掌絕對權力者頭上就像有一個光環，使一些自命不凡的人被接見後覺得被重視因而產生近乎生理反應的亢奮感。不僅對領導人的意見照單全收，甚而還會添油添醋，變得胡言亂語起來。

在《許家屯回憶錄》中，有一段說：「李怡在《信報》撰文，主張『京人治港』，反對『左』傾的親中的『港人治港』，他是極而言之，代表相當多的港人心態。」

港人治港忽然愛國

我記得寫過這樣的文章，但剪報已經找不到了。但大致的意思是說，如果香港九七後沒有民主制度的制約，那麼無民主的港人治港倒不如京人治港。那是因為見到太多的香港人，哪怕接受西方教育，曾經受到港英政府的刻意栽培，但當中共以未來主子的姿態出現時，他們就「忽然愛國」，立刻「轉軚」、「變臉」，既擁護中國「收回主權」，亦為中國提出的種種缺乏邏輯的方案辯護，其中包括四料議員[3]、著名作家[4]，居然說美國的總統選舉也是間接選舉，同中國為香港設計的選特首沒有兩樣。我起先很奇怪為什麼這些飽學的精英會忽然變得那麼幼稚，不問是非。但後來看到太多人在獲得中共高層接見後的「接近絕對權力的亢奮」，加上華人有向掌權者靠攏的本性，而中國是即將在香港擁有真正權力者，於是醜態百出，催人欲嘔，就不奇怪了。

當然也有例外，比如當時的行政局首席議員鍾士元。我在一九八四年七月跟他做了一個長篇訪談。那時鍾士元在前不久才到北京會見了鄧小平。他不但沒有接近絕對權力的亢奮，反而向鄧坦率表達香港人的憂慮，一是擔心港人治港會變成京人治港，二是擔心執行對港政策的幹部不能落實中央政策，三是擔心中國自己的政策會變。他的據理力爭，使鄧小平覺得受到頂撞，於是說「夠了，我累了，不聽你說」。不歡而散。回港後，中方斥之為漢奸，許家屯說他是「孤臣孽子」。

在我對他的訪問中，他說：「日後非我能操縱。不論赴湯蹈火，也只是盡我所能。如果你叫我和中英對抗，這是不可能的，我沒有後盾，沒有選民。如果你認為有什麼我應該做得到的，而我未做，希望你隨時告訴我。我一無所求。只是在這個位置上，要對得起香港人。」說時態度誠懇，直率，明澈照人，我謹記至今。

「沒有後盾，沒有選民」，是即使願意赴湯蹈火為香港人爭取權益，也無能為力。因此我那時在想，對於香港前途，最好是爭取英國以某種方式留下來，但顯然無望了；那麼其次是爭取香港人可以在行政、立法方面有普及而平等的選舉，讓產生的特首和立法會議員有全面的本地民意後盾，可以有更多與中央討價還價的籌碼，而不是僅僅有中央授權。但眼看連這個也做不到了。那麼與其讓一些過分迎合、諂媚中央的人去治港，倒不如直接由中央派人來治港較好。那時我一直思索著在幾害相權中如何取其輕的辦法。

迎合中共加劇矛盾

中國至少在那個時候，我知道還常有一些地方幹部，對地方上的人民權益，總會在可能的範圍內向中央婉轉爭取，又或者對一些不利於地方的政策，採取「上有政策，下有對策」的陽奉陰違。再看新華社，即相當於現今中聯辦的官員，雖然當時對我執行掃地出門的「四不」政策[5]，但手段算柔軟，而且也都講道理。即使對香港前途的意見不同，我們仍然可以溝通，可以爭論。許家屯及其他一些新來的幹部，對香港了解得多了，會更清楚香港成功的原因何在，由他們主導治港，應該比一味諂媚中央的港人治港要好。不過，中國闊起來後，現在也沒有較願意為當地人民

1 參考篇目158。
2 參考篇目71。
3 參考篇目97。
4 參考篇目99。
5 參考篇目103。

爭取權益的幹部也。

當治港者的權力來源只有一個，即專權的北京當局，那麼本地治港者不僅對北京的意旨千依百順，而且幾乎必然會為了迎合北京領導人的意旨而加碼實施。在向北京彙報工作時，又會把香港的反對力量誇大，既迎合中共一貫的敵情觀念，又可以顯示他（她）工作的難度和政績。中國高層領導的資訊來源單一，不會看到聽到反面的、合理的意見，在偏信中對香港民主派的敵意不斷加深，甚而對所有香港年輕人、所有香港人都有敵意。這就發展成後來的局面。

最後一任港督彭定康在一九九六年發表最後一份施政報告，最後提到：「我感到憂慮的，不是香港的自主權會被北京剝奪，而是這項權利會一點一滴地斷送在香港某些人手裡。」

與我所見略同。不過我比他早十年就提出來了。

（原文發布於二〇二二年二月二十五日）

114／「基本煩」和霎眼族

從一九八五年開始，到一九八九年六四，中共對香港最主要的工作就是起草《基本法》，先是組成有少數香港委員的起草委員會，後又在香港成立了有一百八十名委員的諮詢委員會。兩者都由中國任命，也就是說，由中共選擇的人去參與決定香港人九七後的基本大法。諮詢委員其實只是名銜，幾年來一共才舉行過兩次公眾諮詢。

照道理，在《中英聯合聲明》的附件一，已經寫明了中國「對香港的基本方針政策的具體說明」，只要把這個附件轉換成《基本法》在人大通過不就完事了嗎？然而，討論來討論去，起草這樣的一個《基本法》竟然耗了五、六年，比世界上所有起草憲法的時間都長。直到香港市民和輿論都感到厭倦，將 Basic Law（基本法）稱為 Basic Bore（基本煩）。而具有苦中作樂幽默感的香港人，則從「煩」中取笑，市面出現了「養狗基本法」、「床上基本法」等廣告詞。一九八九年在黃霑的《香港 X'mas》中有林夕作詞的〈我的基本法〉：「我想去學基本法／程序常令人困惑；我想鑽研基本法／腦海裡一片空白；我想協助基本法／尋覓渠道頭髮白」。

《基本法》行文含混

為什麼要耗費這麼多時間？說穿了就是要把在《中英聯合聲明》中明確的表述，變成模糊；把人民權利最大化的表述，改為國家權力最大化。比如聯合聲明中說「除外交和國防事務屬中央人民政府管理外，香港特別行政區享有行政管理權、立法權、獨立的司法權和終審權」，這裡的權限非常清楚，到了《基本法》，「除外交和國防外」這句話就不見了，變成香港特區「實行高度自治」。這高度到底是多高？人大常委有最後解釋權，而人大常委並非由法律專家組成，而是由政治人物組成的立法機構，即立法權與司法權重疊。此外，《基本法》的行文也有很多不是法律語言，比如許多地方都用了「通常」這詞，「香港永久性居民」是「在香港通常居住連續七年以上的中國公民」；行政長官是「在香港通常居住連續滿二十年」的中國公民等等。為什麼要加「通常」呢？因為既是通常，也就可以有例外，即留下例外的餘地。

《基本法》搞這麼多年的另一個目的，就是把聯合聲明中的「立法機關由選舉產生，行政機關對立法機關負責」的「選舉」變作中國特色的選舉，「負責」變作中國特色的負責。最讓人驚愕的是，學貫中西的著名作家金庸，作為草委的政制小組召集人，竟在《明報》社評中把英國選首相和美國選總統，說成是等同《基本法》所定的由推選委員會選特首，都是間接選舉。他在電視訪問中，不停地霎眼，顯得言不由衷。我以後見到在媒體前不停霎眼的人，發現他們講的大都不是由衷之言。

話說六十年代某一天，多產專欄作家高雄，和幾個也是受歡迎的報紙專欄作家一起飯聚，席中他說了一個觀察，就是寫某樣東西最好的，在生活中做這樣東西就最失敗。金庸當時也在座，一起哄笑，但卻無自知之明。[1]他憑良知寫的政論很有說服力，自從見過鄧小平和參加草委從政後，就在螢幕前成為霎眼族了。

寧可只做一個人

我年輕時就讀了許多金庸以各種筆名寫的小說、隨筆、政論等，從他的文章中學到不少知識和寫作技巧，他的社評曾是我必讀的文章。從他擔任草委後的表現，我也學到了做人的道理，就是高雄所說的，寫作人論政就好，千萬不要從政。

一九八六年，中國在胡趙領導下，管治算是比較寬鬆，香港大多數人還是認同自己是中國人。但《基本法》起草的教訓，使我認識到一黨專政的本質是不會變的。領導人一時的開明並不意味著體制會改變。起草《基本法》，就是中共要把政權的權力最大化，強加在《中英聯合聲明》的人民權利最大化之上。那時我在電視訪問中說：九七後，如果做教師還可以憑自己的認識去教育學生，做記者仍然可以把採訪到的新聞據實報導，做醫生還可以按照自己的專業知識去關顧病人，寫作人可以憑良知去寫作，做生意的只要不違法可以各顯神通，那麼我還是會選擇做中國人；倘若不能夠這樣做，而必須按黨國意旨並違反自己的心意做事的話，那麼我寧可做一個人

1　參考篇目55。

而不做中國人了。

這是我最早提出身分認同問題的一段話。當時引起不少討論。很多人不同意，認為作為中國人這身分是不可改變的，如果不能夠按自己的自由意志去做事的話，也應該像先賢那樣，以中國人的身分去努力改變中國。而民主回歸，民主治港，是改變香港從而改變中國的第一步。

我支持他們爭取民主。不過，我是悲觀的。

（原文發布於二〇二三年二月二十八日）

115／與勞思光的交往

我在一九八一年應政論家徐東濱之邀，參加香港前景研究社[1]，在那時候才第一次認識勞思光。前景社大約每月有一次聚會，就香港前景問題探討各種方案，並向中英雙方提出。當然，都沒有被採納，甚或可能沒有被認真看過。到一九八四年《中英聯合聲明》發布，前景社也解散了。不過，就在這幾年，我對勞思光作過一次專訪，也邀請他擔任過兩次「五學者座談一國兩制」的主持人。他在座談會中引導其他學者，他自己也講了很切要的意見。自認識後，我們就有較多交往。他那時在中文大學哲學系授課，與唐君毅、牟宗三齊名，被喻為「香港人文三老」。所著的《新編中國哲學史》，深為學界所重。實際上他並不老，比唐、牟小二十多歲，也只比我年長九年，但他少年老成，據說他二、三十歲就是這個模樣，一九八一年他五十多歲，也沒有變老，還是這模樣。

他身材瘦小，據他自己說體重從來沒有超過一百磅，但每次一起飯聚，他都食量驚人。而他那個小小的腦袋，所裝載的東西也驚人。除他本行的哲學，對時局、政治、社會現象，乃至賽馬、賭博都有別具一格的思考，甚而會到澳門賭場小試牛刀。而其中在朋友中最為人所知的，就是命理、術數、占卜，我認識他時，徐東濱已經說他的綽號是「鬼谷子」。說他在毛澤東去世一年前，就占算到毛過不了一九七六年。不過他從來不以術數專家炫耀，還說自己一向不主張人崇信術數，只是拿來自娛，或跟友好算一算。初識時他也為我開了一個命盤，對我的家世和過去，算得蠻準，講到日後我的生涯，後來的發展也好像有些譜。

前廣播處長張敏儀說，在中文大學讀書時，曾經上過勞教授的課，他們同學都叫他作「魔術師」，因為他永遠是穿西裝打領結（bow tie），像魔術師。勞思光跟我解釋為什麼到任何場合都這樣穿著，是因為有些場合是一定要打領結的，但沒有任何場合是不可以打領結的。為了不花時間在穿著上，打領結穿西裝就完全不用費腦筋了。

他接受過我們雜誌不止一次訪問，除了座談會之外，他都說不要記錄訪問稿了，所有的問題他都自己寫下答案交給我，他說這樣我們既省事，他也毋須擔心我們會記錄有錯。

關心中港台政局

勞思光的學術成就，不是我這樣學少識淺的文人可以評說的。只因為他從來不是只在象牙塔中做學問的人，他時刻關心中國、香港、台灣的政治變遷。一九七一年他出版了《歷史之懲罰》，是他一系列在雜誌上發表的文章結集。以嚴謹思辯和關切人類苦難的深情，對當代中國的危機以至整個人類文明面對的困局，作出系統的分析和深刻的反省，對當時的學生和讀書人有很大影響。因這種關懷，使我們自相識後，就結成了常常一起談論國是的朋友。我視他為良師，相信他也視我為益友。

他早年就讀北京大學哲學系，未及畢業，就因一九四九年國共內戰而隨父母移居台灣，在台大哲學系完成學業。因反對國民黨專權，主張自由民主，引起情治單位注意，他父親獲得消息，讓他趕緊離開台灣，於是到了香港。他曾經聲言，除非台灣解除戒嚴，否則他不會去台灣。在中大退休後，一九八七年台灣解嚴，一九八九年他應邀到台灣任清華大學客席教授。那之後，因為《九十年代》出版台灣版，我也常去台灣，與他在台灣常茶聚飯聚。

二〇〇一年，勞教授以傑出學人的身分，受邀回中文大學一年，並出版了一套十三冊《思光學術論著新編》。六月九日，中大出版社為他辦了一個題為「五十年來家國」的對談會，在中央圖書館舉行，蒙他邀約，選了我作為對談者。

二〇〇一年在香港一年後，勞思光又回到台灣在華梵大學任講座教授。但妻子仍然留在香港，在台灣雖有人照顧，但基本上是獨居。二〇一二年十月二十一日，因心肌梗塞昏厥，被發現後，送醫不治，終年八十五歲。歿後，台灣和香港都為他舉行過追思會和研討會。二〇一二年十二月十六日在香港中文大學舉行的追思會上，我應邀做發言者之一。我簡要地講了與他交往的經過，和他給我印象最深、從他言傳身教中受到影響的幾個要點。這些要點都貫徹在我的編輯寫作生涯中。下一篇再談。

（原文發布於二〇二一年三月二日）

---

1 參考篇目96。

116／不受術數擺布的勞思光

勞思光組香港前景研究社和邀我參與，正是《七十年代》脫離左派陣營的同期。一九八一年八月號的雜誌標示了遷離天地圖書的新址，九月號刊登勞思光撰寫的〈一九九七問題與香港前途〉的長文，十月號刊登〈勞思光談中國之路向〉專訪。

勞思光的長文發表時，中英還沒有就九七問題正式表示過意向。他文章中最根本和重要的一點意見，就是九七問題儘管香港人沒有決定權，但真正受影響的是香港人，因此應有表達意見的權利。他期望香港居民不要冷漠，應該面對問題，形成一個代表香港人意願的共同主張。其實這也是他花時間精力去組織前景社的主要原因，因為他所邀的參與者，大都是有雜誌或報紙地盤的「意見領袖」。而我們那時對九七問題還沒有展開熱烈討論。

在十月號專訪最後，勞教授向我反問一個問題，就是《七十年代》從左派刊物進入新階段，成為獨立刊物，我們是否有新的編輯計畫或目標。他給我機會講了我們以事實為主的編輯方針，和今後更會以獨立刊物貫徹對海峽兩岸政權的監督功能。

思考重理性重條理

在與勞思光的長期接觸中，他給我印象最深的，就是他是一位非常重理性、重條理的人，對許多人們常常受困擾的問題，他都會首先爬梳問題的本質，釐清被混淆的概念，然後作出理性分析。

比如在訪談中，我提到許多海外人士認為，中國只能由中共領導，因為中國並沒有一個可以取代中共的勢力。勞教授就說：「我們對於一個現實上的統治勢力，是採取支持或是反對的態度，是根據我們對它的『評估』而定。而是否已經有可以取代它的勢力存在，則屬於『觀察』的範圍。『評估』與『觀察』是兩回事。倘若我們『評估』一個政府或一個執政黨，覺得有客觀根據說它的領導是對人民及國家有益，我們縱然『觀察』到許多現成勢力的存在，仍然有理由支持這個政府或政黨；反過來說，如果我們根據客觀成績來『評估』一個政府或執政黨的時候，發現它的領導把國家弄得一塌糊塗，使人民生活陷入痛苦，社會風氣墮落不堪，則縱使在『觀察』一面，看不見任何可以取代它的勢力，我們仍然應該反對它，追求大改革。」

這種理性分析，也貫徹在他的人生取捨之中。在談術數、命理的訪談中，他講自己少年時認識一位術數高手，授之以奇門、太乙和大六壬的「三式之學」。後來又通讀了幾乎所有的傳統資料，研究「推背圖」之類的預言。他認為術數儘管成為某種推算系統，推算又屢屢與事實相符，但仍然只是訴之於神祕體驗，不能看作符合智性活動的常軌知識。勞思光認為人生原有自覺主宰的一面和被決定的一面，西方哲學家稱之為 realm of freedom 與 realm of determinism，中國儒家就有「義」與「命」的分立。義講的是善惡是非對錯，命講的是成敗興衰得失。他雖然深研術數，但反對人用術數來指導自己的行為。他認為自覺主宰只能以義理行事，即以是非對錯作人生路向的抉擇，不應顧慮成敗得失。憑自己的認識和良知去做，即使失敗也不後悔。他這個「義」與「命」分立的觀念，對我後來的人生選擇甚有影響。

關懷社會堅持己見

勞教授不僅是一位自由主義的學者，而且是關懷社會、不怕獨持異見的知識分子。他就國是問題接受訪問，在大眾媒體發表文章，而且身體力行。除了堅持台灣若不解除戒嚴，他不會去台灣之外，又堅持大陸一天仍由共產黨統治，他也不回大陸。他還說，香港若淪入共黨手中，他也不會留在香港。許多人可能只是嘴裡說，勞思光卻是真這麼做。但他只是自己實行，並不勉強別人依從。我想這是他晚年離開家人在台灣獨居的原因。

一九八一年，我作為以知識人為讀者對象的雜誌主編，對海外知識分子的角色和政治表現特別關切。那年，我分別就此問題向徐復觀先生和勞思光先生提出詢問。徐先生較悲觀，他認為中國知識分子長期受專權政治影響，崇拜權勢，有奶便是娘，早已把傳統文化中「以天下為己任」的基本價值丟掉了；勞先生則較積極，他認為中國和香港特別需要知識分子的努力，因為觀念的建立，對客觀事理的了解，不是依靠媚俗言論可以成功的，它要靠知識分子提倡理性態度、堅持公平要求、提倡嚴格思考，才能為社會未來發展建立普遍基礎。

我在其後三十年的編輯寫作生涯中，秉承徐先生的教誨，銘記中國傳統文化中「說大人則藐之，勿視其巍巍然」，質疑權貴；也秉承勞先生的誨導，努力以理性思考去抗擊媚俗言論，不畏群情。徐先生悲觀，勞先生積極，於是悲觀卻積極，就成為我的人生信條。

（原文發布於二〇二二年三月四日）

117／在德國訪問的感觸與認知

上世紀八十年代，儘管香港因九七問題社會一直存在隱憂，中國大陸和台灣卻是在朝著逐漸擴大人民權利的方向發展。

台灣自從美麗島事件及大審、林家血案、陳文成案，特別是江南案之後，當局在內外壓力下，已開始走向民主自由開放之路了。一九八五年，蔣經國回答美國記者時說，不會考慮將來由蔣家人士繼位。一九八六年九月，民主進步黨突破黨禁宣布組黨，蔣經國未強力鎮壓，回應說：「時代在變，環境在變，潮流也在變。」一九八七年七月蔣經國解除戒嚴令，十一月開放民眾往大陸探親。《九十年代》在這段期間，隨著台灣的開放，在台灣已有專為我們雜誌寫政治評論的作者，有特派記者緊貼台灣時局的報導。黨外也變成民進黨，在選舉中開始與國民黨分庭抗禮。

兩岸傾向開明時期

中國大陸方面，那些年在胡趙的寬鬆領導下，也有了較多的言論自由。一九八五年，胡耀邦委任朱厚澤任宣傳部長，他提出寬厚、寬容、寬鬆的「三寬論」方針，放寬對文藝界與學術界

《九十年代》同仁攝於1980年代末，右一方蘇，右三李怡，右四邱近思，左一常壽林。

的限制。文學界揭露陰暗面的作品大量出現。其中尤以劉賓雁寫的為民呼號和批評黨傳統觀念的作品而備受矚目。一九八五年他寫的《第二種忠誠》，由於《九十年代》轉載而受到海外廣泛關注，並傳回大陸，掀起一陣「劉賓雁熱」。

台灣和大陸，對《九十年代》似乎也改變了態度。台灣在一九八三年批准了我們的兩個編輯訪台。在香港，也有同台灣當局有關係的人士與我接觸。大陸方面，因當年帶點私怨的廖承志已去世，駐港負責人許家屯主張對我們這類獨立而有影響力的媒體「團結爭取」，據聞在一九八七、八八年趙紫陽搞政治改革時期，他的智囊曾經提過考慮批准《九十年代》再有限度地進口，儘管未成事已爆發民運。

那幾年，是海峽兩岸都向開明之路邁進的時期。這種開明走向，也使敵意逐漸減少。一九七八年中共提出以「和平方式解決台灣問題」來取代原有「解放台灣」的口號，並提出「通航、通郵、通商」的三通，以及「經濟、文化、科技、體育交流」的四流政策。蔣經國對此的回應是「不接觸、不談判、不妥協」的三不政策 。但到一九八七年終於聽從民意開放了台灣民眾前往大陸。何時會開始官方往來乃至和平談判「統一」，亦成為當年海外輿論熱議的話題。

一九八六年十月，我應西德駐港總領事之邀，往德國訪問了十多日。當時的德國仍然分東德與西德。東德是蘇聯陣營的共產國家，西德是西方陣營的民主國家。在西德，我與其他國家的新聞工作者一起採訪當時進行的地方選舉，去了在東德領土內的柏林。當時的柏林一分為二，西柏林有美英法駐軍，東柏林有蘇聯駐軍。東德為防止人民逃往西柏林，在一九六一年建立一道著名的圍牆與西柏林相隔，時會發生東德守軍槍殺逃亡者事件。我以五美元的入境簽證費，進入東柏林一日遊。我關心中國大陸與台灣的分裂，因此也對分裂國家如南北韓、東西德的情況感關注。

先從尊重事實開始

和中共堅持「一個中國」並強迫國際社會接受「一個中國」不同，東西德都接受兩個德國，聯合國也接納兩個德國為會員國。東西德均按照國際外交關係的通則去處理兩德的通信、匯錢、人民往來等相涉問題。當時平均每年有一百五十萬西德人前往東德，而東德則採取組團旅遊的性質，當年有十二萬人去西德短期旅遊。人民來往的數量逐年增加。在東柏林大街上，固然看到與西德完全不同的共產國家的肅殺景象，但東德人看來卻安詳、善良，年輕人的舉止、打扮，都看出深受西方影響。

我問過西德一個年輕人，是否贊成統一，他反問我：「統一有什麼好處，不統一有什麼壞處？我不認同國家，我只認同人民，認同人權、正義、民主、自由……。」

現在許多人以為，東西德的統一，是由中國的六四和蘇聯的解體促成。實際上兩德統一在蘇聯解體之前，起動也在八九民運前。由於蘇聯戈爾巴喬夫[1]的改革政策，放鬆了對東歐集團國家的控制。東德在一九八九年三月就放寬了邊境管制，從而直接引發了大規模的逃亡潮。大規模的交往了解，激發了東德公民要求民主、放寬對新聞限制的抗議浪潮。十一月四日柏林爆發五十萬人參與的大遊行，東德居民開始翻越柏林牆前往西德，當局沒有阻止，柏林牆形同虛設。十二月東德議會通過憲法修正案，刪去了國家受工人階級及馬列主義政黨領導的條款。德國統一社會黨（即共產黨）召開特別大會，宣布更名為民主社會主義黨，在德國實行多黨制。一九九〇年三月，東德大選，基督教民主聯盟成為第一大黨，民主社會主義黨為第三大黨。一九九〇年五月，兩德開始了統一進程。

從德國的分裂而至統一，是一個自由與極權和平競賽的過程。而首先是從尊重事實開始，從承認兩個國家的事實，再經過制度的競爭，最後是人民選擇了接受文明一方的統一。以強凌弱的統一，只會造成人民的受難和文明的崩解。

（原文發布於二〇二二年三月七日）

1 即戈巴契夫。

118／在新加坡初識黃春明

一九八七年五月底，我應新加波《聯合早報》的邀請，去參加金獅文藝營活動，香港同行的還有戴天，台灣就來了陳映真和黃春明，中國大陸原來打算邀請劉賓雁的，但一九八六年底發生反自由化運動，劉被鄧小平點名開除出黨，故無法前來，在新加坡見到的大陸作家是馮驥才和諶容。此外有來自美國的許達然，和馬來西亞的吳岸。金獅文藝營過去舉辦過兩次，都是一些知名的老作家。一九八六年《聯合早報》總編輯黎德源到香港找我，說這次想邀請中年的、關心社會並有批判意識的作家，想以此刺激新加坡寫作人對社會的關懷。我想到的是香港九七問題，不少人認為九七後最好的情況就是像新加坡，有法治，和近乎記名的選舉，有高效率和廉潔的官僚，但稍欠自由，如果香港將來能夠這樣，也算不錯了。所以，我真想看看究竟新加坡是怎樣的社會，是否真的想引入批判性的文化思維。

窺見新加坡的管理

陳映真和黃春明，我早聞其名，也讀過不少他們的小說。諶容的《人到中年》也讀過，馮驥才則比較陌生。過去兩岸三地的無論什麼會，與會者多少有些立場上的隔閡。不過這次我們幾個人倒是相處得很融洽。大家都是直呼其名，沒有加「先生」之類的尊稱，馮驥才因身高近二米，我們就叫他「大個子」。

在新加坡我們享受貴賓式接待，安排的演講、評審作品等活動，也坐滿聽眾和熱烈掌聲，使我們覺得深受重視，而且計畫周詳，顯見高水平的管理。

新交的作家朋友，以黃春明談話最有趣，他隨口講出來的都是故事。比如講到鄉土認同，就說家鄉有一條河，下游叫「後壁溝」，上游叫「前頭溝」，那裡的孩子早上起來到河邊脫了褲子大便，於是那裡的人就把這河叫「對屁股溝」。他說如果一個人在離開了家鄉還時時想到「對屁股溝」，那麼他一定是有鄉土認同的人。

我與黃春明一見如故，以後我們又有多次交往互動。

大個子馮驥才的敏感無處不在。比如有一次是副總理來致辭，講完大家鼓掌，掌聲停下來後，司儀就說，「讓我們再一次鼓掌感謝王副總理的語重心長的講話」。大個子就嘀咕著說，這太像大陸的演講了，第一次鼓掌是自發的，第二次就有點被迫啦！他又對我們這一邊的作家之間無拘束相談，語言生動、坦誠。他沒有說的是另一邊，因為金獅營的另一邊是中港台的出版界人士，有大陸出版總署和香港三中商的官方代表。

在離開新加坡的前一晚，在晚會後，快到午夜了，我們談興未盡，就集合在戴天房間中繼續聊天。講到台灣的鄉土文學，黃春明似乎不太贊同「鄉土文學」這說法，他覺得自己只是把對社會的感覺、想法用小說寫出來。日治時代，台灣的本土文學都是用日文寫的，光復後，本地作家在漢文字上的掌握還不行，於是有大陸來的文人寫的「軍中文學」、「克難文學」，到六十年代初，西方現代文學對台灣作橫的移植，才有本土作家的漢語文學作品。

大個子幾天來雖然善談，但臉上好像總帶著苦苦的神情。那天晚上他講話最多，他說社會文化一旦形成就會成為一種模式，進入人的心裡，發展成一種社會心理狀態。這種心理狀態是不可逆的，無論怎麼批判都拂之不去。比如文革的「語錄狂熱」和「像章狂熱」，都有民族文化的心理因素，又經文革而加強，既不可逆，就會有另一形式的領袖崇拜復活。他說，他接下去寫的會是《一百個人的十年》，這「十年」就是文革的十年。他說那時候他寫了些絕不能發表甚而被人知道的文章，不知道應該收藏在什麼地方，好像不管藏在哪裡都不安全，都容易被搜到。我想他在文革中的遭遇，一定有非常難以忘懷的苦楚。

媒體只有一種聲音

在新加坡幾天，當地發生了大逮捕事件[1]，一些對執政的人民行動黨提出批評的人，被逮捕了。報紙每天都做頭條，但包括總理李光耀和主教的記者會，都認為不應懷疑對這些叛亂分子的指控，而所有媒體都沒有不同聲音。另一奇怪現象是，每天早上出版的《聯合早報》和英文《海峽時報》都在前一天晚上九點先出第一版，那是提供給官員看的版本。官員看了若有不滿，可以立即提出來，報紙在次日早上正式出版就會「改正」。所有這些事，在新加坡已經成為日常，新加坡人也視為正常。

黎德源先生邀請我們這些華文作家來訪，想推動新加坡寫作者的社會批判意識，用心很好，但別說政治上是否有包容的空間，甚而新加坡人可能還覺得惹麻煩，不需要呢。

離開新加坡前兩天，有當地記者問我對新加坡的印象。我說，感謝主辦單位招待，計畫周詳，執行很好，至於印象嘛，我覺得新加坡像一間管理良好的醫院，有很多花，很有秩序，醫護人員專業，也有很重的消毒藥水味。

這個談話當然沒有刊登出來。因為除非有病，再好的醫院也不會有人想住。

（原文發布於二〇二二年三月九日）

1 光譜行動，二十三人遭逮捕。

119／首次踏上台灣土地

黃春明在新加坡跟我說，如果我去台灣，不要驚動新聞界，他在機場就把我載走，離開台北，直趨中南部農村，那才是真正的台灣。

他的建議深合我意。我不太喜歡熱鬧，而喜歡田野、大自然和對民情的觀察。可是，曾經被台灣情治單位稱作「李匪怡」之人，第一次到台灣訪問，就這樣在機場溜走，未免予人以神祕之感。這有違我「透明人生」的原則。所以，第一次去，就讓新聞界「轟動」一下吧。

最後三小時獲簽證

實際上，早幾年台北當局就託人邀請我去訪問。但我不想接受官方款待，怕影響報導的獨立性。台灣在解嚴後，獨立媒體和政治團體如雨後春筍，整個社會有很大改變。一九八八年一月蔣經國去世，台灣本省人李登輝以副總統地位接掌權力。二月底，我接到《新新聞》週刊邀請，三月十二日去台灣為他們的週年慶作公開演講。我考慮後，覺得《新新聞》的獨立性及其在一年內建立的地位，都值得我為他們獻出「第一次」。經過第一次震盪，以後再去即使在機場被黃春明載走也是平常啦。

答覆後，《新新聞》社長周天瑞幫我辦簽證，但十多天簽證都辦不下來。我因為早已決定在三月底要到洛杉磯參加那裡香港學生舉辦的九七問題研討會，又要準備下期稿件，時間不夠，已經打算放棄去台灣了。到三月十日晚上十點，周天瑞獲通知簽證已批准，但次日似乎又遇到阻力。幾經努力，周天瑞終於取得了我的正式簽證，並聯絡了台灣駐港代表的中華旅行社，在下班前一分鐘出了一封容許登機的信件，我匆忙回家收拾行李，拿此信搭乘華航晚上七點班機。步出機艙，有華航地勤人員把簽證送到我手上，於是順利入境。步出海關，已見到周天瑞、為我們雜誌寫台灣評論的王杏慶（南方朔），和我們的駐台特派記者邱近思。

用這種方式入境，是生平唯一的一次。拖延和阻力何在？相信是情治單位「李匪怡」的資料還沒有來得及更新吧。翌日，台灣報章說「李怡的入境申請，一直到他臨上機前三個小時，才獲台北批准。……李怡以往被台北當成頭痛人物，此次獲准訪問，據稱反映解嚴後的開放趨勢」。

結交許多文化名人

在台北四天，除了為《新新聞》一週年演講，還接受文化界的宴請、座談，特別是傳媒日以繼夜的訪問。這是我預料中事，只是想不到如此誇張。當地傳媒甚而稱之為「李怡旋風」。但我不是只有付出，也有不少收穫。認識了許多心儀已久的文化界名人，曾經被稱作「黨外」的政治人物，同他們交談本身就有樂趣和獲得新知。從各種聚會中，從記者採訪時的提問中，從演講後聽眾提出的各項問題中，都得到不少啟發，也增加了過去沒有想到過的認知。儘管黃春明說，台北不是真正的台灣，但卻是台灣的政治文化經濟中心。兩次晚宴，一次是《新新聞》邀約的，來賓都是文化界名人，我與另一位同被邀請的演講者龍應台作了簡短講話後，分別站起來講話的有作家王拓、楊青矗，學者張忠棟、呂亞力、王曉波，雲門舞集創辦人林懷民，還有從香港來的導演胡金銓。

第二天是企業家陳宏正設宴，站起來講話的有《新新聞》的江春男、作家柏楊和陳映真、民進黨主席姚嘉文、立委康寧祥等。

他們的講話都精彩。概括來說，有幾點內容是較突出的。一是對我這次能夠入境台灣，認為顯示台灣開放趨勢中的一項突破。他們中不少人在出國時都看過《七十年代》、《九十年代》，對我們雜誌在台灣戒嚴時期的報導和評論，予以較高評價。二是其中不少人坐過政治牢、受過政治迫害，他們感謝我們雜誌當年對他們的聲援，也期望我本人為仍未釋放的政治犯作出對當局的呼籲，特別提到與我略有關涉的「人民解放陣線」案[1]的戴華光那時仍在獄中。（他在這一年稍後就獲假釋）。三是講了許多關於政黨、勞工、環保運動等內部話題，顯示台灣的解除戒嚴，使整個社會從控制中解放出來，趨於活躍。在台灣這個歷史轉變時期，他們的興奮，和表現出來的對「吾土吾民」的關懷，使我印象深刻。

過去在編輯雜誌過程中所看到台灣白色恐怖下的景象，現在親眼目睹整個社會呼吸著自由的空氣，民主因素在不斷增長中，不免對我們雜誌曾經的努力感到欣喜。這些文化人如此熱情地歡迎我，給我送上溢美之詞，儘管我不想妄自菲薄，但真是愧不敢當。因為眼前這些人，才是一直從心裡腦裡手裡為這塊土地奮鬥的志士，而我不過是在英國殖民地的保護傘下，盡一個新聞人的本分而已。

（原文發布於二〇二二年三月十一日）

1988年3月12日，李怡首次訪台演講會，座無虛席。

1　參考篇目110。

「從重慶十分鐘就到濟南，再五分鐘就到青島了。」「從廣州轉兩個彎就到了大理。」上面講的都是台北的街道名稱，是黃春明一路開車一路說的笑話。台北許多街道都用中國的城市為名稱，相信這是光復後或國民政府遷台後才作的改動。

離開台灣前一個晚上，我作了公開演講後，黃春明開車，載著江春男和我，在台北轉一圈。江春男筆名司馬文武，是戒嚴時期黨外雜誌的領軍人物。黃春明說我在台北幾天都只顧應付媒體和見各路訪客，還沒有看過台北，因此一定要在臨走前轉一圈。除了上面那個笑話，他還說在台北轉一圈，像中國各地都去過了。江春男說，台北就像「小中國」，要看真正台灣，必須離開台北，到中南部鄉下去。

不過，他們說的「小中國」，倒讓我聯想起毛澤東在一九二〇年發表一系列反對「湘人治湘」，力主「湘人自治」的文章[1]，他那時主張「打破沒有基礎的大中國建設許多小中國」，呼籲成立「湖南共和國」，然後各省建設「二十七個國」，再組聯邦。台灣與中國同文同種，社會的人情世故也相似，至少比香港社會更像「小中國」。中國各省若與台灣一樣漸走向真正的民主，毛澤東當年主張未必不能實現。但顯然，自毛奪得全大陸的政權後，建設小中國的主張早就被拋到九霄雲外了，各省連維護本省利益的施政都被指為「地方主義」，所謂西藏自治區、新疆自治區，都有名無實。與台灣組聯邦，兩岸都沒有意願。與九七後的香港組聯邦也被否決。中國一直以「大一統」的願景去凝聚人民的向心力。中共國的人民也經幾十年洗腦，認為「統一」乃天經地義。聯邦？算了吧！

觀眾提問尖銳敏感

但一九八八年卻是兩岸可以建立良好關係的極好時機。那一年，趙紫陽接任黨總書記，提出擴大沿海改革開放，參與國際經濟大循環，意思是所有沿海省份，都開放給外商投資。我初訪台灣這四天，接觸到一些高層的決策官員，也獲知台灣最新的對大陸、香港政策，就是初步設想讓台灣商人在香港或「第三地」取得法人地位，再以這法人地位去大陸投資，參與趙紫陽的國際經濟大循環計畫。而投資大陸，是台灣過去被指為「資匪」不被允許的。

這是台灣在解嚴與開放民眾往大陸探親後，由於向民主體制邁進，產生的自信而導致的政策改變。可惜在一年後，中國大陸發生六四事件，兩岸的良性互動也擱置了。

我因為來得匆忙，連日來疲倦，臨時準備的演講沒有發揮得很好。受媒體密集報導的影響，聽眾不僅坐滿幾百人的大堂，甚而站立者擠到門口。聽眾的提問，直接接觸到過去禁忌的話

1　參考篇目112。

題，使我驚訝，也反映了聽眾對台灣、大陸、香港政治發展的關心。問題比如：「台灣應否獨立？」、「台灣未來對大陸政策應朝哪個方向？」、「九七後香港的轉變對台灣有何影響？」、「你知道台灣有人為了你坐政治牢嗎？」

台灣似乎突然之間沒有人迴避過去認為尖銳敏感的問題了。有讀友在留言中說我的初訪正是在台灣第一道晨光出現的時刻。我那時也真的有這種感覺。台灣的改變不是從一九八七年解嚴正式開始嗎？為什麼是一九八八年？黃春明善畫畫，他那天隨手以台灣地圖的形狀畫了一個「台灣面」，而面相就是台灣人第一次當總統的李登輝。那時，李登輝不僅以副總統的地位接任了一月十三日去世的蔣經國，而且在國民黨中常會上，也排除了據稱來自宋美齡的壓力，選出李登輝任代理主席。在國民黨仍然一黨獨大的情勢下，就是接掌了黨政的最高權力。台灣人普遍認為這是本省人擺脫自十七世紀以來都由外來政權統治的命運，開始台灣人自主了。

首次由本地人執政

有一個關於一九八四年蔣經國選李登輝當副總統候選人的笑話：在國民黨中常會上，推舉了蔣經國當總統候選人之後，就問蔣要選擇哪一人當副手，蔣經國正好便急，就說了一句「你等會」，然後起來如廁，他的濃重江浙口音，使在座眾委員聽作「李登輝」，於是蔣經國如廁回來問大家意見，就眾口一詞說提名李登輝也。

這笑話當然絕非事實，但說明那時候蔣經國的權傾一時，以及提名李登輝如何讓外界感意外了。

幾百年來首次由本地人執掌政權，使許多台灣人認為是第一道晨光。但那時正值香港面臨由殖民地將主權轉交給中國的前景，多數自認是中國人的香港人不感興奮反覺憂慮。歷史和無數近代的現實顯示，外來政權有時候因為自覺缺乏正當性，反而在施政上對強制手段有所抑制，到了本地人手上，有了自己人管自己人的正當性，嘗到權力滋味後，就對濫權和壓制反對派更無顧忌。以前上海、天津的租界都是中國最享有言論自由的地方，香港也是。許多非洲國家獨立後都帶來本地人的暴政。因此，有了「台灣面」恐怕還不是第一道晨光，還要有民主和言論自由的制衡，否則晨光後也難保不會有陰霾甚至狂風暴雨。

（原文發布於二〇二二年三月十三日）

121／無意中成了六四「動亂的醞釀」

一九八九年北京發生六四屠城慘案。慘案後的六月三十日，北京市長陳希同向人大作了《關於制止動亂和平息反革命暴亂的情況報告》，在報告中赫然看到我的名字，講的是我在前一年即一九八八年的一篇文章，說它是「動亂的醞釀」。報告原文是：「反動雜誌《九十年代》總編輯李怡（化名齊辛）在香港《信報》發表〈大家長該退休了〉的文章，叫囂『排除超級老人政治的障礙』，使趙紫陽有足夠的權力。《九十年代》的另一篇文章則呼籲趙成為『獨裁者』。」

我讀到時，真是如墮五里霧中。一則我在半年前寫的文章，如何預估到半年後胡耀邦會去世並引發八九民運？二則我那篇文章，不僅語調溫和，而且都是根據鄧小平早幾年講過的「老幹部應該退休、不要繼續干政」之類的話，怎麼變成「叫囂排除老人政治」呢？三來，我翻遍了近期的《九十年代》，也找不到呼籲趙紫陽成為獨裁者的文章。此外，齊辛是我筆名，早已公開，不是什麼見不得人的「化名」。

〈大家長該退休了〉

陳希同後來因涉貪下馬並進了監獄，他在晚年解釋這報告是由黨中央起草的，中央叫他做報告，他不能不做。

不過，後來我再細讀〈大家長該退休了〉那篇無心之作，卻發現真是在無意中擊中了超級老人的要害，實際上也正是八九民運和六四產生的政治社會根源。

大家長，指的是鄧小平，當時他在中共黨和政府已沒有任何職務，只擔任中央軍委主席，但實際上他並非只管軍務，而是真正掌管所有黨政大事，成為毛澤東後執掌絕對權力的人。八十年代之初，他曾說過：「天塌下來，有胡耀邦，趙紫陽頂著。」但當胡耀邦按照他的意旨推動改革開放，市場化使「特權」和「關係」成為變相的商品，並滋生大量貪腐，激起民憤。從一九八六年底開始，合肥等十七個城市爆發示威遊行，震驚中共高層。鄧小平就歸咎於胡耀邦縱容「資產階級自由化」造成。胡耀邦打算召開政治局常委會討論。鄧小平反對按黨的機制開會。他在家裡找幾個老人聚會，決定了胡耀邦去留。然後叫胡耀邦參加「黨內生活會」。所謂「黨內生活會」，就是選定一些已經在黨內沒有職務的元老開會，眾元老輪番批評胡耀邦，逼他辭職。在連續七天批鬥下，一九八七年一月召開政治局擴大會議，以舉手通過方式批准胡耀邦辭職。

回想一九七六年的四五天安門事件後，毛澤東也是以政治局擴大會議方式，撤銷鄧小平當時的黨政職務。所謂「擴大會議」，就是加入許多不是政治局委員的「自己人」來作決定。毛死後鄧小平復出，曾經表示不能夠違反機制，又說開會最忌「一言堂」，其他人鴉雀無聲。想不到他自己掌絕對權力後，也忘記前言，用一個在機制中不存在的「生活會」，來決定居最高權位者的去留。

趙紫陽接替胡耀邦任總書記，實際上掌最高權力的是鄧小平。一九八八年，鄧小平提出要在這一年內把所有的物價管制全部取消。一開始，在五月放開四種主要副食品的價格，立即引起物價暴漲。但鄧小平表示膽子要大些，不怕風險，「頭破血流」也要硬闖物價關。

「多年媳婦熬成婆」

取消管制，物價由市場來調節，當然是市場化應有之義，問題是工資沒有市場化，幹部的「特權」和「關係」掌控著許多物資的來源。價格放開引致數月內物價平均張了20％（官方數字），老百姓叫苦連天，社會人心波動。趙紫陽及其智囊，和其他領導層，都早已發覺不妥，但鑑於是鄧小平提議，無人敢反對，也無人敢對鄧進言。在社會動盪中，八月十七日政治局會議，仍然強調絕大部分商品價格放開。

趙紫陽終於想到辦法，就是找元老薄一波商量，請薄老勸鄧。在論資排輩中，薄與鄧同輩，而且他已不在權力核心，鄧對他沒有猜忌。薄向鄧說，大家意見是情勢未成熟，建議緩一緩。鄧聽了同輩老人意見才轉過彎來。於是，八月三十日國務院會議，就把絕大部分物價放開說成「是指五年或更長時間要達到的目標」。

這是我從某渠道聽到的內幕消息。在〈大家長該退休了〉一文中，講了這件事，肯定鄧小平終於從善如流，但提到這種由大家長決定一切，大家長一句話所有人鴉雀無聲，明知有問題但連向他進言都不敢，這樣的政治氛圍絕不正常。大家長這次聽從勸告雖好，但不保證以後任何事他都會聽從勸告。而且也不一定找到其他老人進言。因此，倘若政治改革短期無法實現，當務之急是讓大家長完全退休，不再干政，只是用他的威望繼續支持在體制上掌實際權力的趙紫陽。

我當時真是出於善意。想不到無意之間就傷害了超級老人的弱小心靈。中國政治文化千年不變的其中之一，就是「多年媳婦熬成婆」。受欺負的媳婦熬成掌權的婆婆後，就用當年被婆婆欺負的姿態去對待媳婦。這句民間俗語在前面還有一句，較少人知道的，就是「千年大道走成河」。走了千年的大道，早已經積成一條河似的水窪，車輛再也走不動也。

（原文發布於二〇二二年三月十六日）

122／獄中老人成就一名奇才

前文提到我寫那篇〈大家長該退休了〉的文章[1]，源於那一年鄧小平銳意要闖物價關，闖出大禍。講到放開物價這件事，不能不想起一九八八年用筆名為《九十年代》提供好幾篇經濟分析文章的楊小凱。他那時已經預言在中國的政治體制下，社會對價格放開的承受能力很有限，認定必會導致物價狂升，社會動盪。實際上，那也是八九民運提出「反官倒」而引起社會共鳴的根本原因。

我是一九八六年認識楊小凱的，那年他是普林斯頓大學的博士生，訪問香港時我邀請他參加我們雜誌兩百期座談會，後來我們還有過兩次私下交談。一九八八年時他為《九十年代》寫學術性與可讀性兼備的經濟文章時，已獲博士學位並在澳洲蒙納殊大學（Monash University）經濟系任教了。其後他的學術成就突飛猛進，二〇〇二、〇三兩年成為諾貝爾經濟學獎的候選人。他在經濟學上的貢獻非我所能認識。只知道諾貝爾經濟學獎得主布坎南二〇〇二年說：「現在全世界最重要的經濟研究就是楊小凱所做的。」可惜天妒英才，在二〇〇四年他在澳洲因肺癌去世了。

價格放開與特權關係

所謂價格放開就是政府取消對物價管制，物價全由市場調節。這本來是所有實行市場化國家行之有效的應有之義。為什麼中國社會就承受不了呢？楊小凱的文章說，因為中國的制度結構有兩個最顯著的特點：政治集權和資源國有。兩者結合，就產生了等級授權、等級特權和資源配置受等級操控的狀態。在毛澤東時代，幹部雖有特權，能夠享受特殊待遇，但特權和關係沒有成為可由金錢交換的商品。改革開放後，特權和關係就商品化了。

他舉例說，比如放開價格前一包香菸國家牌價是八角，有關係的人就要以一・五元向香菸管制者購買，其中七角是用來支付管制者的關係索價，然後這關係人再以每包二・二元賣給小販，菸攤小販的賣出價是二・八元，賺六角。關係人之間也存在競爭，有些人可能花一兩天時間送禮、打關係，白白花了時間金錢也得不到香菸。此外，管制者還要賄賂或變相賄賂有權委任他或撤換他的高一級管制者。於是，國家牌價與百姓真正能夠買到的黑市價就存在差價。這差價就是特權與關係戶所得到的好處。

中國這種特權和關係的商品化結構一直延續了數十年。

黑市價儘管高於牌價，但既有管制的牌價存在，黑市價就不能不有所抑制。一旦物價放開，

---

1 參考篇目121。

政治權力與市場結合，價格沒有了牌價限制，而資源繼續國有，就出現了沒有底線的官員倒賣，即「官倒」。於是，買賣權力、囤積居奇、投機倒把、哄抬物價、通貨膨脹，以致搶購風潮就紛紛湧現。民怨沸騰，超越了社會的承受能力。放開物價肥了特權官員和被稱為「倒爺」的倒賣者，百姓受層層盤剝，吃盡苦頭。八九民運的主要訴求是「反官倒」，「爭民主」。根源在此。

小凱的文章有許多經濟學的數據和論點，這裡只能就我記得的概括談談。

十年牢獄竟苦讀成才

講起楊小凱，可以說是一個奇人。他原名楊曦光，文革初期是紅衛兵，一九六八年他十九歲，寫了篇題為〈中國向何處去〉的文章，被中央文革指為反革命，判刑十年。楊小凱說，他進牢房時，見到一個在牆角蜷縮的老人。老人說，你是楊曦光吧？小凱說，你怎麼知道？老人說，我算著你也該進來了。他勸誡楊小凱不要沉浸在紅色革命思想中，要學習數學，學習經濟學，研究真正的科學。老人叫劉鳳翔，楊小凱說他是自己生命中最重要的思想啟蒙者。那時，許多大學教授被打成反動學術權威，被關在牢裡，滿腹學問卻無用武之地。楊小凱向大學教授、工程師等人虛心請教，學習了比大學課程更豐厚的知識。家人給他寄了些書，包括馬克思三卷《資本論》，Adam Smith（亞當．史密斯）《國富論》，和在獄中被他翻爛了的英文字典。十年牢獄出來，別的青年都虛耗了生命，楊小凱卻苦讀和受教了十年。

一九七八年他在湖南大學旁聽一年後，考入中國社科院經濟研究所，一九八二年獲經濟學碩士，被武漢大學聘為助教。一九八三年受到在武漢大學訪問的美籍經濟學家鄒至莊賞識，推薦他去美國普林斯頓大學，從此進入國際經濟學領域的殿堂。儘管他英年早逝，卻在有生之最後二十年，成就了學術輝煌。

至於在牢獄中對楊小凱啟蒙的老人劉鳳翔，原是《湖南農民報》的編委，一九五七年被打成右派，在獄中一九七〇年被指為「極右分子」遭槍斃。

文革十年中的青少年，絕大部分是沒有受過教育、沒有文化教養而只懂得政治鬥爭的權力爭逐者。但想不到也有因為坐牢而最終成為世界頂級經濟學家的人。由此證明，即使環境惡劣，仍然可以在惡劣環境中找到自己。上述楊小凱的故事，大部分是他跟我說的，也有小部分是我從其他人的敘說中看到的。

（原文發布於二〇二二年三月十八日）

123／六四的記憶與感受

在一九八六年《九十年代》兩百期座談會上，在美國修讀博士學位的楊小凱，講到在美國三年接觸到的台灣人和中國大陸人的不同，他說中國文化已經有了分支，特別在兩岸政治事件的共同情感與文化認知上，你和大陸人說高雄事件[1]，他們沒一點感覺，他們可以在理性上了解，卻沒有感情因素。你跟台灣人講清查五一六運動，他根本不知道你說什麼，更不會有感情。

在政治事件上可能是的，但講到兩岸所受的中國文化基礎，和人情世故，卻有很大的同一性。至於兩岸關係，我在一九八八年首次訪台時，所得到的印象是：在向大陸開放的問題上，仍然一黨獨大的執政國民黨主張緩進，資源短缺的本土派民進黨反而主張急進些。

台灣開始遠離大陸

北京八九民運發生時，台灣人也和世界其他國家的人一樣，對中國局勢高度關注，紛紛集會對北京民運作出聲援。六四屠城後，我在七月一日應邀去台灣演講，與一年前首訪時同一個場地。一年前聽眾擠爆會場，又因我在六四前後成為香港媒體紅人，主辦單位和我都以為仍然會有許多聽眾，誰料現場除了各媒體記者外，聽眾寥寥可數。尤其讓我意外的，是聽眾提問中，竟然有人說這次北京學運背後有外國勢力在組織策畫，否則那些學運領袖事後如何可以潛出大陸。這種沒有根據的陰謀論，在香港以至我後來在北美的演講中也沒有人提過。

柏楊後來對我說，這類說法，是統派一貫的「反帝」論調，他們不是不知道中共的統治是怎麼回事，而是不願意去批評中共政權，因為這會傷害他們的統派立場，而且會助長獨派的聲勢。

對於大部分台灣本省人來說，六四把他們嚇壞了，中共的野蠻程度超越了他們的想像，於是覺得中國發生的事再與台灣沒有關係。以後就是「你走你的陽關道，我過我的獨木橋」。大陸怎麼變化不再關心。這是我的演講聽眾寥寥的原因。

我後來去美國，見到在聯合國工作的前保釣人士。台灣出來的外省籍人士，對六四屠殺義憤填膺，都積極參與抗議中共的集會，而台灣人郭松棻就對六四漠不關心。[2]我想起他一九七四年去大陸前對中國的熱情，也想起那時一些推動台灣民主的黨外人士，曾透過我同中共聯絡，想中共支援台灣的民主運動。一九八八年民進黨一些人力主對大陸政策要更開放些。六四後，卻變得如此冷漠。如果從大中華民族主義觀念出發，誰才是民族主義的罪人，不是太明顯了嗎？

講到八九民運與六四屠城，事件本身已經有太多書、太多敘說了。我的回憶只就對我的影響和記憶最深的片段來談。

1 即美麗島事件。
2 參考篇目75。

事實上，四月十五日胡耀邦去世只是民運的爆發點。如前文提到[3]，真正的社會原因是一九八七年大家長的反自由化和違反黨所定機制把胡耀邦罷免，到了一九八八年，大家長硬闖物價關導致「官倒」橫行、物價飛漲，超越人民的承受能力。這些才是民運產生以及得到社會普遍響應的原因。

中共的「黑社會主義」

一九八九年一月，中國天體物理學家方勵之寫了一封公開信給鄧小平，指這一年是中共建國四十年，五四運動七十年，還是法國大革命兩百年，建議中國特赦魏京生和所有類似的政治犯，以促進良好的社會氣氛。這封措辭溫和的建議信，獲得北京文化界三十三位知名人士響應，接著是中國科學界四十二位名人也以公開信支持。香港和海外則得到有數以千計的名人簽名回應。中國民主運動其實從一月就啟動了。在大家長主導下的中共政權對這些溫和訴求置之不理。於是，才在四月因胡耀邦去世而爆發學生聚集天安門廣場的抗爭行動。

從一月開始，北京的訊息可以說是瞬息萬變。四月民運開展，更是吸引了全球媒體聚焦。香港的電子新聞播報頻率越來越緊湊。《九十年代》編輯部日日夜夜關注事態發展。每月一日出版的《九十年代》六月號的專題是「北京學運」，到六四屠殺發生，又在十五日增出了特集「屠城記事本末」。兩本都兩度加印均瞬即售罄，可見香港人對中國民主運動的感情投入程度。

我在那段時間，成為電子媒體爭相訪問的紅人。這不是我引為驕傲的事，而是我在電視螢幕前流淚和對中國的絕望時期。停在雜誌社門前的電視新聞台和廣播電台的車子，或來訪問，或接我去電視台接受訪問。而在多次電子媒體的評論中，我最被香港市民記得的一句話，就是在六四前，中共禁止了境外記者在街上採訪，停止外媒使用電視衛星傳播畫面，我說這是準備「關起門來打狗」，預言會有大鎮壓。另一句是六四後我說中國現在實行的不是社會主義，而是「黑社會主義」。許多中國和海外人士給雜誌撰文表達他們的感受，包括詩人顧城和楊煉。但讓我記憶了數十年的句子，卻是寫在天安門廣場北側地下道牆上的沒有署名的詩作。下文再介紹。

（原文發布於二〇二二年三月二十日）

1989年6月號《九十年代》。

3 參考篇目121和123。

124／中國，一口活的「官財」

八九民運和六四屠城，使香港的民情民意出現大轉折：過去對政治冷漠，面對主權轉移的無奈，或移民、或買外國護照作保險、或消極「等死」的香港人，因北京學生爭民主並獲各界支援的電視畫面，而激發起對中國走向民主的期待，從而大規模去關心中國政治事態。六四改變了許多香港人從逃避轉為面對現實，積極參與支援中國民主或聯合中國民主派抗共的行動。

這是過去從來沒有過的。我最記得那一年五月二十日風暴襲港，八號風球高懸，狂風暴雨下，常態是交通停頓，街道極少人行走，但香港卻有四萬人冒著大風雨走上街頭遊行。只因為前一晚李鵬在電視殺氣騰騰的講話，楊尚昆宣布軍隊入城，接著頒布戒嚴令，封鎖新聞，香港人不顧風雨上街。

香港各界聲援

在八號風球下，我接受兩家電視台訪問，就是在那時說出「關起門來打狗」這句話。次日颱風過去，激發了一百萬人的大遊行，遊行隊伍到跑馬地馬場集合，在那裡宣布成立「全港市民支援愛國民主運動聯合會」（簡稱「支聯會」）。五月二十七日，香港演藝界總動員，舉辦了「民主歌聲獻中華」活動。

接著是六四屠城。香港人不分左右同聲譴責，傳統左派、中資直屬機構，《大公》、《文匯》，新華社員工都走上街頭，並在報紙刊登廣告譴責屠殺。跟著是祕密展開救援民運人士的「黃雀行動」。

正如抗日戰爭的悲憤激發起中國人包括香港人的民族主義感情一樣，八九民運絕食學生及支援者的命運，和中國的暴政，也激發起香港大部分人悲憤的民族感情。這是香港市民的感情和思想轉變的意識基礎。

更重要的意識是出於自救心態：「抗暴政、救中國從而可以救香港」。對《中英聯合聲明》的被迫接受，越來越近的香港主權轉移的無奈，加上那幾年在起草《基本法》過程中，對聯合聲明附件一，從市民權利最大化向國家權力最大化的修正，中國背棄承諾，令香港人對前景越來越悲觀。[1]中國民主運動的突然奮起，燃起了對未來宗主國從專權政治邁向民主的希望：這可能是香港未來的出路。

也有一些是出自香港「聰明人」的押寶心態，尤其是中資機構的負責人，或野心勃勃的政客。他們看到中國各界包括黨政機關人士，紛紛走出來對北京學運聲援，認為中共的開明派最終會贏得權力，於是把賭注押在開明派身上。最明顯的例子是投靠中共、後來出任特首的梁振英，

1 參考篇目96-97，111-114。

他先後七次在報紙刊登廣告，聲援學運和譴責北京政權鎮壓。後來他絕口不談六四，還在二〇一一年表示鄧小平應該獲諾貝爾和平獎。

奉行強權暴力

六四最流行的愛國歌曲是多年前為追悼在越戰中陣亡的解放軍戰士而作的〈血染的風采〉。最能夠表現香港人參與精神的，是在「民主歌聲獻中華」中緊急創作出來的〈為自由〉。而我最受觸動且數十年沒有忘記的詩句，就是寫在天安門廣場地下道牆上的〈瘋女人〉：

「中國／一箇殺死了自己兒子的父親／在這夜又凌辱他的女兒／中國／中國／一口活的棺材／我白白地陪葬了你們幾千年。」

「一口活的棺材」，抽象，含蓄，耐人尋味。多年後，我在中國網頁上讀到另一首無署名的詩，或可以作一註腳，詩題是〈中國人的墓誌銘〉：「我們生在中國／我們葬在中國／我們所有的不幸／只有這麼兩個／躺在裏面的／再也不必假裝死了／留在外面的／還要繼續假裝活著。」

詩人戴天在《九十年代》建議，在九月十二日零時，即六四死難英靈的百日忌辰，家家戶戶，滅去電燈，在窗台上點起一枝蠟燭，以至於盡，以此來寄託我們刻骨銘心的痛惜。他又提議以後每年六四週年，都以這方式，抒發沉哀，時刻反思，「敬申吊於英靈，寄長懷於民主」。

一九八九年八月號，《九十年代》刊登了一向不涉政治題材的著名畫家林風眠的新作〈噩夢〉。那一期雜誌封面，我創造了一個新詞：「黑社會主義」，並為此撰文解釋，中國口口聲聲說要堅持社會主義，實際上所實行的是「黑社會主義」。「黑社會主義」奉行黑社會邏輯：只講強權，不講規則，不講道理。暴力就是一切，強制就是道理。對於和平表達意見的學生，回應就是坦克和射殺。

五月二十日戒嚴前後，人大代表和人大常委一直呼籲召開人大或人大常委會，掌軍權的大家長置若罔聞。人大委員長萬里，因為可能會公正主持會議，於是用槍桿子迫他留在上海，然後「請」一個已經退休、什麼職位也沒有的元老彭真來主持人大副委員長會議。最高法院院長，向下達戒嚴令的總理表忠，以示司法將忠誠為槍桿子服務。軍委主席掌黨政大權，可重組黨政最高層級的政治局常委，清除不聽話的常委，指定從上海找來一人當「核心」，並下令其他人「誰也不要不服氣」……。這一切像不像電影《教父》中的黑社會邏輯？

一個人不論以前如何開明，一旦掌握了絕對權力，就會奉行黑社會主義，就會成為一個大怪物。活的「官財」，造就中國成為一口活的棺材！

（原文發布於二〇二二年三月二十三日）

125／我曾愛過這四十歲的女人

六四鎮壓後，北京局勢沉寂了幾天，一廂情願的流言紛傳，比如「軍隊分裂」之類。到六月九日，鄧小平帶領一批已退休老人，連同李鵬等在螢幕亮相，為鎮壓民運的軍士「默哀」。香港人不知如何反應，一下子啞了，示威也少了。現實體現了尼克遜總統的名言：「儘管強權無法代替真理，但真理卻往往敵不過強權」。

「港人治港」的話題，改換成「港人救港」的討論。在一個由商界人士組成、名為「路」的聚會上，我認識了其後成為傳媒大亨的黎智英。他那時是服裝品牌佐丹奴的老闆，在八九民運期間免費送出數十萬件襯衫給香港遊行者，開始參與政治。各場座談中，面對八年後由一個殘民以逞的政權接管香港的前景，各人提到的出路有：以大規模示威促使英國拋棄轉移主權的《中英聯合聲明》；要求英國給予所有香港人以居英權；在澳洲或其他地方租一個島，建立香港的「衛星城市」；大力推動民主政制使九七後實現較有保障的「主權在民」；促請立法局通過「人權法案」……。

吹掉了溫情的面紗

這些建議前三個都泡湯了。除了人權法案在一九九〇年通過外，主導香港拒共潮流的人士，仍然以支持中國民主、推動香港民主政制為主流，儘管中國的「民主運動」已經破碎。原因之一是其他「出路」都不是操之在我，又或者難以喚起民眾響應；原因之二是在民運期間，不論是示威學生，還是支援的北京及各地人士，所表現出來的優良品德，使香港人對大陸人的觀感耳目一新，從而覺得中國仍然有希望。殊不知這只是一時現象。

我仍然奔波忙碌。去了台灣演講後，八月又應邀去了加拿大和美國，演講和訪問一些流亡的大陸民運人士。接著來到中共建政四十週年，應日本NHK電視台邀約，去東京參加一個美、日、港三人座談會，探討中國路向。

十月二日我在《信報》專欄寫關於中共建政四十年的文章，開頭引用北京大學大字報無署名的詩句：「我剛懂事時就愛上了你，／你是世上最好的女人。／而昨夜的風，／吹掉了你溫情的面紗，／露出一張／四十歲女人／奇形怪狀的臉……。」

這首詩引起我的共鳴。北大學生「剛懂事」，正是我的青年時期。那時候，常讀到把祖國比作母親。而我也曾經用愛母親的感情愛祖國：她是最好的國度，山川壯麗，地大物博，年輕而富朝氣，欣欣向榮。我認同詩人魏巍[1]的句子：「祖國啊，你是一切神聖美麗東西的總稱！」儘管這

1　參考篇目32。

種感情幼稚，卻是那麼單純、真誠。所有五、六十年代有過強烈愛國傾向的年輕人，對這種單純的感情應不陌生。

然後，我們看到甚而許多人經歷過一連串政治運動的腥風血雨。但是對香港和海外未知真相的人，這女人還罩著一層溫情的面紗。六四凌晨北京四處噴灑的鮮血，濃烈不散的狂野腥風，把「中華人民共和國」的溫情面紗吹掉了，露出的一張臉，是中共國四十歲的臉：「奇形怪狀」。

為什麼說「奇形怪狀」？你看那生態環境，你看那城市面貌，你看那人間社會，你看那國民素質，你看那混亂秩序，你看那人際關係，你看那紛亂的價值標準，你看那普遍的道德面貌，你看那人格尊嚴……，我們怎麼能稱之為「世上最好的女人」？我們甚至不能用「醜」來形容，最恰當的形容詞就是「奇形怪狀」。有人說，「女人四十一枝花」。即使不是花般美，哪怕是醜也沒有關係，因為長得醜也可以透出善良和溫淳。但醜臉再用上連自己都不相信的謊言做化妝術，就奇形怪狀了。

臉上沾滿屠刀血污

我也曾經愛過這四十歲的女人。但面紗吹走了，臉上沾滿屠刀血污的化妝，還會愛她嗎？

許多人說，六四使他們把愛國與愛黨清楚分割了。政權醜惡，但人民可愛，土地可愛，中國文化可愛。林毓生教授在六四後說：民運期間，中國一些最好的東西也出現了，比如學生自己管自己，在大遊行中北京人的謙讓、禮貌又恢復了，學生們的使命感、忘我精神再現，這是多大的資源呀！共產黨只要稍微轉個彎，這些資源就被它用上了。不但不會影響政權，還會增加政權的合法性。但中共沒有用，而且把它破壞掉，把最落後的暴力主義當作它的本錢。

暴力主義、權力至上破壞了一切，人民、土地在極權暴力下，唯有「向權看」才能存活，才有「錢途」。於是，人民、土地，以至除了傳統文化之外的日常文化，也不可愛，也變得奇形怪狀了。六四時天安門地下道的另一首無署名的詩寫道：「建立在謊言之上的報紙／與建立在灰燼之上的長城是同一的；／文質彬彬的學者／不願下葬的老人／與那些滿不在乎的青年是同一的。」

是同一的。是共業的。四十週年後，暴力主義傳統又繼續橫行了三十多年。林教授所說民運期間一度是「最好的東西」，再也喚不回來了。

（原文發布於二〇二二年三月二十五日）

126／中共高層第二代揭露的內幕

一九八九年六四後，中共在大家長鄧小平的獨斷下，改組了領導層。對香港最大的動作就是撤換了新華社社長許家屯。而許就在一九九〇年四月三十日從深圳經香港出走美國。

許家屯到美國後不久，有兩位中共高層的第二代，被介紹來找我，向我爆料指許家屯出走的幕後原因，就是捲入了中共最高層權力鬥爭，而他的捲入，又同他在香港的工作有關。我據此寫了一篇詳細的報導。兩年後我在洛杉磯見到許家屯，他確認了報導的事實，還問我這消息是怎麼得到的。我當然不會向他或任何人透露消息來源。

這個幕後故事，使我對中共有了更深層的認識，也影響我日後的人生選擇。

李鵬謊報學生訴求

歷來香港新華社（今中聯辦），都由副部級擔任第一把手，屬中共廣東省委領導。許家屯來香港前，是江蘇省委第一書記，屬「正部級」，直屬中央。更因為他派來香港，處於兩個關鍵時期：一是中英談判和《基本法》制訂，二是大陸開始改革開放需要香港的投資。因此他需要也能夠接觸政治局常委這個最高層級，包括國家主席兼軍委祕書長的楊尚昆，他都與他們有工作關係，可以直接找他們見面談話。比較其他省委書記，更顯重要。

外傳許家屯與鄧小平關係密切，則非事實。據爆料者說，鄧小平作風相當嚴厲，所有人在他面前都很注意分寸，沒有人敢主動闡述自己意見，通常都是向他彙報工作，聽他指示。只有在他偶爾問到有什麼意見時，才會謹慎地說幾句。對於許家屯這一級，鄧不會問意見，他只會問胡耀邦、趙紫陽、楊尚昆這一級。

民運發生之初的權爭關鍵點，在四月二十三至三十日趙紫陽訪問朝鮮期間，李鵬暫時主持中央工作，向鄧小平彙報時，迎合鄧兩年前反自由化把胡耀邦撤換的觀念，將學生的訴求說成是少數人搞動亂，從而使鄧小平在四月二十五日對民運下達一個「極少數人搞動亂」的定性。接著二十六日《人民日報》社論，以題為〈必須旗幟鮮明地反對動亂〉，宣揚鄧的指示。由此激起二十七日學生發動二十萬人示威遊行，連同參與的北京民眾，人數超過百萬。但北京的傳媒沒有報導這次示威。李鵬向鄧小平彙報，就說示威人數有三萬。鄧小平更認定是「極少數人搞動亂」。

倘若趙紫陽沒有去朝鮮，可能就會只有他向鄧小平彙報，事情的發展就不一樣了。趙在三十日回國後，看到「內部消息」說有三萬人示威，即表示懷疑：「七、八萬軍警，為什麼擋不住三萬學生？」

趙紫陽回國第二天，即與來北京的許家屯會面。許向他彙報了香港人和傳媒的反應，更帶來了香港電視台拍下的四月二十七日北京示威的錄影帶：上百萬人的場面，加上示威者的和平、有秩序，連人都變得和善了。許家屯也談了他對這次學運的基本看法。這看法其後就反映到趙紫陽在紀念五四運動的講話中。即：肯定學生的愛國熱情，和要求中共「把工作中的弊端改掉」的合理性；所謂「極少數」不是指學生，而是可能有企圖利用學生的「極少數人」；對學生的合理要求，應在民主與法制的軌道上，通過政治改革來解決；最重要的，是以理性和協商的對話，來處理學生遊行示威的訴求，意思就是不會鎮壓。

楊尚昆未兌現承諾

許、趙當時認為，雖有鄧小平的講話在前，但鄧的結論基於假情報，所以是可以被說服而改變的。他們先與楊尚昆溝通。楊與鄧同鄉又同輩，又很隨和。在許家屯提出的證據面前，他果然贊同許趙的意見，並答應去說服鄧小平。與此同時，趙紫陽又取得政治局和書記處絕大多數人的同意。當時除了李鵬外，只有姚依林較接近用強硬手段，連北京市委李錫銘和陳希同，也不完全同意鎮壓。

有了楊尚昆作出說服鄧小平的承諾，趙紫陽才敢於提出五四週年的講話。許家屯回港說「我的意見就是總書記的意見」，香港左報採取傾向學生的輿論方向，中共工委放手讓中資機構員工上街遊行。

爆料人說，至今沒有人知道，為什麼楊尚昆最終無法實現他的承諾。很可能他見鄧時，根本無法開口，在他說出自己的意見之前，鄧已經先入為主地下命令要來「硬」的了。鄧當時可能有點衝動：我幾百萬軍隊都帶過，還在乎你這一點點學生？

六四鎮壓，許家屯大吃一驚。而他在北京與趙紫陽的談話，及帶去的錄影帶，就成為捲入高層權爭的主要因素。中共高層權力重組，他被解職，使他感到在大陸處境堪虞，這是促成他出走的原因。

這故事使我認識到中共國一人獨斷、毫無轉圜餘地的可悲真相。身處北京的高層，對當地發生的事情竟懵然不知，要由香港帶去的錄影帶才看到事實。而即使看到事實，面對大家長的固執，眾高層也無能為力。

我再次警覺：保住香港，保住新聞自由，是如何重要。

（原文發布於二〇二二年三月二十八日）

127／「浪得虛名」的那幾年

一九九二年我在洛杉磯見到出走兩年的許家屯，他講到六四前後趙紫陽犯了幾個錯誤。一是他在民運興起時，不該出國訪問，把主持中央的大權交給李鵬，以至李有可乘之機；二是他不該在五月十六日見蘇聯領袖戈巴契夫時說，鄧小平雖然退了，但中共十三大有個決定，在重大問題上要聽小平的意見，這就把鄧擺到檯面上來，而鄧的原意是垂簾聽政，有決策權卻不須負任何責任，在民運沸騰時期說這樣的話，等於把責任推到鄧身上，不願為鄧擋輿論的子彈了；三是在鄧執意要鎮壓時，他不該辭職，而是應去執行，一來保住權力，二來由他執行會比較溫和。

在中共歷次權力鬥爭中，被迫下台的幹部，無論多麼委屈，也沒有一個不作檢討的。包括硬骨頭如彭德懷，倔強如鄧小平，率直如胡耀邦，下台時都作檢討，承認錯誤。鄧小平文革下台還作過「永不翻案」的承諾。這些檢討就像嚴厲的父母逼小孩認錯一樣，即使不是孩子的錯。作檢討就是要在家長制中保護自己，讓自己有復出機會。但趙紫陽拒不檢討，他在一九九〇年的中共六中全會發出一個書面談話，反駁所有加在他身上的不實之詞，並表示人民對貪污、腐敗不滿，又沒有正常渠道去表達，積怨堵塞才會使學運如河流缺堤般爆發。解決之道應該是政治改革而不是鎮壓，他因為無法執行鎮壓的決定所以辭職。

許家屯出走原因

這個書面談話沒有向下傳達，知道的人很少。爆料者說，許家屯以中顧委身分列席六中全會看過。許說他見到的與會者都認為趙的意見是對的，李鵬是錯的。但他認為趙紫陽寫這個書面談話，就絕了他復出的機會，從此黨的「健康力量」失去了支柱。

關於楊尚昆，爆料者說他同許家屯向來有交情，在許提出在香港得到的民運訊息特別是錄影帶後，他也反對鎮壓。但他順從中共黨的下級服從上級、最終服從一人的倫理，不得不執行鄧的命令。六月三日，許家屯一直想找楊尚昆聯繫，過去他通過楊的兒子楊紹明，會立即得到楊的回話，但這段時間楊沒有回話。六四後許和楊尚昆見過面，楊安撫許，說要許留任一年。不過沒有提他何以沒有實現「說服鄧」的承諾。

一九八九年十二月中旬，楊尚昆去中東訪問，李鵬就在他出國期間，把許家屯叫到北京，當面告訴他要即時退職離任。許提出最好等三個月，待《基本法》公布後，完成這件事再離任。李鵬不同意。等楊尚昆回國，調令已成事實，無法挽回了。這是李鵬再一次乘機做的手腳。

在周南接替許家屯的酒會上，周對他的前任連一句禮貌上的稱讚話也不說。許知道對他的清算，即將到來，他的人脈也會遭到清洗。他認為只有離開才有機會為黨高層的「健康力量」發聲。這是他出走的原因。

拒參政留守輿論

八九民運及六四後，我頻頻上電子媒體接受訪問，並當過議政清談節目主持；我又受邀做中文金曲頒獎禮的頒獎嘉賓。另外還在港台電視劇《獅子山下》的「風風雨雨」中當演員，我在劇中擔任一個電視台的新聞總監，劇情是面對九七香港新聞界的困境，我因這故事符合我的憂慮而願意嘗試。頻頻出鏡，使我的知名度大增。翁松燃教授後來在我的一本書中賜序，指我是「突出的意見領袖」和「其他媒體的一個最愛」。以那幾年的情況來說，謙虛點可以說是「浪得虛名」，但「虛名」是確實有的，是新聞界的公眾人物。

一九九一年，香港立法局開始了部分議席的直選。《中英聯合聲明》定下的政制是「立法機關由選舉產生」，英國想在九七前就設置好選舉機制，但一直受到中共反對阻撓。九一年是直選的起步，香港民主派已經躍躍欲試。當時有朋友慫恿我去參選，但我完全不考慮就拒絕了。民主政制至少要在不可改變的規則下進行，才能確立。英國哲學家羅素早在八十多年前說：「中國是一切規則的例外」。從中共建政後的歷史來看，即使在被認為最開明的鄧、胡、趙時代，都不能擺脫這種「自訂規則都例外」的一人獨斷惡習。六四前後中共高層權力的運作內幕，更使我相信這種惡習只會越演越烈。

我知道只有在民主制度下才能夠保障自由與法治，但對中國行使主權下能夠維持民主制度真是不抱希望。我想我還是留在輿論陣地比較好，畢竟香港的新聞自由已經成熟，以第四權去監督政府也許可以延續得長久一些。

這是內幕之外的我自己的故事。

（原文發布於二〇二二年三月三十日）

《九十年代》台灣版創刊

在回憶錄的「題記」中說，我一生所主張所推動的事情，社會總是朝相反趨向發展的，無論是閱讀，獨立思考，或民主自由，都如是。這是我之所以稱為《失敗者回憶錄》的原因。但也有例外，那就是台灣。《七十年代》、《九十年代》在言論上推動台灣民主化，台灣終於解除戒嚴，開放黨禁報禁。一九八八年，「李匪怡」獲批准首訪台灣。[1]兩年後，《九十年代》出版台灣版創刊號。

那是台灣政治大轉彎的關鍵時刻：威權政治未完全退場。本省人李登輝剛接掌總統和國民黨主席大權，黨禁雖開放唯國民黨仍然一黨獨大，立法院仍未全面改選，第一屆國民代表大會未退職，仍然有選舉總統、修憲等憲政職能。面對中共六四後向更趨專制倒退，台灣的防衛意識未能鬆懈。因此，《九十年代》在台灣獲准出版也並不容易。本刊編輯、在台負責人邱近思多番奔走、爭取、交涉，在一九九〇年四月獲知，行政院港澳小組會在四月底開會，屆時將通過七種海外中文政論雜誌進口。

《九十年代》董事會亦決定，五月一日以在台灣登記的刊物出版。

言論自由進一步開放

四月三十日，《九十年代》舉行了台版創刊酒會。當時正值社會高度關注李登輝將提名何人擔任行政院長的敏感時期，黨國大老、總統府資政蔣彥士和國民黨祕書長宋楚瑜受媒體追訪，動見觀瞻，想不到他二人都來酒會。出席的還有時任國民黨海工會主任的章孝嚴、新聞局長邵玉銘；民進黨有盧修一、朱高正、康寧祥、許榮淑、張富忠、陳菊；學術界有唐德剛、沈君山、楊國樞、李鴻禧、高希均；作家柏楊、黃春明、李昂；新聞出版界殷允芃、吳豐山、余範英、司馬文武、黃肇松、周天瑞等。可說冠蓋雲集。

李昂在酒會中任司儀。我致詞談到中共、香港和台灣面對的未來形勢。在為台灣開拓視野方面，《九十年代》或可以盡點棉力，而面對九七，英國保護傘退場後，《九十年代》也需要尋求另一個可保障新聞自由之地。在台灣發行，意味著我們對台灣充滿期待。

1990年5月《九十年代》台灣版創刊號。

1 參考篇目119。

陸續發言者有蔣彥士、章孝嚴、邵玉銘、沈君山、盧修一、張富忠。他們給予《九十年代》很正面的評價，不少人提到這本雜誌是他們留學時的讀物。國民黨人士當年對雜誌的反威權論述或不以為然，或另辦留學生刊物予以批駁反制，但也深受《七十年代》具說服力的文章影響，使他們支持台灣的民主改革。民進黨人士則感謝我們過去對黨外爭取民主運動的支持。發言者對《九十年代》獲准在台灣出版，都說這意味台灣言論自由進一步開放。

酒會現場及其後，我又接受各媒體的訪問。儘管當時社會最關注政府人事動向，但《九十年代》在台灣創刊仍然佔據多家新聞媒體頭版。余英時、唐德剛、柏楊、聶華苓為《九十年代》台灣版寫了短文。余英時寫道：「我個人接觸《九十年代》已是八十年代的事，那時它剛剛經歷了一場最嚴重的道德考驗，海外知識分子異口同聲地說：《九十年代》是知識分子最喜愛的讀物。我完全同意這一論斷。我很高興今天台灣讀者可以和我們海外的人同時分享《九十年代》所提供的豐富的精神食糧。」

柏楊寫道：「面對這份雜誌，台灣讀者才會發現自己所屬這個世界的真相，和自己如何定位。在一個充滿經濟暴發戶、政治暴發戶、文化暴發戶的地方，我把希望寄託給《九十年代》。」他並以一次訂閱十年《九十年代》的具體行動表達他對雜誌的支持。

聽聽不同意見才正常

台灣知名歷史學家潘光哲，那時候還是年輕人。《九十年代》刊登了他一篇來稿，講他關注一國兩制這個命題，但對轟動一時的翁松燃的〈一國兩制芻論〉和頗受重視的〈五學者座談一國兩制〉[2]，在台灣卻沒有機會讀到。他說台灣實在需要惡補對中國大陸的認識。「《九十年代》在台發行，將使我們從一系列教條觀點中跳出來，重新審視大陸的脈絡。」

在英國的學者楊青雲則撰文提到，他一九七四年在台灣教育部舉辦的留學生出國研習會上，一位黨官列出多種在海外的共匪統戰刊物，要準留學生警惕，其中之一就是《七十年代》。但當他次年在倫敦大學圖書館發現這本雜誌，讀了兩三篇文章，卻有像和尚逛花街——解禁的心情，因為看到了一些台灣不許知道的消息，這些文章的批判性也較台灣報章強而有力多了。從此以後，《七十年代》和《九十年代》就成為他每月必讀的雜誌。

在台版創刊酒會內外，聽到、讀到對《七十年代》、《九十年代》的許多溢美之詞，在感激與安慰之餘，亦略有慚愧，因為我只是在言論自由的香港，盡了一個獨立新聞工作者的本分而已。但在華人社會「非左即右」的思維捆綁下，原來獨立的媒體也變得如此可貴。

當年將我們視如寇讎的親國府人士，今天回想起來，聽聽不同意見不但沒有壞處，而且還大有好處。又過了三十年，現在台灣每天都有藍綠的爭吵聲音。其實這才正常。不要把不同意見視如寇讎。難道社會鴉雀無聲，或只有一種聲音，才好嗎？

（原文發布於二〇二一年四月一日）

2 參考篇目111。

129／江澤民施計過關保位

兩百多年前美國作家艾姆斯（Fisher Ames）說過：「君主政體就像一艘航行順利的商船，但有時會有一位胡搞的船長把船駛向礁石堆中令船沉入海底。共和政體猶如一排竹筏，順水漂流，從不下沉。但，竹筏上的人，腳總是要濕的。」

艾姆斯所說的「君主政體」，也可以演化成為沒有君主的專權政體；他所說的「共和政體」，包含了民主政體，包括君主立憲的民主政體。

一九九〇年，台、港、大陸都仍然在大變動中。台灣向民主體制轉型，言論開放，意見紛呈，媒體幾乎全都聚焦在島內種種公開的爭議中，猶如不斷被海水潑打的竹筏。既忙於內爭，也就顧不得大陸和香港的局勢了。但正如柏楊說：這種與台灣無關的意識，「是一個可怕的缺失，因為它將產生難以挽回的誤導作用」。《九十年代》在台灣發行，是希望能夠帶給台灣人觀察大陸的視野，但很不容易。

鄧南巡惹換人猜測

香港市民在六四前後的表現，使中共對香港敵意大增，《基本法》起草到了最後階段，突然在條文中對香港人的權利大大收緊。儘管《基本法》起草委員會成員都是北京任命的，但在草委的政制小組中，香港的委員都投反對票。無奈大陸委員占多數，因此所有收緊改變都通過。而此時，西方開始了對中共的綏靖政策。香港人更感無奈，除了尋求外國護照作護身符，就只能自求多福。

中國這個大家長掌舵的專制大船，則航向變化難測。六四後，主持大局的江澤民、李鵬等把「反和平演變」列為中心任務，經濟上強調社會主義公有制，市場化要接受計畫經濟指導，甚至把私有企業、個體戶說成是資本主義復闢。

一九九二年初鄧小平突然南下深圳、珠海等特區。他公開放話，說必須堅持只有經濟發展這「一個中心」，除此之外沒有第二個中心；不要把「反和平演變」搞得太厲害；要堅持改革開放，大膽引進外資；要把資本主義有用的東西拿過來；要重視香港，九七以後「保持一百年不變也未嘗不可」，還要在全國再造幾個「香港」。讓留在北京、不知道鄧南巡的江澤民、李鵬發抖的是鄧這一句：「誰不搞改革開放，誰只有下台。」

那一年秋天，要召開中共十四大，涉及人事布局。鄧這句話，有暗示要撤換領導人的含意。

鄧小平回到北京，江澤民立刻把媒體報導的所有鄧的南巡講話，整理好給鄧過目，再以中央文件向下傳達，並要求各級把「貫徹落實情況，及時報告中央」。於是全國掀起了一片引進外資和國企由私人承包之風。

中共十四大在十月就要召開，沒有人知道鄧小平要作怎樣的人事安排，江澤民尤其不安。因為鄧南巡還講過有人「左右逢源」、「搞形式主義」，像是針對他。鄧在前一年即一九九一年，曾經評價趙紫陽，說趙「很聰明，點子多。你們說我是改革開放的總設計師，那麼趙紫陽就是總工程師了。你們不要否定他。」似有再起用趙的意思。

江摸透老家長心態

四月時，江抓住一個機會，一舉扭轉了形勢。這是一位當年與中共高層有所接觸的人告訴我的內幕。

話說四月初，江澤民訪問日本。四月九日世界各大媒體引用路透社報導，說江澤民在八號會見日本創價學會的池田大作時，向池田表示，今秋舉行黨十四大，「將選出新的負責人，我對重新當選有信心」。

中共可供各級幹部閱讀的內部報紙《參考消息》，根據外電報導，以顯著位置刊此消息。這消息在中高層幹部中引起議論，覺得江在十四大前就說自己會重新當選，這不是對外界承認沒有真正的選舉嗎？而且在大家長決定一切的前提下，怎麼可以說這種話？

但江澤民早有準備。他自訪日以來，每天所講的每一句話，旁邊都有祕書作記錄。紀錄中他沒有講過這句話。回到北京，他把祕書記下的他與池田講的話，連同《參考消息》的報導，一起送給鄧小平看。據悉，鄧看過以後，就覺得是黨內有人對江「不服氣」，《參考消息》大幅報導江的失言，是想要陷害他。實際上就是否定他挑選的新一代「核心」。大家長要自己拉他下台就可以，但其他人要否定他就不行。

另外，陪同鄧南巡的楊尚昆，因與趙紫陽的私交，很可能在鄧面前俟機為趙說項。楊任軍委副主席，他弟弟楊白冰任軍委祕書長，鄧雖是軍委主席，但軍隊的具體運作是楊氏兄弟，故有人稱解放軍是「楊家將」。一般估計，楊尚昆在十四大退下，楊白冰會實際掌軍權。鄧小平考慮若趙紫陽復出，楊家將掌軍權，說不定會給六四平反，就等於對鄧個人的否定。因這考慮，他決定繼續重用江澤民，並在十四大讓楊家將都退下來。

江澤民究竟有沒有跟池田大作講過那樣的話，無人確知。但他善用此事去鞏固自己權位，卻是只有摸透了中共人治訣竅和老家長心態的人才可以做到的。

政治上繼續專制保守，經濟上就開放並以特權發財致富。中國這條路就是這樣走出來的。

（原文發布於二〇二一年四月三日）

我的愧疚

倘若不是九十年代初的一次旅行演講，我不會知道自己年輕時的編寫工作，對東南亞地區一代人的誤導，以致影響他們的人生。我為此深感愧疚。

一九九一年底，我應馬來西亞《星洲日報》的邀請，去那裡的八個城市演講。被邀同行的還有好友作家黃春明。主辦方給我們的共同講題是「看海的九十年代」，題目結合黃春明的小說〈看海的日子〉和我主編的《九十年代》。黃春明主要講的是九十年代面臨的環境保護問題，我主要講的是九十年代中國吸引海外投資的新局面，經濟開放與政治封閉的矛盾問題。

那時候《九十年代》已從左派刊物轉為獨立輿論多年。長期讀者對我們言論方向的轉變多表認同。想不到在大馬的多場演講中，遇到許多當年受我的左派思想影響的讀者。相隔二十多年後，他們仍然記得我，來聽我的演講，而且還未能捨棄社會主義思想和「心向中國」的感情，對我的改變難以接受，並提出疑問。

散播不完整的價值觀

六十年代中期，我編寫過《社會科學初步》、《哲學初步》、《美學初步》、《邏輯學初步》、《哲學與人生》等淺易入門的小叢書，這些書除了基本知識之外，也貫徹了我當時的「科學社會主義」觀念。在新馬一帶很暢銷。經過四分之一世紀，我的認識和想法已經有許多改變。當一位讀者帶著其中一本書，說他在監獄中與難友輾轉相傳，把我在這些書中的觀念奉為應有的世界觀，而今天聽我說「共產主義作為一種政治制度和經濟制度已經破產了」，使他迷惑和傷感：「你曾是我的啟蒙老師，在監獄中讀這些書使我精神上支撐下去，今天你改了，要我怎麼辦？」

也有讀者帶來了我在六十年代主編的《伴侶》半月刊，和早期的《七十年代》雜誌。兩本雜誌都帶有左派色彩。當時在新馬一帶也暢銷。帶來的讀者說，馬來西亞的軍隊在掃盪馬共的營房中找到《七十年代》，一些人因此受難。

我感激這些老讀者對我的愛護，也感動於他們追求理想的認真的人生態度。我以萬分抱歉的心情回顧自己過去的工作，反省當年散播的至少是不完整的哲學理念和人生觀。但我除了盡可能清楚明白地講述我從認同到重新認識中國的想法之外，我不知道還可以做些什麼去補償曾經對他們人生的誤導，尤其是想到他們可能曾經為此付出高昂代價。

在二次大戰前，東南亞華人自稱或被稱為「華僑」，他們效忠的對象是中國。一九四九年中共建政後，兩岸分立，一邊設立人大華僑委員會，另一邊保有中華民國僑務委員會。即使東南亞華人已逐漸成為各國公民，已不再是僑民。華人的勤奮相對於當地人的怠懶，經濟上佔優勢，因而在東南亞各國都有不同程度對華人的歧視政策。華人居二等公民地位，故在感情上多傾向中國。中共在建國初期的新氣象，對外的獨立自強姿態，加上與蘇共分裂後的革命狂飆，使馬來西亞不少華人受其宣傳影響，由民族主義而接受並追求社會主義。

中共懶理華人被殺害

中共口頭上說不干涉各國內政，實際上在精神上甚至行動上支持東南亞國家的共產革命運動。越南的胡志明不待說，馬共的武裝革命也得到中共支持，領袖之一的文銘權後來更躲進中國大陸。馬共、印尼共的組成主要是華人。這些都成為六十年代印尼和馬來西亞相繼大排華的原因之一。印尼一九六五年的「反共大清洗」估計有五十萬華人被殺；一九六九年馬來西亞官方定性為「種族大衝突」的事件，造成一百三十名華人死亡。

最慘絕人寰的是赤柬在一九七五年掌權後的大劫難。赤柬領袖波爾布特四次訪問中國，其中一九七五年獲毛澤東會見，毛支持赤柬的消滅資產階級路線，於是波爾布特回國後將所有城市居民驅趕到農村勞役，在城市居住的華人首當其衝，被大量殺害，華人人口從六十萬，銳減到三十萬。

在東南亞華人大批被殺害的事件中，中共只在一九六五年派過兩艘船到印尼接僑，對印尼軍人大規模殺害華人連口頭譴責也沒有。赤柬大屠殺，華人湧到中國大使館求援，使館人員在後院下棋，見華人湧到鐵門，即退回屋內，緊鎖門戶。華人走投無路，大批遭殺，少數人歷盡艱辛去到泰柬邊境，拉起橫額，上寫：「寧做美國狗，不當中國人！」這樣寫是因為見到赤柬屠城時，美國僑民連家中的狗都帶上直升機，逃往美國戰艦。大屠殺後，赤柬領袖波爾布特一九七七年訪問北京，受到中共領袖熱烈歡迎。

在馬來西亞，不止一個人對我說，他對一年前李鵬訪馬時，叫各地華人要效忠所在國，表示反感。不是說華人不應該效忠所在國，而是中國曾經如此對待各地華人，還有臉說這樣的話嗎？而且這句話暗示還有華人仍效忠中國，分明挑撥華人與當地人的關係。

東南亞華人被排擠的血淚史，罄竹難書。排華，當然有許多當地的社會因素，但華人的「胸懷祖國」也是重要因素之一。我聽到一些個人故事，不禁為自己年輕時的一些寫作而自責。

「知識分子不僅要批判現實的罪惡和不義，也要批判自己的歷史局限和錯誤判斷。」法國哲學家班達（Julien Benda）這樣說。心有戚戚焉。

（原文發布於二〇二二年四月六日）

第五章

131／我所認識的黎智英（之一）　堅持信念

一九八九年六四後，我交了不少新朋友，來往較多的是黃永玉和黎智英。他二人與我都是鼠年出生的，屬同一生肖，黃永玉比我大一輪，我又比黎智英大一輪。有一次，我們三人同黃子華一起用餐，黃子華也屬鼠，又比黎智英小一輪。那次是唯一一次四鼠同席。現在想來，我們四鼠有同一個特點，就是對自己信念的堅執，而且都從事文化工作，儘管是不同行業。

大約是二〇〇一年吧，黎智英在香港創辦《壹週刊》和《蘋果日報》取得空前的成功，在這基礎上，他把傳媒帝國擴展到台灣，先後在台灣創辦《壹週刊》和《蘋果日報》。《壹週刊》每週四出版，但週三已有人拿到，許多電子媒體都盯住這一期《壹》仔揭什麼密，爆誰的料，即去追蹤跟進。《壹週刊》的話題，就是那個星期電視跟進的話題。

絕不買帳鼓勵爆料

《壹週刊》在台初創期間，我因有事到台北，有暇就去找黎智英聊聊。因黎有訪客，在壹傳媒大樓我正好遇到一位在《中國時報》「開卷」版任編輯的朋友，得知她已經轉來《壹》仔上班了。對於這個原來專注書評界的人士轉來被批評為以狗仔隊扒糞為職志的刊物，我有點意外。她告訴我她和許多同事轉來壹傳媒的原因，是他們都收集到不少政商和娛樂界名人見不得人的資料，有些甚至涉及公眾利益，但在原來任職的報紙都不能夠「爆」，因為老闆與這些人有交情。

有娛樂版記者甚至憤而請編輯索性開一張什麼人可以爆的名單出來，結果還真的給了他一份這樣的名單。台灣《壹週刊》出版後，就完全沒有這一套，任何名人的所有見不得人的事都可以爆，而且報刊鼓勵你爆，讓記者大展身手。她也是因為這裡可以無顧忌地寫新聞才轉過來的。我問她，《壹》仔的爆料有沒有查證呢？她說，查證比她原來任職的一本正經的報紙還要嚴格，通常要三次查證才刊出。我說《壹週刊》看來廣告量不多，可以維持嗎？她說，台灣的慣例，是要給負責發廣告的人一些回扣，但黎智英下令不能私下給回扣，要給折扣就光明正大地直接給廣告公司。因此廣告量不多。不過老闆叫他們不用擔心，說錢不是問題。

後來我跟黎智英見面時，提到這件事，我說為爭取廣告就不能變通一下嗎？他說，我們不斷揭發政商界的檯底交易，如果我們自己也檯底交易，怎麼說得過去？只要我們銷路上升，跑廣告的又專業，就不怕沒有廣告。他接著說，報刊的老闆只有一個，就是讀者，廣告客戶不是我們的老闆，政商巨頭當然也不是。

以讀者利益為優先

一切以讀者的利益為第一優先，正如商人一切以顧客利益為第一優先，廣告客戶、政治名人的利益和交情都不在他考慮之內，這是黎智英作為商人辦報的主要堅持。記得有一次在他家作客，那時香港《壹週刊》創刊不久，他還是服裝品牌佐丹奴的老闆。有一個財經界的朋友打電話給他，說知道《壹》仔兩天後會爆某商界名人與某紅星在新加坡酒店私會之事，說某名人不是好惹的，你有老婆孩子，還是小心點好。黎智英一聽之下立刻爆粗，說我有老婆孩子，他就沒有嗎？你威脅我，我怎麼向爆料的同事交代？這個料，我是爆定了。

1995年6月20日《蘋果日報》創刊。

講完掛電話，仍然怒氣未息。又有一次，他做服裝品牌時的一個合作夥伴兼老友，此時是中共政協常委，因《壹》仔次日會出一篇關於他的較負面的報導，要求黎智英念在幾十年老朋友分上，把這篇稿撤回。黎回答說，可以，不過你要先把《壹週刊》買下來。你出個價吧。你買下來你要怎樣都可以了。還在我手上我就沒辦法叫手下撤回。這個回答當然就讓數十年的交情都斷了。

黎智英辦傳媒，屬商人辦報，與文人辦報不同的是，他沒有文人那種崖岸自高的作態。比如他的報刊介紹旅館、食肆，會把地址、電話都列出來，不會認為這是為商店做免費廣告，便宜了他們，而是覺得這是讀者需要的資訊。在他的一刊一報最受讀者歡迎時，台灣著名文化人林懷民有一個對《聯合報》的談話，其中有一句很經典的形容說：你們報紙都穿西裝，《蘋果》是不穿西裝的。意思是黎智英辦報最接地氣。

在商人辦報中，黎智英又不同於一般商人。一般商人除了辦報之外還會從事其他商業活動。鑑於對其他商業的影響，他往往不能不考慮處理好同其他政商人士的關係。但黎智英不理這一套，因為一篇文章大罵李鵬，導致他的服裝品牌在大陸被封殺，他就把佐丹奴的所有股份都賣掉，專注於傳媒事業。因此，他是商人辦報中唯一只做傳媒這行的商人。沒有了自己其他生意的考慮，不須顧忌政商關係，他於是可以在傳媒站得挺站得硬。

「直」是他性格的強項，但剛則易脆，直則易折。堅持己見也要容納異見，而這是他的弱項。下篇再談。

（原文發布於二〇二一年四月十日）

我所認識的黎智英（之二）成功之道

我寫黎智英，因為他是在上世紀九十年代冒起並主導媒體走向的人物。我同他交往數十年。講些我見到和想到關於他的事實。人人都有優缺點，我只是就事論事，褒貶都不受他現在遭遇的影響。

與黎智英在六四後認識。我到過他在新界青山公路上像小公園般的大宅，他在那裡養了一隻大黑熊，還有孔雀和其他動物。後來黑熊被漁農處派人來領走了。

常見到他是黃永玉在港島半山的家中。我們三人中，只有黎智英對九七後的言論市場具信心。於是一九九〇年創辦《壹週刊》，但工作重心仍然放在服裝品牌佐丹奴上。直到一九九四年他在《壹週刊》罵李鵬「王八蛋」，使佐丹奴在大陸的業務被封殺，他遂把佐丹奴股份全部賣掉，退出服裝市場，專注傳媒事業。

一九九五年《蘋果日報》創刊，剛面世就一紙風行，大放異彩，讓當時已經在下滑中的紙媒備受衝擊，好幾家報紙支撐不住而停辦。我在那一年年底開始在《蘋果》寫專欄。

公私分明企業家風格

一九九八年《九十年代》因種種原因休刊。黎智英說壹傳媒正在將軍澳建大樓，他可以留一個房間給我，在那裡寫作和用圖書館等設施。於是，《九十年代》結束後，我就每週去那裡幾天，寫作，和《蘋果》的同仁交談溝通。不過，我只是在那裡寄居，不是僱員。黎智英的房間，離我不遠，我們常會到彼此的房間聊天。講的大都是當時的新聞或趣事，也會談到我發表的文章，但他從來沒有向我提出過要求或批評。

二〇〇一年台灣《壹週刊》和台灣《蘋果日報》相繼創刊，他大部分時間留在台灣，我們見面的機會就少了。

忘記哪一年，發生過一件奇妙的事。黎智英有一天走來我房間，帶著有點囁嚅的聲音問我，能不能幫他一個忙。我奇怪有什麼是他做不到的事要我去做。他說他有一個親戚，有編輯經驗，想找工作，問我能不能跟《蘋果》負責副刊的主編說一下，聘請他這個親戚。我說，你是老闆，你說一下不就行了嗎？為什麼要我去說？而且我要不要說這是你的意思呢？若不說，他未必請。黎說，可以說是他的意思。我說這樣你去說跟我去說有什麼分別？上千人的機構，老闆要安插一個普通編輯，不是一句話就行了嗎？他說，他不想其他員工覺得是他安插的人，對這人另眼相看。

事情的結果，是副刊主編說可以為黎智英這親戚介紹在其他報社工作。黎即表示千謝萬謝。一個企業家在公司安插一個與自己有親屬關係的人，都那麼忐忑，在華人企業中真是不可思議。黎智英太太是傳媒出身，但在壹傳媒大樓中，我從來沒有見過她的身影。而在華人企業中，老闆娘常常是讓員工頭痛的人物。從這件小事，可以看到黎智英公私分明的洋人企業家風格。

二〇〇五年他通過社長董橋邀我擔任《蘋果》「論壇」版主編，我雖然因為已超齡而不是正式員工，但實際上是負責一個重要職務。與黎智英關係就有些改變了。不過，我們還是像朋友般聊天，也常去他的飯局。他對我很尊重，對「論壇」版有意見從不直接跟我說。

高薪挖角先佔領市場

他在香港和台灣創辦《壹週刊》和《蘋果日報》起始的成功，和他過去營商的成功一樣，祕訣就是廣東話說的「抵食夾大件」，意思就是質素好兼便宜，用現在的術語就是「性價比」高。佐丹奴是名牌中品質高而價格最低的，黎智英說他用最好的設計師和最好的質料，實行薄利多銷，先佔領市場，才慢慢撙節成本和調價。

辦報刊也是如此，在一九九〇年創辦《壹週刊》之前，他曾問我要投資多少。我的《九十年代》是小本經營，資金只有八十萬港元，他辦的是週刊，我講多了些，就說八百萬吧！後來才知道他投下的資金是八百萬的十倍。他用高薪請人，在傳媒中挖角，但主事者並非傳媒中人，而是一些商界奇才。

投資報刊是他的新領域。出版《壹週刊》前，傳媒行內都不看好，認為他是外行人。但他以企業家的本領，一心一意要做出好產品，而不惜成本，揮金如土。設立報紙突發組，領頭人說要買二十五輛摩托車，黎智英說一百輛。印刷油墨，製作人給他看兩種油墨印出來都差不多，但他選最貴的德國油墨。他說他不懂，但相信賣那麼貴的油墨必有理由。果然印出來就是不一樣。他對採訪開支也沒有設限，記者越洋採訪，坐商務艙，住豪華酒店，花費在所不計。《蘋果》中有人對我說，老闆不在乎，許多員工就亂花錢。但無可否認，資源豐厚是成品質素的保證之一。

黎智英的營商本領，一是「抵食夾大件」，務求先佔領市場；二是虧蝕時不要節省，而是要投入更多資源；在賺錢時就要撙節開支。

不容否認，黎智英一刊一報在草創期是成功的。但守成，和其他新的嘗試，就不一定了。而他優點的剛與直，在政治環境變遷下，也就變得脆和易折。

（原文發布於二〇二二年四月十三日）

133／我所認識的黎智英（之三） 意見相左

經濟學教授麥克洛斯基（Deirdre N. McCloskey）曾經提到，在機會平等的市場經濟社會，從商是以美德為基礎，並能在從商者身上催生出幾種美德，其中包括創新的勇氣，誠實買賣的公正，和對法治下市場社會的信念。

這幾點美德，在黎智英身上都能體現，並且剛直和堅持。可惜在華人社會，作為社會公器的媒體，你要公正，骯髒的政治卻總要找上門來。黎智英辦一報一刊成為傳媒大亨，我多次被一些與中共有關係的人士詢問過黎智英的底細，他的資金來源。詢問者多先入為主地認為他有外國政治背景，懷疑是美國中情局出資。我說雖然不了解，但憑常識判斷，外國政治勢力肯讓一個商人這樣大手大腳地花錢辦報嗎？

堅拒與權力接觸

向黎智英統戰的相信更多。據我所知就有兩次通過他的親戚和好友，邀他訪問中國大陸。另有一次，他以前辦製衣廠時的好朋友兩夫妻到台灣找他，說中共邀請他訪問，領導人會接見他，他可以到中國去辦報。還說除了政治新聞不要碰之外，娛樂新聞、體育新聞、社會新聞都可以隨他去辦。那時中國經濟處上升階段，聽來確實是賺大錢的門路。他聽到後，即打電話叫保安上來把客人送走。我問他為什麼做得這麼絕？說考慮一下或不接受，不就算了嗎？朋友說不定也出於好意。他解釋說他其實是害怕，怕自己經受不起誘惑，而放棄了與權力保持距離的原則。

我想起一九九〇年創辦《壹週刊》前，他在我主持的一次電視訪問中講過，中國是個大市場，六四之後東歐也變了，他「賭中國一定變」。懂中文的人佔世界人口的五分之一，把刊物辦到中國去，是他的夢想。想不到經過多年觀察，他竟然對實現這夢想害怕起來。這不能不說是被中國的現實喚醒，而他自覺自己會軟弱，卻使我對他由衷佩服。

黎智英對法治下自由市場的信念極強，因此，他相信市場化會使中國改變，也相信中共在《中英聯合聲明》和《基本法》的法律承諾。一九九七年七月一日香港主權轉移，《蘋果》頭版標題是「香港信有明天」。然而，政治現實是中共不斷以「一國」的主權去壓「兩制」的香港。強權並沒有使剛直的黎智英屈服，反而使他積極投身政治。

我記得有一年七一大遊行，《蘋果》的頭版標題是「不見不散」。那真的不是新聞，而是一種「政治動員」了。我個人不太主張這樣做新聞。儘管幾乎所有報紙都有立場，但報紙主事者還是應該與現實政治保持安全距離較好。言論自由應該容納不同意見，讓真理越辯越明，報紙也更有公信力。黎智英不認為應該這樣，他覺得應該站在民主、反共立場對抗所有親建制輿論。

辦報人直接參與政治，是個性剛直的表現，也是脆而易折的因素。

與本土派現分歧

二〇〇五年，我受邀主編「論壇」版。黎智英說我可以全盤作主，他不會插手也不容其他主管插手。我提了三點：一是我選稿只重質素，要寫得好看和有新意才用，二是我打算向當時與《蘋果》交惡的黃毓民邀稿，以建立論壇版言論開放的形象，三是我想取消一些中國海外民運人士的定期供稿，他們來稿仍以質素考量來取用。這三點黎智英都接受。反而是黃毓民不肯寫，也有民運人士向支聯會主席司徒華投訴，說我封殺他的文章。司徒華回答說，連我的稿李怡也不一定用呀！

由於中國對香港從暗到明的干預，更由於大量中國新移民和遊客湧入香港造成的社會問題，二〇一〇年香港民主運動就出現了本土派，並在年輕人中快速成長。傳統的民主派則被稱為「大中華派」，以民主黨為首，繼續支持「一國兩制」，支持爭取中國民主以實現香港民主，尋求與中共妥協。黎智英明確地是大中華派的支持者，他在二〇一四年的一個電台節目中，亦承認曾對集團高層發出內部通知，禁止旗下刊物及報章容許支持本土化的人士發表太多言論。

這種一面倒的言論取向，導致大量讀者流失。

但我編論壇版一直貫徹百家爭鳴、以質素取稿的原則。年輕本土派的言論在主流媒體上只有在《蘋果》論壇版才可以刊登。而那些未讀文章就知道講什麼的老民主派文章，可讀性實在不高。因此論壇版的取向與黎智英大相徑庭。

二〇一二年立法會選舉前，黎智英寫了一篇文章，指激進本土派的黃毓民「替中共做打手」，「令他漁人得利，和讓他背後的金主龍顏大悅，因而也讓他財源廣進」。論壇收到鍾祖康一文反駁，說黎的陰謀論指控「非常嚴重……卻不見任何令人信服的證據。單憑常識已可推知這些指控相當荒誕。你會相信一個被中共收買的人會搞五區公投和拉布行動嗎？」因此，他的指控是為了打擊黃毓民的選情，在客觀效果上，「黎智英幫了梁振英」。我將鍾祖康此文照發，但先傳了一份給黎智英。他沒有阻攔。

到二〇一四年，他終於忍不住把我的論壇版主編職務撤換了。我改為寫社論，但我的社論仍然常偏向年輕人和本土派。最後這些年，我們的意見常常相左，但作為老闆，他對我容忍，即使要表達反對意見，他也假手其他人跟我說。

（原文發布於二〇二一年四月十五日）

134／我所認識的黎智英（之四）遭遇厄運

寫黎智英，原來打算只寫兩篇，誰料寫到三篇仍覺意猶未盡。於是再寫這最後一篇作結。畢竟我們相交超過三十年，而我也在《蘋果》寫評論和任編輯二十多年，雖不是接觸太多，但耳聞目睹互動也不少。他在近二、三十年的香港，是一個叱吒風雲的人物，而他的個性、理念，對媒體與香港民主的投入，確是香港人值得記憶的一部分。儘管我寫的只是個人了解的點滴，不能算是負責任的歷史評價。

前文提到經濟學教授 Deirdre N. McCloskey 講的從商者的美德，除了提到的創新、勇氣、對自由法治的信念之外，還有積極樂觀的精神。這幾點在黎智英身上都很明顯。

他相信合約精神，由此相信《中英聯合聲明》和《基本法》的承諾。儘管他一直反對共產黨，但相信在條約和法律保障下，香港能保住自由和法治。他在六四後一年就說「賭中國會變」；一九九五年《蘋果》創刊社論說，會積極樂觀地面對未來；一九九七年七月一日香港主權轉移日，《蘋果》頭版標題是「香港信有明天」。九七後民主派爭取民主一直受到中共打壓，他仍然相信在一國兩制的框架下可以爭得到民主。他一貫支持願意跟中共妥協的民主黨，即使民主黨後來被大量選民離棄。

如果要選一個最看好九七可以保持不變的人，我想黎智英當之無愧。因為他不僅這樣說，而且投入巨資去監察和體現《基本法》所訂下的言論自由。

但就像在中共治下，真正愛國的人都遭遇悲慘一樣，在香港真正相信中共承諾的人，也沒有好下場。

勇於創新不愛守成

我比黎智英較知道歷史。從一九八〇年香港浮現九七問題開始，我對香港前途就悲觀。直到一九九六年我出版《香港1997》[1]一書，也仍然是悲觀的。不過，我悲觀卻不消極，而是仍然積極從事捍衛香港言論自由的傳媒工作。習近平剛上台時，黎智英說對習抱希望，我就跟他談些中共建政後的歷史，但沒有改變他的積極樂觀。當然，我也明白，我悲觀並不礙我寫作，但經營這麼大的傳媒事業，若對前景悲觀，又怎麼辦得下去呢？

勇於創新，是黎智英成功之道。對已經取得的成功，他不願意止步，總要向前，或搞搞新意思，或開創新事業。創新，有可能成功，比如他最先發展「蘋果動新聞」和蘋果網站，就搶佔了網上媒體的先機。但也可能失敗，比如他在一九九九年創辦線上零售「蘋果速銷」，就因無法控

1 參考篇目110-111。

制貨源的品質而在一年內虧蝕十億港元而結業。我跟他說，做正當生意而不是炒股炒樓，能夠在一年內虧十億，也算是個紀錄了。他苦笑自嘲說，其實是虧十一億呢！

在台灣創辦壹電視，在香港辦《爽報》，也失敗了。壹電視也虧了十億港元。真正原因我沒有深究。或者是因為他走得太超前，或者是因為他對社會和政治了解不足。但與他草創壹傳媒時不同的是，草創時他強調要聽讀者特別是反對者的聲音，成功後他的自信心太強了，再難聽到不同的特別是反對的聲音。

不過他經營壹傳媒頭十年，和憑直覺投資美國股市和台灣地產，賺的錢也夠多。他仍然是富豪。

他喜歡創新，卻不喜歡守成。他高薪聘請許多人才，一開始都極為倚重，但他的「新念頭」變化無窮，不斷以他的創新來破壞艱難建立的城堡，使手下的人很難適應。因此，被他裁撤的人才之多也破了報界紀錄。我主編的論壇，言論之多元與活潑，並非自誇，而是有目共睹。但被他中斷了一次，後來更把我撤換而變成泛民主派的一言堂。我年事已高，個人並不在意，只惋惜一個受歡迎的版面淪落和許多好寫手沒有了地盤。

我不怪他，畢竟他容忍了我九年的放肆，已經破了主編論壇版者的紀錄。而且，愛創新的人多不愛守成，如果他當年戀棧佐丹奴的成功也就不會有壹傳媒的出現了。

「講英文的毛澤東」

報館許多人私下叫黎智英做「講英文的毛澤東」。毛澤東獨裁，但他管的是全國眾人之事，是全體人民和應該屬於人民所有的全國資源；黎智英也獨斷，但他管的是他自己擁有的企業，辦報無法民主，不過主事者最好有容人之量。毛澤東的政策飄忽，常常出人意表，沒有人知道他想什麼和下一步要做什麼；黎智英也幾乎一天一個主意，讓人難跟從。不過，毛澤東讀中國歷史，深諳中國的權謀和各種潛規則；黎智英「講英文」，不僅是指他談話中夾英語，更指他熟悉和相信源自西方的自由法治與「規則平等」。面對權勢無可比擬的中國的毛澤東們，「講英文的毛澤東」就遭到厄運了。

由於香港在九七後十年的急劇變化，黎智英反本土、反台獨、反港獨、反激烈抗爭的立場，導致絕大多數香港年輕人不喜歡他。我卻總是在年輕人中為他說好話，因為除了《蘋果》，還有哪個傳媒會爆政商界的醜聞？「新聞自由的主要功能是防止政府任何部門欺騙人民」，這一點，在主流媒體中只有《蘋果》做到。

黎智英在香港牢獄中受難，在一國兩制的歷史上是一樁最具標誌性和諷刺性的事件。因為在我認識的人中，沒有一個人比他更愛香港，更相信並以實際行動擁護「一國兩制，港人治港」了。

（原文發布於二〇二二年四月十七日）

135／惦念黃永玉大師

「如果我做了毛主席，這條村子的大糞就全是我的了！」這是知名畫家黃永玉引述他在中國下放農村時聽到一個農民說他的人生夢想：做毛主席就是做皇帝，種田最重要就是有大糞作肥料，所以擁有整條村子的大糞就是他的人生目標。

有朋友說，香港的近況讓她想到我告訴過她的這句話。朋友是搞創作的，能夠理解這句話的深層意義，不就是意味著有小農基因的人當上皇帝後的「理想」嗎？香港已經正式掌握在這樣的農人手上了。

黃永玉一九二四年出生於湖南鳳凰縣，土家族人，是當代中國最富盛名的藝術家之一。他作品的價格近年來一直在上漲，二〇一九年已經超過一百萬人民幣一平方尺了。他現住北京，比我大十二歲，接近百歲了，不知道他身體情況怎樣？時刻惦念著。

健談風趣博學多聞

跟黃永玉往來較多是在一九八九年六四後。他先是發表了含悲帶憤的畫作，其後感情就轉深沉，畫了屈原伏地哀痛、全文抄下屈大夫〈哀郢〉全詩的大畫。我在八九年底給他做了一個訪問，略講了他的生平：一九四六年來香港、一九五三年去北京擔任中央美術學院講師、一九八八年又重回香港定居。來港後仍然常回中國。六四後他說他不知道怎麼辦了：「外國我不願意去，祖國我不想回，吾將焉赴？」

這之後，他常邀我去他家吃飯聊天。我帶一兩個朋友去見見這位大師，他也很樂意。黎智英似乎也是我介紹他們認識的。他們來往更多。後來黎智英和黃永玉的兒子黃黑蠻還成為連襟。黎智英收藏很多他的畫作，在壹傳媒大樓，或他家中，都有黃老的傑作。

黃永玉除有畫名之外，他的書法、文章也非常精彩。我甚至覺得他的文采更勝於他的畫作。他嗜煙斗，養狗，看書，聽音樂，繪室中常有自娛而不供發表的諷世之作。他健談風趣，博學多聞，談話時多用比喻。比如談到九七後的香港，他說屆時也許是「隨地吐痰的人抓捕不隨地吐痰的人」。跟他聊天是一件賞心樂事。

八九年，他用了二十五分鐘畫了我的一幅速寫像。我裱起來裝鏡框，一直放在家裡的客廳中。一九九〇舊曆年前，他為馬年畫了一幅「馬踏囟奴」給《九十年代》賀年，並寫上：「西安有漢將軍霍去病墓基前石雕馬踏匃奴，極飛揚神俊，余每不能忘。今年馬年，不能無馬且不能無所作為，姑以囟奴為蹬而踏之，祝禱平安亦否極泰來之謂也。」

其後每年過年，他都給我們雜誌的封面畫一幅當年的生肖圖。最有趣的是一九九二年猴年他畫的三非禮圖，並寫道：「非禮勿言，非禮勿視，非禮勿聽。要知道，這兩千多年來，這個禮字變化多端，狼有狼的禮，虎有虎的禮，反正『勿』的對象只是庶人，和禮的發明者和追隨者，是沒有關係的。東方讓猴子來擔當執行禮的象徵，十分不公。適逢猴年，畫其敢看，敢聽，敢罵聲勢，以平其反。」

一直畫到一九九八年虎年，《九十年代》停刊。後來，黃老終於受邀再到北京定居。我們來往就少了。

野豬精神宣告滅絕

二〇〇九年四月，我在加拿大接到黃老電話，說回港幾天，未能和我見面。我表示八月他過生日時去北京看他。那年，就跟蔣芸等一起去了北京。他見到我很高興，我們之間似乎有說不完的話。他講了許多文革時下放勞動的事，說用手去掏大糞，之後洗手，怎麼洗都覺得有臭味。

那天晚宴，吃得很豐盛。最後來了一碗麵。黃老看著麵說，這麼好的麵，不吃對不起它，吃下去就對不起自己。他終於選擇了對不起自己。我問他，如果文革下放有人捧這碗麵給你，你會怎麼反應？他說，我會哭！

這是我意想不到的回答。一碗麵，就喜極而泣，可見當年是怎樣困頓的生活啊！

我們又連續幾年在他生日前後去北京，從他居住的萬荷堂，到他新遷入的太陽城。二〇一四年後，我們就沒有再去了。

二〇〇七年，我開始為《蘋果》寫社論。那年是豬年，我走進壹傳媒大樓，見大堂掛著黃永玉新近贈壹傳媒的畫，畫中是一隻獠牙剛鬣、凶猛神威的野豬，並寫有「野豬精神」四字。於是我在社論中寫：「什麼是野豬精神？野豬善於奔跑，成語中有『豬奔豨突』，豨特指勇猛的大野

2014年8月5日，在北京黃永玉家中，左起張敏儀、蔣芸、林行止、李怡，前坐黃永玉。再聚無期。

豬，豬奔豨突是形容沛然莫之能禦的銳利勇猛之勢。野豬精神，代表的是剛勇、不馴，敢於闖蕩，不依常規，能顛覆傳統。說得不好聽是叛逆，說得好聽是自由自在，是個性解放。古人造字，毅、豪、蒙，都與『豕』相關，說明野豬精神，在古代是具正面意義的。」黃永玉那時已經身在北京，但他仍然以這種剛勇、自由的闖蕩精神向壹傳媒贈畫鼓勵。

實際上，野豬精神也就是香港在充分自由時代的創新精神。香港過去一直以保育政策與野豬共存，但在二〇二一年，卻因野豬咬傷輔警而突然改為對野豬獵殺政策。或許這是一個含有象徵意義的改變：意味著香港過去的自由闖蕩的野豬精神宣告滅絕。

（原文發布於二〇二二年四月二十日）

136／真有「九二共識」嗎？

近十多年來，台灣政黨輪替，在兩岸關係上一直爭論「九二共識」問題。中共不停要台灣堅守「九二共識」，台灣政界對「九二共識」有的說有，有的說沒有。說有的人講「九二共識」的內容大都是「一個中國，各自表述」，即台灣的表述是一個中國是中華民國，大陸的表述是中華人民共和國。但中共就只說「一個中國」，「各自表述」從來不講。

一九九六年八月，《九十年代》發表了台灣清華大學校長沈君山，與中共總書記江澤民的三次談話紀要，跨度自一九九〇年十二月至一九九二年一月，全文五萬字。那時沈擔任國家統一委員會研究委員。他也證實了這個談話的真實性。

在談話紀錄中，沈君山就江澤民一再強調「一個中國」的「統一」，向江詳細解釋台灣的政治現實和民主化後的形勢：台灣民眾極少關切「統一」，他們關心的是安全和經濟繁榮，而政府施政必須顧民意。要統一，首先兩岸要建立平等而穩定的關係。不講地位平等，不讓台灣有國際空間，沒有和平保障，台灣是不能接受一個中國原則的。

沈君山雖表示自己不是台灣的官方代表，但他表示會把談話寫成報告交給李登輝總統。因此，他實際上是當時高層的溝通渠道。最後一次談話在一九九二年，沈江二人都沒有提到「一個中國，各自表述」。

九三年首次辜汪會談

八十年代末，台灣開放民眾到大陸探親旅遊後，因應民間往來所衍生的事務性問題，一九九一年在台灣成立了由政府指定的民間機構執行公權力，叫「海峽交流基金會」，簡稱海基會。同年，中國大陸也成立了一個相應機構「海峽兩岸交流協會」，簡稱海協會。名義上雖說民間機構，實際上負責人都能夠直達兩岸最高領導人，而負責人也是德高望重的人物，海基會由辜振甫任董事長，海協會由汪道涵任會長。一九九二年，時在兩會成立之初，都只是祕書長級的接觸，而所談的基本上也只是兩岸文書查證、走私、犯罪等事務性問題。一九九三年四月辜振甫與汪道涵在新加坡才有第一次辜汪會談。這次會談簽署了兩岸事務性和兩會聯繫的協議，但也象徵兩岸關係解凍，引起國際社會矚目。

「一個中國，各自表述」若有「共識」，那麼最早也應該是在一九九三年辜汪會談的時候。

一九九四年，我給辜振甫先生作了一次專訪。他談到辜汪會上與汪道涵坐下來喝茶的「政策性對話」。他對汪說：「台灣過去半個世紀的發展，是一個歷史事實。希望大陸方面不要不承認這個事實。若承認這事實，就會了解到台灣有自己發展出來的體制，有自己的道路，這樣中共就不會說『我是中央，你是地方』。」

談到一個中國的認知時，辜振甫強調對一個中國的內涵，彼此可以各說各的，不形成文字。

在各說各的一個中國之下，先著手談兩岸之間的溝通管道。

所謂「彼此可以各說各的」，也就是「各自表述」。如果辜振甫與汪道涵的這個談話是「共識」的話，那麼應稱之為「九三共識」。因為九二年並沒有這個層級的會談，而九三年訂明這個共識「不形成文字」，即不成文的共識。只能說是辜汪二人的共識。

但一九九三年國共都確實在兩岸政策上有所調整。中共在當年的政府工作報告中，不再提武力統一，而是說海峽「雙方應該為促進結束敵對狀態、逐步實現和平統一進行談判」。台灣方面也不再要求中共對台放棄武力，不再講「不接觸、不談判、不妥協」的政策。[1]很明顯，至少「不接觸」已經不復存在。

對台動武取決條件

有未經證實的消息稱，一九九二年海基、海協兩會在香港的祕書長會議中，台灣方面曾經提過「一個中國，各自表述」的原則，大陸方面沒有回應。後來大陸以電文回覆稱，對台方提出的「一個中國」原則可以接受，但沒有提及「各自表述」。

中共在九十年代對台政策從強硬變得較柔軟，主要原因是中國發展經濟，需要與美國及西方國家搞好關係，需要台商對大陸投資，更因面對香港主權轉移須建立港人與國際的信心。不過，在江澤民同沈君山的談話中，他一直堅持「一國兩制」，對聯邦、邦聯的建議都不接受，說統一「就是一個民族，一個國家，一個中央」。

那時候中國對台政策較溫和的另一原因，就是還沒有向台灣動武的國力。即使是胡耀邦，在一九八五年接受記者陸鏗訪問時，被問到會不會對台動武，他快人快語地說：「國際上誰都知道我們暫時沒有力量，這個暫時可能是四、五年，也可能是七、八年。我們把經濟搞上去了，力量自然就有了。軍事力量是要經濟力量作基礎的。經濟上強大了，國防現代化就有辦法了……對台灣，就要帶點強制性了。」

因此，中國對台要戰要和，不取決於台灣是否接受似有似無的「九二共識」，而是取決於中國內部的政治需要，和對國際形勢的判斷。

（原文發布於二〇二一年四月二十二日）

1 參考篇目117。

137／俄羅斯歷險記

在多個國際影展獲殊榮的日本電影《在車上》（*Drive My Car*），故事圍繞著日本某劇團在排練俄國作家契訶夫（Anton Chekhov）一八九七年的作品《萬尼亞舅舅》（*Uncle Vanya*），過程中的導演、選角，與周邊人生活的困境與無奈。

《萬尼亞舅舅》是十九世紀俄國批判現實主義文學的代表作。我年輕時閱讀俄國作品最多，吸取的思想養分也最豐厚。我讀過《萬尼亞舅舅》的劇本，亦看過劇場演出：一個人將一生的工作和努力寄託在一個「理想」的偶像上，而終於發現那是一個自私自利、徒有虛名的垃圾。理想破滅，生活意義失落。然而，最終又不得不在這「二重生活的悲哀」中繼續過平庸的日子。

理想是虛幻的嗎？崇拜偶像是愚蠢嗎？生活難道就只能夠這樣嗎？不能改變一下嗎？讀《萬尼亞舅舅》讓我陷入沉思。

十九世紀俄國音樂、繪畫、芭蕾也是我成長中的摯愛。

曾經嚮往的蘇俄

一九九二年，我接到聯合國教科文組織（UNESCO）邀請，參加十月五日在哈薩克共和國首府阿拉木圖舉行的「亞洲媒體」研討會。那年接近九七，眼看著香港媒體紛紛自我審查，對媒體生態既著急又想力挽狂瀾，於是應邀參加，希望在國際舞台上引起對香港新聞自由的關注。

另一方面，也想親眼看看我年輕時就嚮往的蘇俄，縱然今天它已經解體。

UNESCO 委託香港一家旅行社為我安排行程。按機票所定，我在香港十月二日乘夜機到印度新德里，機場酒店住一晚，第二天早上乘坐蘇聯航空（Aeroflot）到塔什干，再轉乘蘇聯航空飛阿拉木圖（Alma Ata）。回程時經莫斯科，我自費在那裡留幾天，再乘德航經法蘭克福回港。

想不到這一旅程竟是一次漫長、困乏的驚險之旅。

在新德里過夜後，次日早上到機場找到 Aeroflot 的櫃檯，誰料地勤人員對我說，飛塔什干的航班，在兩個月前就取消了，現在這同一編號的航班，是從新德里經杜拜到莫斯科的。既然航班已經取消，為何機票又確認呢？他說，因為蘇聯解體，烏茲別克獨立，Aeroflot 未取得飛塔什干的航權。

既沒有航權為何又賣去那裡的機票？他說不知道，大概是因循舊例吧。

跟他們爭論不會有結果，打電話回香港問旅行社又無法接通，我只好問有什麼辦法去阿拉木圖。他說唯一辦法是用我到塔什干、再到阿拉木圖以及回程莫斯科的三張機票，來換乘飛莫斯科的這班飛機；再從莫斯科買一張來回阿拉木圖的機票。

我沒有選擇。從新德里經杜拜往莫斯科的十多小時，心中一直忐忑不安。因為不懂俄語，不知道莫斯科國際機場，與前往阿拉木圖航班的國內機場，距離多遠？怎麼過去？如何買機票？UNESCO 的文件聲言要我們等待聯合國職員來接，顯然那時候蘇俄的治安令人不放心。但現在我一人上路，真是有歷險的感覺。

在莫斯科機場入境後人頭湧湧，所有櫃檯都只講俄語，我不知道找什麼人問。後來有一個穿皮夾克的男子來問我：「Taxi?」我說要去 Alma Ata，他懂點英文，就幫我查到有一班航班在午夜23:45在國內機場起飛，他說開車要一個多小時，送我過去要六十美元。我看時間已緊迫，就不再討價還價，坐上他的車子，在黑夜中行駛了一個多小時。一路上我心驚膽跳，不知道這司機是不是黑道。

終於到了國內機場，那時離飛往阿拉木圖的航班只有四十五分鐘。地上坐滿人，從人叢中跨來跨去，找不到懂英文的人。後來一個旅客指著一個「Intourist」的標誌，於是我才找到可以買機票去阿拉木圖的地方。

飛機上也是一片混亂，大件行李隨地放。不過，總算在清晨經過二十多小時歷險後到達目的地了。下飛機見到不遠處豎著「UNESCO」的牌子。我走過去才定下心來。

路上看不見笑容

回程時，我去了莫斯科幾天，住進旅館不久，就有流鶯來敲門。在地鐵出口處，一長串的人手中拿著一樣東西來賣，有的只是一包香菸，有的是一條香腸，有的是幾顆消炎片。博物館、美術館都沒有開。我去了嚮往許久的莫斯科墓園，那裡有不少設計獨特的著名文化人的墓碑。但我見到的墓園雜草叢生，墓碑污穢，顯然好久無人清理了。

在地鐵站見到的莫斯科人，幾乎沒有一個有笑容。我感到奇怪。這是從專權政治轉向民主政治的轉折期。我曾經在同樣的轉折期到過台灣，見到路上行人大都輕鬆愉快。為什麼蘇俄就不一樣了呢？

有當地人告訴我說，極權解體，很多人覺得沒有了保障。在蘇聯時代，雖然沒有自由，買什麼都要排隊，但大多數人的生活還是有起碼保障的。自由了，靠自己了，反而不知道怎麼辦了。

我想嘗嘗俄國餐廳的口味，但當地人叫我在這個時候最好不要嘗試。他說，莫斯科現時最好的餐館是美國的麥當勞。麥當勞不好吃，卻是可以預期的味道。而且，只有麥當勞的員工才有笑容，即使是商業化笑容。

一個辛酸的笑話是：世界上最厲害的武器是什麼？答案是曙光號巡洋艦。因為俄國十月革命，就是曙光號巡洋艦向冬宮開炮的這一聲炮響給打出來的。這一炮，把俄羅斯民族的生機窒息了七十多年。人們的笑容沒有了，最令人嚮往的文化也煙消雲散了。世界上還有比這更厲害的武器嗎？

一九二五年，十月革命才幾年後，中國詩人徐志摩去了蘇俄，他說他已看不到人們有「自然的喜悅的笑容」了。又經過六十多年，俄國人的笑容似乎永久消失了。而強權與凶狠卻得到傳承。我青年時代的嚮往也永久破滅了。

（原文發布於二〇二二年四月二十五日）

138／一個預言，一首輓歌

在一九九七香港主權轉移的前一年，我在台灣出版了《香港1997》這本書。書中就香港九七後種種可能，分三十個問題作預測性分析。二十多年後，香港一位大學的助理教授給我寫信說，他將此書給學生作為閱讀資料，讀過的都表示，我的預測「難以置信的準確」。[1]

在台灣舉行新書發表會的情景仍然清楚記得。我講到自一九八〇年以來，對香港走向九七的每一步、每一領域都極度關注。我的預測不是占卜星相，而是從政治現實中見到的趨向。但我仍然懷抱著迷茫的幻想，希望自己的估計錯，希望我所有的分析和預期都完全落空，希望香港仍然保有原來的活力。當時也想到最壞的情況，比我書中預期更壞、更不堪。

講到最後，我聲音哽咽了：「願上帝祝福香港——我成長及給予我不少機會的地方。」

會後，生命中的過去紛紛湧上心頭。我作為一個缺乏學歷的中學畢業生，又置身在邊緣化的左派圈子裡，從事看不到有向上流動機會的文字工作。但就是在這樣的社會環境下，憑個人努力和對編輯寫作理念的堅持，而成就了得到社會認可的事業。我時年六十，想到在過去的四十年裡，若不是生活在香港，而是在中國大陸，我的遭遇會怎樣？那些與我同期而去中國升學的同學，每一個都是負面的殷鑑。

曾是最文明自由之地

香港，不僅給過我不少機會，而且也是許多地方來的人最感適意的地方。從上世紀七十年代後期開始，香港經濟和流行文化蓬勃發展，那二、三十年，我接觸過各地來港或工作或讀書或居留的人，幾乎人人都喜歡香港。一位被派駐到香港新華社（今中聯辦）的大陸幹部，數十年後在網頁上說，從他踏入香港境內那一刻，他就感覺呼吸的空氣都不一樣了。九七前幾年我訪問台灣歌手羅大佑，他說香港是他生活得最自由、最能夠激發創意的地方，他希望繼續留在香港，至少以香港為基地向其他華人社會發展。

那二十年，幾乎所有的外國重要媒體和通訊社，都把亞洲總部設在香港，即使他們更多時候要到中國大陸、台灣、日本、韓國採訪。特派員們把家庭設在香港，子女在香港讀國際學校，他們自己在各地採訪後都要回香港住幾天。許多外國的知名學者，寧可在學術地位稍低的香港學府任教，其中一位教授對我說，香港是世界上最文明、最自由、效率最好，而且稅制和辦各種手續最明確簡單的地方，沒有之一。

那時香港是英國的殖民地，但許多人都說，在香港的生活比英國本土更好，機會也比英國更多。至少在經濟發展上，香港更出色。為什麼會這樣？我想了很久，得出的結論是：香港沒有付

1　參考篇目111。

出民主制度的代價，卻享有了英國民主制度所保障的自由和法治。

英國前首相邱吉爾說過：「民主是最糟的政治制度，除了其他已經嘗試過，比之更壞的以外。」

民主制度總是不停爭吵，要付出效率的代價。民主選舉往往看哪個候選人承諾給的福利最多，選票就會投給他，使人民仰賴福利而失去自我奮鬥的動力。民主制度的最大好處就是可以保障自由和法治，以及順利轉移最高權力。人類在產生民主制度之前，所有的流血、宮廷惡鬥、甚至戰爭的歷史，都是起因於轉移最高權力。

專制下港人再無保障

老子《道德經》說：「太上，下知有之。其次，親而譽之。其次，畏之。其次，侮之。」這是講一個國家、一個社會的管治狀態。最好的是「太上」，「下知有之」，就是民眾知道有政府的存在，但不當一回事，像空氣的存在一樣。「其次，親而譽之」，就是對政府愛戴而讚美，這只是次好，因為這意味政權掌握所有資源，它將資源讓渡給人民而博得讚譽，但它也可以不給。「其次，畏之。其次，侮之。」意思是再次，就是害怕政權；最糟，是侮罵政權。

我想，英治下的香港，就是處於這種「太上」的狀態。在英國民主制度保障下的香港人享有自由，有獨立司法保障的法律權利。政府存在，但沒有人當它是高高在上的權力，它只是按規則為人民辦事，而規則也清楚並且人人平等。

這種管治狀態是歷史上少見的。若失去了英國民主制度的保障，宗主國換了一個專制國家，一個掌握所有資源而從來沒有過言論自由的國家，香港人的自由和法律權利還有保障嗎？

「太上」的狀態一去不復返矣。最好也只是「親而譽之」，發展下去幾乎肯定是「畏之」、「侮之」，但我還沒有想到比「其次」更壞的「下下」，連「侮之」都有罪。

無論如何，就像生老病死和災難一樣，要來的總會來。我奮鬥了近二十年想保留下來人們的自由和權利，卻越來越感勢孤力弱，強權之下無疑螳臂擋車。

《香港1997》像是一首輓歌，意味著我在九七前為香港奮戰失敗的終結。一九九七在一年後到來了。

（原文發布於二〇二一年四月二十七日）

139／香港不會再有張敏儀

「李怡，今天中午休息時間要不要一起去看《黃土地》？」張敏儀打電話來問。這大概是一九八四年間的事。其後幾十年來往，我們還常常講起這樁溜出去看電影的事。《黃土地》是文革後第一代導演陳凱歌揭露中國貧窮面貌的影片，在香港上映不太賣座。我和敏儀都說過想看，但兩人都忙。於是有了這個利用中午時間去看電影的事。

那時，正是中英就香港前途問題談判的熱火期間，敏儀一九八三年從香港電台借調到政府新聞處任助理處長，協助傳媒採訪及了解情況。因《七十年代》對香港前途最關心，於是這時候我們之間交談較多。儘管我們早已相識。

為人直率敬業樂業

現在的人，大概很難想像一個政府高官和一個媒體人相約看電影的事。或者會被傳二人有什麼緋聞。實際上我們只是氣味相投的朋友。除了看《黃土地》，我們還一起看過雲門舞集在香港首演《薪傳》，她邊看邊拭淚。

她的上司、新聞處長曹廣榮也是我的朋友，常常打電話聯絡或約飯局。記得曹有一次打電話問我「lame duck」翻譯作「跛腳鴨」是否適當？有沒有更能夠表達其意的譯法。大概因為面對九七，港英對這個詞特別敏感。

這是八、九十年代的官民關係。那時候的政府部門，都是為了服務市民，高官也就是服務市民的高級公務員，不會給人高高在上的感覺。我們想訪問行政局首席議員鍾士元，就請新聞處幫我們約訪。友誼會有些方便，但沒有特權。比如《中英聯合聲明》在一九八四年九月二十六日草簽，定在下午三點公布。張敏儀答應讓我早兩小時去新聞處一個房間看全文，但要等規定公布的時間到了，我才可以走出房間。走出房間後，見到另一位我認識的朋友也走出另一個房間。遵守規則的方便，是讓我早一點知道內容，好寫稿或回應媒體訪問。

張敏儀後來升任新聞處長，一九八六年調回香港電台任廣播處長。她年輕貌美，被稱作「最美麗的處長」。當了廣播處長之後，儘管我常接受香港電台的訪談，但都是具體負責人跟我聯絡，我與張之間就沒有直接的工作聯繫了。不過，她一直是我最好的朋友之一。

張敏儀為人直率，有脾氣，不高興時會罵人。但罵完了大家還是朋友。年輕時她開車是出了名的糟，坐過的朋友，把她的車稱作「天堂一號」。我坐過一次「天堂一號」，她居然把車開到對面的行車道上。我提醒她，她才趕緊換過來。

她工作熱誠和投入，做什麼就愛什麼。在我所認識的人中，堪稱敬業樂業的典範。她在新聞處時，對香港前途談判的過程一直緊跟，閱讀和觀看幾乎所有媒體。她有自己的堅持，也不吝和我們分享看法，但不是為一定的政治取向吹風。可以做到的事，她一定努力促成。做不到的，她直接說不行。

開拓言論自由空間

在廣播處，她開創了《城市論壇》、《議事論事》這些節目，開拓了言論自由的公眾空間。港英政府高層和議員們，對香港電台新聞節目的獨立採訪報導一直有意見，設立《城市論壇》遭警務處長反對，說會引起暴動。但張敏儀頂住所有壓力，堅持言論自由。曾有高官對張敏儀說，你要管住你的記者；她的回答是：我管不到我的記者。傳媒的前線工作是最重要的，無論記者還是編導，主管必須給他們自由，如果未做之前就設下許多框架，就什麼都做不了啦。

一九九四年，《明報》記者席揚在北京被捕，法院裁定竊取國家機密罪，判徒刑十二年。這是香港記者在中國被判刑的首例，在香港引起極大震動。但《明報》對此不置一詞。當時我記得有一天在黃永玉家中，《明報》老闆查良鏞和張敏儀均在場，張直接問查先生，為什麼《明報》不為此表態。查說，我們已經向大陸私下表達關心了。張仍然窮追不捨地問：為什麼不公開表達意見？

張也常常因對我寫的文章有意見而向我當面質問。我有時向她解釋，有時就說，等時間證明吧。我們爭論過不少，卻沒有影響我們的友誼。

她每天看報紙和雜誌的閱讀量，使我這個愛閱讀的人都吃驚，因為幾乎所有報紙的專欄文章她都看過，常表達一些我沒讀過的文章的意見。她又愛看電影和電視劇，許多電影電視劇都是她介紹我去看的。

她關心朋友。二〇〇三年十二月三十日晚上，她和我在同一飯局用餐，她接到電話，立即離去。後來我才知道有人來電告訴她，梅艷芳進入彌留狀態，她立即趕去醫院。她出道時的「師父」林樂培已經九十多歲了，張敏儀每年都一定不會忘記去和他過生日。

二〇〇八年，妻子麗儀罹癌住院，張敏儀多次去看她，麗儀也很高興。在喪禮上，她一直留守，幫我招呼朋友。

想到港英時代的高官，我就會想到張敏儀。她不是最高層的官員，其他官員也未必像她那樣有人情味，重友情，平易近人。不過，主權轉移之後，我肯定香港管治層不會再有另一個張敏儀，永遠沒有。

（原文發布於二〇二二年四月二十九日）

140／共產黨不會再有羅孚

前文說「香港不會再有張敏儀」，網頁有留言要我繼續寫「不會再有」的人物和事物。我想那是寫不完的。

不過，我還是要再寫一個「不會再有」的人，就是我稱之為「左派文壇一代宗師」的羅孚先生。他是我晉身左派文壇的帶路人，是我的恩師，沒有他就沒有今天的我。

在網上搜尋「羅孚」，關於他的生平敘說，主要講他是資深報人，原《大公報》副總編輯、《新晚報》總編輯，著名的散文作家，特別提到他是「新派武俠小說」的催生者，發掘出金庸和梁羽生這兩大武俠小說名家。

羅孚自己說：「哪有這回事！……我不過適逢其會，盡一個編輯人約稿的責任而已。」

一個編輯人約稿也不簡單！羅孚在四十年代末隨《大公報》移居香港，於一九五〇年十月創辦《新晚報》。《新晚報》面世，即以與眾不同的風格、新穎的專欄、引人入勝的文采而吸引無數讀者，在數十份報紙中脫穎而出，銷量直壓暢銷多時的《星島晚報》。副刊中許多專欄，都是我少年時追讀的文章，從中吸取不少寫作養分。

編輯準則終生受用

一九五四年，香港最熱門的新聞是白鶴拳陳克夫與太極拳吳公儀在澳門的擂台比武。羅孚抓住這時機，邀約報館中的寫手陳文統（梁羽生）寫連載武俠小說《龍虎鬥京華》，繼而是金庸的《書劍恩仇錄》上場。均大受讀者歡迎。所謂「適逢其會」就是社會熱門新聞的吳陳比武，不過羅孚能夠敏感掌握時機。

羅孚來港後，就被中共吸收為黨員，等於是黨營《大公報》的黨委書記。他負有統戰香港文化人的任務。聯絡著名老作家包天笑、葉靈鳳、曹聚仁等。《文匯報》當時設「文藝周刊」，借調羅孚做主編，刊登著名作家的新作，也接受來稿。

我二十歲時，不知天高地厚，向這個高水準的「文藝周刊」投稿，居然屢投屢被接納刊登。那時候，每逢週六，就急急打開《文匯報》，看自己的投稿有沒有刊出。而每獲刊登則不知心中有多高興！其後獲羅孚約見，又邀我參加一些文藝界聚會，我由此成為左翼文壇年輕的一員。

初識羅孚，只覺得他溫文爾雅，氣度非凡，又平易謙和。「文藝周刊」雖以刊登名家作品為主，但他以文章質素而不是以作家名氣取用稿件，則是我終生從事編輯工作的準則。這準則，使我其後放棄左派以「立場、觀點、方法」作為編輯原則的政治取向。

其後我辦《七十年代》，向羅先生邀稿，他也應承並寫了相當長時間。在他聯繫右派或中間派文化人的過程中，我也有過小角色。我們一起與胡菊人、戴天、亦舒、舒巷城等結識和交往。後來他與徐復觀先生往來密切，徐先生晚年文章中常提到的L先生就是羅孚。徐先生生前曾對我表示，他非常欣賞羅孚的人品、學問、文章，並說如果共產黨人都像羅孚那樣，中國就有救了。

但就在徐復觀先生去世後一個月的一九八二年五月一日，羅孚這個共產黨人，卻突然在北京被栽上「美國間諜」的罪名，判徒刑十年。若徐先生還活著，他會覺得中國還有救嗎？

關於羅孚被判間諜罪這件事，他在法庭上「供認不諱」，但既無事實陳述，而中國法庭的「供認」也絕難相信，於是外界對此始終覺得是一個謎。他兒子羅海雷在《我的父親羅孚》一書中，說對父親反覆追問，他也只是說：一，「他沒有拿過美國人的錢」；二，在向美國人做統戰工作時，對當時一些國際大事的做法和看法作了一點表達和透露，但實際上這些觀點都不是什麼機密。

左派文人一代宗師

我對這件事卻不感到離奇，因為一九七〇年妻子被隔離審查時，也曾指我是英國間諜。中共不同部門在香港有不同的「線」——公安的、軍隊總參的、調查部的、港澳辦的，不同的線會向上級提供不同的小報告，一旦某高層誤判，任何在香港幫中共做事的人，都有可能像遇到車禍那樣被波及。而且一旦被捕，其他高層還欲救無從。據書法家黃苗子說，他曾經當面問過主管港澳事務的廖承志，廖說「可能是誤會，現正在設法中」。而所謂設法，就是讓羅孚雖背負間諜污名，卻一天監牢都沒有坐過，不過還是要留在北京，不能夠公開活動，等同軟禁。

留在北京的十一年，羅孚廣交文化界朋友，也寫了一些書介紹香港。其中一本叫《南斗文星高》，介紹香港一些寫作界的奇人，實際上是告訴大陸人，只有在香港這樣自由的地方，才會湧現出這些難以想像的寫作奇才。

羅孚在北京度過一九八九年六四，但他在那裡反而得不到資訊。一九九三年他獲釋回到香港，他問我要了些六四時期的新聞錄影帶去看。他也替《九十年代》寫稿。《九十》休刊後，我主編《蘋果日報》論壇版時，他也有來稿。他那時應該不是黨員了。他對在北京獲罪事一概不提，但對自己過去宣傳革命、鼓動六七暴動卻作自我批判，也參與過六四燭光晚會。他撰文說：「我所做的一些脫離實際的極左宣傳，總是多少起了蠱惑人心的欺騙作用的……，犧牲了的和還健在的朋友們，當年受過損失和不便的人們，我向你們致歉！我不要求原諒，因為我自己並不原諒自己！」

二〇一四年五月，羅孚與世長辭，終年九十三歲。二十四日在他的追思會上，我應邀上台講話。我引用法國作家馬爾羅（André Malraux）的話說：一個人是他一生行為的總和：他所做的，和他能做的。

我認為以羅先生的才華和熱誠，一生中有許多事是想做，但是不能做的。不是能力所限，而是受客觀形勢所限。但作為一位左派文化界的一代宗師，他一生所做的已經夠多，而且在共產黨及香港左派圈子中，再也找不到一個比他更真誠的人了。

（原文發布於二〇二二年五月二日）

141／以感激心情告別殖民主義

一九九七年六月三十日，香港整天滂沱大雨。我坐車到好幾個地方，然後傍晚到了會展的傳媒活動樓層，那裡可以俯覽香港主權移交的儀式。我在那裡接受香港和外地傳媒的訪問。整晚忙個不停。一邊講，一邊心潮起伏不已。

接下來幾天，仍然下雨。有忽然愛國的人士說，豪雨象徵中國一洗國恥，也有人請風水先生來解釋「回歸與豪雨」的關係。對我來說，豪雨象徵上天為香港落淚，既是為一百五十多年文明管治的離去，也是為香港人的未來。

上天為香港落淚

我在一九九七年七月號的《九十年代》寫了一篇文章，題為〈以感激心情，告別殖民主義〉。我說，過去十多年來，許多奔走倫敦北京，要求「主權換治權」的，想用各種方法讓英國人留下來的，一邊說擁護中國收回主權、私下卻在辦移民的，在這一天到來之前，都說鴉片戰爭，都說洗雪國恥，都在聲討殖民主義。

但歷史的真相是怎樣的？鴉片戰爭真的因販鴉片而起嗎？還是只不過要求清廷開放通商？如果收回香港是洗雪國恥的話，為什麼中共建政的一九四九年不順勢收回？為什麼要讓這個「國恥」一直延續？為什麼數十年來，大陸人要千方百計到這個恥辱的城市來接受殖民主義恥辱的統治？

文革期間翻山越嶺逃來香港的學者翟志成，曾講過他當年逃難的心情，當他走到精疲力盡而仍然未到邊境時，他根據從小在大陸學的歷史常識，忍不住想：為什麼滿清政府不更腐敗一些？若多割點地，我不就可以早些到邊境了嗎？

如果中共建政幾十年，大陸搞得比香港好，人民有自由、人權，安居樂業，大陸人為什麼會要逃來香港？香港又有誰會在中共收回香港的前景下移居國外？

中國著名報人徐鑄成[1]對我說，過去能夠對中國的政治社會發揮輿論監督功能，靠的都是租界的保護傘，中共建政後就靠香港輿論對大陸「外轉內」的批評。作家劉賓雁也跟我說，要感謝鴉片戰爭，沒有這戰爭就沒有香港，就沒有過去四十年香港輿論對中國權力的監察。

這一天傍晚，電視播放末代港督彭定康和家人，在細雨紛紛中離開港督府。〈天佑女王〉的樂聲後，樂隊演奏通常在告別一年時唱的蘇格蘭民歌〈Auld Lang Syne〉。不少市民自動到港督府前相送。接著大雨傾盆，港督在添馬艦旁的看台上，眼含淚光發表情真意切的簡短演說。他感謝香港市民對他的厚待，並說英國對日後的香港仍不會放棄責任，並祝首位行政長官董建華好運。

1　參考篇目52。

可惜他說這句話時，董建華竟然不在場，他去了機場接待分乘兩班飛機來的中國主席江澤民和總理李鵬。

我必須坦誠地說，當我們看到殖民主義告別離去的場面，我也含著淚光。如果沒有殖民主義，我們何嘗可以享有自由、法治、人權？香港何來優秀的文官制度？何來沒有受民族主義和意識形態左右的務實管理？倘若香港早就回歸中國，我們怎能避過反右、大躍進、大飢荒、文革等等災難？香港人怎能夠在法律保障下發揮個人所長？

不錯，英國人在統治香港時期也得到些好處。但畢竟留下來的法律、制度、管理，和規則平等的社會，給我們的好處更多。如果香港人都只是用勢利眼去謳歌未來，而對留下來的一切沒有表達感激之情，那麼我想，那些留下來的好處恐怕也保不住。

觀察香港「之後怎樣」

也許不應該感激殖民主義，而是要感激英國的文明帶給香港的一切。那天晚上，吸引了世界各地共八千多名記者來採訪。有外國記者說，在這個年代，將一個文明的資本主義地方，交還給一個共產黨專政的國家，是完全沒有先例的。

中國中央電視台對香港回歸的報導就是另一套。它略去了港督的告別儀式，而著重解放軍進駐香港、香港各界歡迎、港人慶祝回歸、江李君臨天下般參加交接典禮，然後就是北京和全國各大城市盛大慶祝，載歌載舞，似乎像一九四九年毛澤東進北京城時那樣「慶祝解放」，炫耀中共洗雪國恥。

但香港街頭在大雨中一片平靜。市民多留在家中，也許會看看電視轉播交接典禮，也許過平常日子，等待命運的安排。一位二十來歲的女子在機場被問到主權交接的盛典時說：「一個鋪張的婚禮不等於婚姻幸福，兩個人結婚最重要是看有沒有將來。回歸也一樣，最重要的不是盛況空前，而是之後怎樣。」

在編輯九七年七月號的時候，我收到自學經濟學友人的一本書，扉頁上寫著：「我們常說，外國人做到的，中國人也一定做到。困難是：外國人不做的，中國人未必不做。」

這句話就成了香港「之後怎樣」的觀察焦點。英治時代，港督幾乎是隻身而來，他只管維護規則下平等，其他事盡可能不做。毛澤東在文革時說「香港還是那樣子」[2]，意思是繼續英治，中共可以什麼事都不做。但主權到手後要中共「五十年不變」，繼續英治時那樣許多事盡可能不做，它就「未必不做」，而且是「一定去做」。

在壯觀而做作的回歸歡聲中，我已經想到香港的宿命。

（原文發布於二〇二二年五月四日）

2 參考篇目60。

142／永遠的港督彭定康

當年許多市民到港督府前，送別彭定康。我在媒體看到一張照片，一男子手舉彭督頭像，下面寫的是「彭定康萬歲」，「萬歲」二字用簡體。由用「萬歲」這詞和簡體來看，製作這相架來送行的男子，應該是來港沒有太久的大陸移民。這也說明那個時代的香港人，跟大陸移民沒有什麼隔閡。大陸移民基本上能夠融入香港社會，在此安居樂業。香港居民對新移民也沒有歧視，甚而會有所襄助。十多年後這種關係起變化，那是中共和特區政府的政策造成的。

新移民為什麼會舉這種牌子？這和彭定康在香港五年的施政和他的親民作風有關。

改革立法局選舉制

自一九八四年中英簽署聯合聲明後，香港歷任港督都意圖在香港推行民主，以建立聯合聲明所確立的政制：「立法機關由選舉產生，行政機關對立法機關負責。」而選舉，就是聯合聲明聲言要奉行的國際人權公約「普及而平等」的選舉。殖民地政府希望在離開前建立行政當局間接向選民負責的民主制度，並開始運行，使九七後能夠延續，以保障香港人的自由、人權。

但中共對於聯合聲明訂立這種民主制度，其實是不得已的，是談判時英方堅持而中方不得不妥協的權宜之計。[1]因此，中共經五年時間起草《基本法》，主要目的就是把立法機關的選舉變味成為中共可以操控相當部分的「選舉」，使間接向選民負責的香港主政當局，變樣成為由北京操控的行政主導。

除了制訂《基本法》之外，中共也竭力阻止港英在過渡期間發展聯合聲明所確定的民主制度。歷任港督為求社會安寧，任內避免與中方紛爭，也就沒有強力推動。

到一九九二年，彭定康就任港督。他是歷任港督中，唯一非出身自軍方、殖民地部或外交部的公職人員，而是政治人物。他就職時亦沒有穿上傳統的殖民地官服。

上任後，彭督立即推行改革立法局的選舉制度，取消所有委任議席，並在功能組別（即職業代表）議席中，取消由機構、組織投票的方式，改為所有在職人士都有資格投票，變相使功能組別議席成為直選議席，由此而大大擴展民主成分。中共對此大肆攻擊，斥責彭定康是「千古罪人」，聲言主權移交後取消這種改革。彭定康為此不停與中方談判，但都不得要領。最終立法局通過彭督方案，並於一九九五年立法局選舉中實施。

北京宣告終止讓當選的立法局議員以「直通車」方式過渡到九七後特區立法會的做法，另組「臨時立法會」。彭定康自此以後，任內再沒有與中共領導層會面。他後來在回憶中表示，與中方談判浪費時間，他應該集中精力發展香港民主。

1 參考篇目99和114。

貼地親民關心香港

彭定康一改過去港督高高在上的作風，他常到社區巡視，主動與市民握手，有市民向他當面質詢，他立即回應。他到涼茶鋪飲用涼茶，去餅家吃蛋撻，往後仍與店東有書信往來。遇有民眾示威爭權益，他直接走出港督府接信。有長沙灣居民送上有老鼠的老鼠籠投訴臨時房屋區的環境衛生惡劣，彭定康親自到臨屋區與居民對話。

我在許多場合都見到彭定康，有些不那麼引人注目的大場合，他都出席講話，且語帶幽默。記得在記者協會的餐會中，彭督抽中由李嘉誠送出的現金獎，他上台說，按規矩這獎金他不能夠拿，不過容許他在放回去再重新抽之前，在手上拿幾分鐘吧。

香港人大都暱稱彭定康「肥彭」，這是一個親切而不帶貶義的綽號。他離任時，民調對他的贊同率達62％，比他上任時高。而主權轉移後的香港特首，每一個卸任時都比上任時大跌至慘不忍睹。

前港督麥理浩曾被認為任內對香港有極大建樹，但一九七九年鄧小平向他表示會收回香港主權，他沒有把這訊息告訴香港人。[2] 九七前他在英國上議院發言，呼籲香港人面對現實，說英國政府九七後不能應香港人要求介入香港事務。

唯有彭定康關心香港的未來。他甚至撰文抨擊英國前外相賀維和英國駐華大使柯利達等人與北京有祕密交易，放緩香港的民主進程。批評香港在一九八七年進行政制檢討，是玩弄民意，背棄責任，出賣香港人。他完全站在香港人權益這一邊。

寧化飛灰不作浮塵

對於英國未能夠在香港建立穩定的民主制度，以保障香港人的自由、法治、人權，彭定康心有戚戚然。他在一九九六年發表的最後一份施政報告中，提出希望國際社會未來用一些明確的基準來衡量香港。

他提出的部分基準是：香港是否仍然擁有一支精明能幹且能秉承一貫專業精神的公務員隊伍？身居要職的人員是否深得同事及廣大市民的信任？香港的立法會究竟是因應香港市民的期望制訂法例，還是在北京的壓力下執行立法工作？法院是否繼續在不受干預的情況下運作？人民入境事務處是否繼續實施獨立的過境管制？香港是否仍然享有新聞自由？集會自由是否會受到新的約制？香港民主會否繼續演進？是否會繼續以公平和公開的選舉，選出真正代表民意的立法會議員？行政長官是否真正能夠行使自主權？

然後他說：「我感到憂慮的，不是香港的自主權會被北京剝奪，而是這項權利會一點一滴地斷送在香港某些人手裡。」

演辭最後，彭定康拿美國作家傑克・倫敦（Jack London）一首詩來勉勵香港人：「寧化飛灰，不作浮塵。／寧投熊熊烈火，光盡而滅；／不伴寂寂朽木，默然同腐。／寧為耀目流星，迸

---

2 參考篇目96。

發萬丈光芒；／不羨永恆星體，悠悠沉睡終古。」

他提出的基準，現在變成怎樣？任何人，哪怕是親中共的，都有目共睹。他所憂慮的，是否可悲地已成現實。而二〇一九年由年輕人帶頭的抗爭，也應了彭督的話：寧化飛灰，不作浮塵。[3]

歷代港督，只要在任內盡忠職守，任滿也就功德完滿了，再不會關注香港以後的事。只有這末代港督，離任後似乎仍覺使命未完成，二十多年來與香港的感情維繫不息，一直為香港發聲。他是香港人永遠的港督。

（原文發布於二〇二二年五月六日）

3 參考篇目197-198。

143／別了，無法再「複製」的英治香港

基於小時候的經歷和在香港左派中學就讀，我年輕時不僅有深層民族主義意識，進入香港社會工作後，也自覺居於二等公民狀態。我第一份工作的工資只有港幣一百元，而那時香港大學畢業生入職公務員的起薪是一千元。中文中學的英文底子不好，無法躋身於以英語溝通為主的主流社會，更遑論上流社會。

五、六十年代，香港社會的不平等舉目可見。種族、教育、居所、薪資、男女都至少有二至三個不同階層，越過階層向上流動的機會很小。社會弊端亦舉目可見，最明顯的就是貪污、行賄的公開化以至制度化。

消防員先收錢才開水喉救火、救護員先索取「茶錢」才接送病人到醫院、病人在醫院內要給女工「賞錢」才可獲得合理服務。輪候公營房屋和申請入讀官立學校，也要賄賂公職人員。在所有政府部門中，又以皇家香港警察隊的貪污情況最明顯而嚴重。

六十年代我認識一位港大畢業的朋友，他為追求剷除社會罪惡而考入警隊當督察。開始時擔任文職。他說上班第一個星期，抽屜裡就有一個放了幾張鈔票的信封，他大聲問誰放錢進來，立

即遭同事阻止，說有錢就收下就是了，不要張揚。他跟我說，警隊的分贓制度比警隊本身的制度還要完善。

要在內地造「香港」

我年輕時不僅沒有親英、戀殖、崇洋的意識，相反倒有反英、反殖意識，否則也不會投入六七年的「反英抗暴」[1]鬥爭中了。

對我來說，反英、反殖意識的改變，首先不是港英當局所推動，而是中共在香港發動左派暴動、其後又無疾而終造成的。六七暴動是中共文革向香港的延伸，暴動使過去對港英統治沒有認同感的市民大幅度支持港英政府執法。我看到中共既在香港鼓動文革式暴動、又為了自身利益而要參與的「愛國人士」草草收兵。我更看到英國意外地獲得市民支持的情況下，積極改善施政，包括修改勞工條例、修建海底隧道等等。[2]

接著，一九七一年麥理浩接任港督，大幅度開展造福香港市民新政，徹底改變香港的城市面貌和人文面貌，使香港成為世上最適宜居住的城市之一。香港人從以前視香港為逆旅、自己是過客，改變為對香港有了歸屬感。[3]

堅持要收回香港主權的中共領導人，總是說「外國人做得到的，中國人也一定做得到」，鄧小平承諾九七後香港五十年不變，他在一九八八年說，「實際上，五十年只是一個形象的講法，五十年後也不會變。前五十年是不能變，五十年之後是不需要變」。還說「我們在內地還要造幾個『香港』」。

香港是那麼容易「保持不變」甚而可以「複製」的嗎？如果了解香港過去推行一項計畫或新政的過程，就知道不僅實行專權政治的中國不可能使香港「保持不變」和「複製」香港，即使英國本身，也不可能「複製」另一個香港。

積極不干預政策

港英時代最後三十年在香港的施政，其特點簡而言之，就是「積極不干預」的經濟方針，和無需付出民主代價、純粹以專業考量去推行新規畫。「積極不干預」是指「小政府，大市場」的經濟政策，政府給各大中小企業最大的支持，最小的干預。若遇到政府必須干預時，那麼這種干預也一定是積極和有正面效果的。

純專業考量，就是使社會各利益集團對政府的影響和壓力降到最低。無論是建屋規畫、新市鎮、建新高速公路、海底隧道，甚而教育政策、政制改革等等，政府多會找一家與香港利益關連最小的偏遠地區的顧問公司，來香港做一個可行性研究，比如愛爾蘭、新西蘭、挪威的顧問公司。作出可行性報告後，就交給一個由政府委任的、非本行人士組成的委員會去審核，比如交通委員會的委員，就不能夠是經營運輸公司的成員。通過後交給行政局。有時候會發表一份綠皮書

1 參考篇目24和58。
2 參考篇目58-60。
3 參考篇目60-61。

徵詢市民意見，最後才發出權威性文本白皮書。

這種純專業規畫，不大可能在民主國家實行，因為在民主施政的過程中，一定有不同的利益集團企圖影響規畫。比如地下鐵路在哪裡設站，各處囤有土地的發展商就一定想辦法去遊說議員或政府。這些都要社會付出成本。在專權政治中，領導人被認為是最「英明」的，他部署、領導做的事情，更是何須經過這麼多專業程序？

無須付出民主代價，但背後就有一個歷史最悠久的民主國家英國的保障。

我最記得一九八六年，港英當局向立法局提出「公安（修訂）條例」草案，將一條一九五一年制訂而沒有執行的「懲罰發放假新聞」條例移置進去。條例規定，舉證的責任要由被告承擔。也就是說，一旦被政府控告發放「假新聞」，被告就要在法庭透露消息來源。這一條例，引起新聞界極大反應，我也每天去立法局旁聽席觀察辯論，並邀約官員和議員表達反對意見。不過，這條例還是在一九八七年二月通過了。

奇怪的是，條例通過後，兩年都未見有實施。我後來聽到消息，說這條通過的法例送到英國，英女王遲遲未簽署，因此也就沒有實施。兩年後，政府當局於一九八八年十二月再向立法局提交新草案，廢除了這一條。英女王何以遲遲不簽署，沒有人知道。我只能猜想或許是英國的民主傳統起了作用。

一九八一年《七十年代》開始密切關注香港前途問題之後，那十多年我接觸不少港府高官和兩局議員，也被諮詢過意見，算是了解香港在英國民主制度保障下，毋須付出民主代價而享有自由、法治和專業管理的獨特之處。

我不再反英、反殖，但也不是親英、戀殖，只望這個無法複製的世上最文明的地方可以維持下去。但顯然不能夠了，於是推動付出民主代價以保障這裡的自由、法治、人權。當然，最後這努力也失敗了。

（原文發布於二〇二一年五月九日）

董建華開頭不是這樣的

與董建華初次見面談話時，沒想到他後來會變成這樣。

一九九七年香港主權轉移，儘管英美等西方政要對九七後的香港都善頌善禱，但西方媒體卻充滿了質疑之聲。美國《財富》（*Fortune*）在一九九五年甚至以封面故事「香港已死」（The Death of Hong Kong），來預言九七後的情況。

為穩定國際社會對香港「不變」的信心，中共總書記江澤民召集由中央和地方各級領導人參與的三千人大會，要全國遵守香港《基本法》第二十二條，就是中央政府所屬各部門、各省、直轄市都不得干預香港的事務。七月一日到香港參加交接儀式時，他又重申一次。

一九九六年十二月十一日，由中共任命的四百名「推選委員會」委員，選出董建華擔任特首。而在三個月前，董建華這名字仍然少為人知。他像是個突然冒出來的人物。但實際上，在一九九二年彭定康來香港就任港督時，中共就委託有關人士向彭定康推薦董建華這個人選，彭督也把他邀請進入港府最高決策機構行政局，讓他熟悉港府運作。幾個月後，中共把董建華延攬為全國政協委員，使他有機會接觸中共高層。也就是說，董建華在一九九二年才開始進入政治圈，很可能中英雙方都有觀察他是否可當第一任特首的默契。

中共早內定人選

從一九九三到九六年，董建華在中英關於香港政制爭執的夾縫中，沒有公開講過一句話，但私底下，我相信他或會把行政局中彭定康表達的意見向中共彙報，或把中共的「善意」轉達。比如，除政制改革外，中共對彭督其他布局不持異議，例如任命陳方安生當布政司、曾蔭權當財政司。

一九九五年，港澳辦主任魯平說，將來的行政長官很可能是「黑馬」，接著中共成立特區籌委會，董建華被委任為副主任。特區籌委會舉行第一次會議，江澤民刻意找董建華握手，那時傳媒才猜到董建華很可能被中共雀屏中選。

由四百人組成的特首推選委員會，都是中共間接委任的，因此「選舉」特首只是走過場，實際上是中共內定人選。早在一九九〇年十二月江澤民同沈君山的談話中，講到香港問題，江就說：「香港是港人治港，但還是要派行政長官，雖然現在還沒決定派誰去……。」

不過，當時香港人在無權選特首的情況下，對董建華還是覺得可以接受。原因固然是他在港英行政局當了五年議員，相信港督大概不會看錯人。此外，也跟董建華的家族淵源有關。董建華父親是著名船王董浩雲，過去同中華民國政府關係良好，旗下船隊懸掛中華民國國旗直至一九八〇年代中。四女董小平之夫婿為中華民國一級上將彭孟緝之子彭蔭剛。董浩雲與美國關係更為良好，韓戰與越戰時其船隊幫美軍後勤運送物資。

這是公開的資訊。但實際上在一九八〇年美國與中共建交，董浩雲就已經改換跑道了。他和董建華在美國會晤中共駐美大使柴澤民，與北京建立聯繫。一九八二年董浩雲去世後，董家的船運業衰退，一九八五年因債務危機面臨破產清盤，其時中共通過霍英東施援手，注資一億兩千萬美元，使董家渡過難關。

中共的政治性格，對於向它投誠的「忠黨愛國」者，從不尊重，隨意踐踏；但對於中共曾經向其施恩者，反而會比較信任，因為手上有把柄，覺得他會知恩圖報。

似有心維持現狀

據聞一九九五年十二月江澤民在深圳會見董建華時，提出讓他擔任第一屆特首，董不置可否。他私下曾向友人表示，不想放棄他父親留下的企業，既不想當官，也不想抓權。不過，在極權政治下，要你下台固然要下台，要你上台你推掉也是大逆不道的。

董建華從當選到上任，有半年時間籌畫。在這段候任特首期間，分別找過不少人諮詢意見，我也和幾位學者一起被邀請到他的辦公室談了兩三個小時。我那時的印象是覺得他的話不多，絕大部分時間在聽意見。對一些他認為重要的意見也寫下來，大致保持住英治時代高官的作風。

他講過什麼大都不記得了。略記得他表示自己過去沒有從政經驗，現在擔此重任，擔心做得不好。在座有人問他香港的民主進程，他說暫時保留原樣，不過區議會也許要增加些委任議席。我說這不是等於倒退嗎？他說區議會不涉中央政策。因為他沒有收回他的意見，我認為這是來自北京或香港左派的意見。我問：如果涉及香港人的權益與北京有矛盾時，會怎樣呢？他說協商吧，協商不等於軟弱，爭取不一定要對抗。

我那時覺得他態度誠懇，也有心想做到「香港好，國家好」。在他上任後的第一份施政報告中，他說他「捫心自問，我們的眼光是否足夠廣闊；我們的思考是否已經吸納了市民的心聲；我們對形勢的估計，有沒有報喜不報憂；我們是否向市民開空頭支票；我們是否有秩序地保障了民主的發展……」。儘管可以說這些只是漂亮話，但聽來也發自肺腑。這些話在他以後的施政報告和其他特首的施政報告中，再也聽不到了。

我認為董建華至少當時是想在中國主權下讓香港維持現狀的。開頭那兩三年有瑕疵，但也還可以。後來搞成這樣，或許是他在政治上無能，更主要是在專權政治的宗主國下，即使是好人也會變壞，也不得不服從上級做違反自己心意的事。一國兩制必然衰敗是結構性問題。

（原文發布於二〇二二年五月十一日）

145／回歸前的保釣鬧劇與悲劇

九七主權轉移前大半年，已經沉寂了二十多年的保釣運動突然間又再冒起。與一九七〇年底由北美台灣留學生發動的保釣大不同，這次主要是香港民主派作主力，台灣的民間也有些配合，海外的響應就不多。

一九九六年香港發動的保釣運動，以兩次租船出海前往釣魚台，最具象徵意義。而我在一九七〇年創辦《七十年代》不久就認識的陳毓祥，在第一次出海到了釣魚台海域時，下海「宣示主權」遇溺而死，成為保釣運動唯一的「英雄」，也是唯一的悲劇。

我認識陳毓祥時，他是關心社會的學生領袖，香港大學的學生會會長，是號稱「國粹派」的親中學生的主力。常與我這個左派刊物總編聯絡，邀約我去演講座談。大學畢業後，他進入香港電台，擔任時評節目的主持。打響了知名度之後，他辭職選立法局議員。因被揭發他當年的親中立場，在香港社會仍然瀰漫抗中意識之下，他參選落敗。一九九五年獲中共委任為香港地區事務顧問。

中共只想推倒立法局

一九九六年的保釣，因日本右翼組織到釣魚台豎立燈塔一事而激發。但深層的原因，是面對即將來臨的主權轉移，香港許多政商人士都紛紛「忽然愛國」。從政的民主派想藉保釣表達「愛國情懷」。親中派在這個「愛國」比賽中也不甘落後。於是保釣就分成兩派，爭相以「反日」、「仇日」來表達。

對民主派來說，紀念六四、支援中國的民主運動，是很「愛國」了。但這樣「愛國」，中共是不算數的，反而把支聯會說成是「反中亂港」組織。

華東水災，香港民眾慷慨解囊，向「祖國同胞」伸出援手，這是「愛國」了吧？但在中共眼中，也不算數，因為掌權者真正關心的不是受災的人民，而是權力，對香港來說，就是九七後的權力。

那時候，中共在香港的主要目標，就是要推倒一九九五年根據彭定康方案選出的立法局，而要成立沒有法律依據、由中共操控的臨時立法會。香港的民意普遍認為這是開民主倒車，民主派趨向予以杯葛。中共就以是否接受臨立會，作為是否「愛國」的準則。因此，愛國必須愛黨、必須擁護黨的政策，這就是唯一指標。

---

1 參考篇目66-67。

鄧小平在講「愛國者為治港主體」時，提出的「愛國」標準是「尊重自己的民族，誠心誠意地擁護祖國恢復行使對香港的主權」，「只要具備這些條件，不管他們相信資本主義，還是相信封建主義，甚至相信奴隸主義，都是愛國者」。

「擁護祖國行使主權」應該也包含對「自古以來是中國領土」的釣魚台行使主權吧！因此保釣的主力就是當時民主派的最大黨民主黨。

但第一次搶先租船出海到釣魚台、以陳毓祥為首的親中人士，是沒有組織的烏合之眾。據聞在日艦包圍下，無法靠岸，決定在釣魚台海域跳進海裡「宣示主權」的是陳毓祥。他和另一人遇溺後還是日本海上保安廳派直升機把他們救起。但他已經返魂無術了。運返香港後，親中派以「保釣英雄」的名義予以厚葬，靈柩覆上中華人民共和國國旗。

第二次租船出海，就由民主黨立法局議員何俊仁和曾健成擔任正副總指揮，另兩位立法局議員司徒華和劉千石隨隊出發。配合台灣的保釣，這次終於在釣魚台登陸，分別插上海峽兩岸的國旗。

不希望影響日圓貸款

香港民主黨主導的保釣運動，又發動罷買日貨運動，示威群眾衝擊了日本領事館。但如此維護中國「行使主權」的「愛國」行動，中國官方似乎並不領情。儘管中共官媒也略表示對釣魚台主權的立場，具體行動就十分謹慎。據了解，當時有高層指示：「要避免在不適當時機、不適當地點，發生不必要的衝突。」

為什麼這是不適當時機呢？因為當時中國正與日本商討日圓貸款，日本已經承諾從一九九六年至一九九八年，共給予中國相當於五十三億五千萬美元的日圓貸款。它涉及四十項大型工程建設，是日本對中國的經濟援助。中國總理李鵬說：「釣魚島爭執，不希望影響日圓貸款。」

當時也正是台灣首次總統直選，引起中共發動飛彈危機之後。中共高唱民族主義。余英時教授從三月到五月發表三篇長文，討論兩岸局勢，其中特別提出對民族主義的解讀，引起中共官媒點名批判。《九十年代》節錄了他的文章，我也打電話對他作採訪，最後問他香港在保釣中的表現，是否受民族主義的影響。

他回答說：「我懷疑。唱最漂亮口號，喊民族大義，沒有人敢公開反對。釣魚台問題，應該是政府間的交涉。民間動手，那是開玩笑。你去插支旗，就拿回來了嗎？」「罷買日貨，大概是五四之後號召的行動，那時就抵制不住，現在更不可能，因為市場是自由競爭決定的。衝領事館更不對。既違反中國『兩國相爭，不斬來使』的傳統，也違反了現代文明的規範。」

插支旗，或跳到海裡，當然不等於把釣魚台拿回來，但作為一種意見表達還是不能否定的。只不過與一九七〇年底的保釣不同，那時保釣的產生有一定的時代背景和歷史根源，一九九六年

1996年10月號《九十年代》「又見保釣」專輯。

的保釣就有爭相表達「愛國」、近乎一場香港回歸前的民族主義鬧劇了。只可惜也附上犧牲一個傑出人物生命的悲劇。

（原文發布於二〇二一年五月十三日）

146／保釣運動讓我認識的真相

保釣運動和我五十多年來的事業和心路歷程密切相關。一九七〇年創辦《七十年代》月刊，因支持保釣運動而聲名鵲起，吸收許多美歐和香港知識界的讀友，也引起中共高層的關注。《七十年代》從讀友群中挖掘了許多寫手，不少後來成為頗有影響的評論人。[1]《七十年代》最早支持海外第一波保釣，我因此被人稱為「老保釣」。

最早的保釣運動，帶動民族主義思潮，一度喚起了海外對國是的關懷和對中共政權的認同。其後雖對中共的幻想破滅，但持續的國是關懷就引動了對專權政治的批評。這種思想探索，既反映在我們的雜誌上，也引領我個人的反思。接下來這五十年，釣魚台的爭端時而發生，保釣運動也在香港和台灣陸續零星出現，而我在各次保釣發生時也沒有在輿論上缺席。保釣可以說是貫串了我幾十年來的心路歷程。

漸漸失去「保土」初衷

最早的保釣有一定的時代背景。那時台灣處於威權政治時期，和美國及西方國家普遍有邦交，關係良好，同大陸就仍處敵對狀態。中共是一黨專政，消息封鎖，外界不知道大陸真相，文革的口號卻迎合了西方反建制、反越戰的左傾思潮。留美歐的台灣學生，從台灣洗腦式的反共宣傳中來到西方，讀到不一樣的關於中國的報導，受到西方左傾思潮影響，因而對中共有幻想。[2]

那時候釣魚台是美國佔領的琉球群島（即沖繩）所屬島嶼，本是無人理會的荒島，但有消息說那裡蘊藏豐富的海底石油資源，於是引起關注。一九七〇年九月美日協議，在一九七二年將琉球群島交還日本，包括附屬島嶼。台灣國民政府基於處身西方陣營，受美國保護，沒有對美日協議作出反應。於是激起以台灣留學生為主體的保釣示威行動。國府的軟弱，與中共在珍寶島上與蘇聯強硬對抗相比，台灣留學生更增加對中共敢於「外抗強權」的好感。

當年的釣運不是全無效果。示威運動使美國政府在一九七一年十月表示，把這些島嶼的行政權歸還日本，不涉及對有關主權的主張，不因此而削弱其他要求者的權利。

釣運目的單純，但其後發展成「統運」（中國統一運動），就使運動變質了。親中共的釣運主流派發生分裂。四人幫倒台，海外「文革」夢破碎，使運動從認同中共轉為重新認識中國。

一九七一年中共取代國府進入聯合國，一九七二年中共與日本建交。人們期待「保土」的目光轉向中共。但在中日建交談判中，中共不但沒有提出釣魚台問題，還放棄了對日本的戰爭索償。毛死後，四人幫倒台，掌大權的鄧小平在釣魚台問題上，為與日本修好，就提出「擱置主權，共同開發」的主張。但其時釣魚台海底石油的蘊藏被專家指為誇大，開發也困難，故「共同開發」根本是空話，「擱置主權」等同承認日本繼續擁有釣魚台的現狀。

這以後，保釣就是保衛一個孤懸海上的無人荒島，沒有實質意義，只有「愛國保土」的象徵意義。台灣在國際上缺少話語權，中共則無視民間訴求，保釣人士只能將矛頭直指日本。一九九六年發生以香港為主力的反日示威，和租船前往釣魚台「宣示主權」的行動，絕大部分香港市民都無感。帶頭者不少是想在九七後爭取中共「愛國」認同的從政人士，已經不是保釣的「保土」初衷矣。

對這種時代背景的轉變，《九十年代》一九九六年十月號作了透徹的報導分析。

中國版圖屬國家機密

二〇〇五年六月一日，中國與俄國互換《中俄國界東段補充協定》，中方承認了清朝與俄國所簽訂的四個不平等條約及一九〇〇年俄國強佔的土地，共一百四十四萬平方公里，面積等於四十個台灣。這個協定中國沒有向人民公布。香港記者程翔因在報紙以筆名透露這個中俄密約，而被北京指控間諜罪，判刑五年。

但在台、港與大陸，保釣仍然有「保土愛國」的象徵意義。二〇一〇至一二年，因釣魚台海域發生的一些小衝突，而引致香港和台灣一再出現保釣行動。我都有發表文章評論。

二〇一二年我在《蘋果日報》社論的開頭，引用一位香港讀者的留言：「我是香港人，我

1 參考篇目73。
2 參考篇目64。

只愛香港，我只關心香港土地。當香港土地被掠奪（為了供應大量湧來的大陸新移民居住），當香港下一代快被洗腦……當我們連香港人這身分都不容存在之際……我想問這些保釣團體，在這個香港關鍵存亡之時，為什麼還幫中國自瀆？打著法西斯政權的旗幟（指中共國旗）代表香港出醜？」

我寫道：「有人會說：保釣行動顯示我們愛國但不愛黨，也顯示我們真愛國反射中共不是真愛國。但實際上，我們的國早已被中共黨騎劫了。對殘民以逞的國家，揮國旗、唱國歌並非表示愛一個民權之國，而只表示愛那個極權。黨綁架了國，愛國綁架了民族主義，民族主義綁架了保釣。」

二〇一八年，一位中國退伍軍人殷敏鴻向外交部詢問：「一九四九年以後，中華人民共和國政府有沒有簽署過放棄中國國土『唐努烏梁海地區』的協議？」覆函是「你申請的訊息涉密，不屬於政府訊息公開範疇」。殷敏鴻到法院控訴外交部，法院駁回，不予立案，並指根據刑法，「非法獲取國家祕密的，處三年以下有期徒刑」。這表示，若中國人知道中國實際版圖，可能會被追究刑責。

訊息傳開，有網民說被嚇得半死，立刻從牆上把中國地圖拿下來燒毀，以防因為洩漏國家機密而獲罪。

我也寫了篇文章指出：「退伍軍人殷敏鴻以為他曾經是負有『保衛國土』責任的軍人，就有權知道國家的版圖。錯了，國家不是你的，你只是被騙去保衛別人土地的奴隸罷了。」

這是我自一九七〇年以來所見「愛國保土」的現實教訓，我相信稍有頭腦的人都很難沒有這種醒悟。

（原文發布於二〇二二年五月十六日）

147／余英時與《九十年代》

中國思想、文化史泰斗余英時先生，於二〇二一年八月一日辭世。歿後大半年來，網上關於余先生的話題不絕，台灣陸續有關於他的出版物，連他平日的閒談都出了「談話錄」，掀起台灣和海外讀書界的一陣「余英時熱」。

新出版顏擇雅編的《余英時評政治現實》，收錄了余先生歷來對時政的評論文章和訪談，包括從未公開發表過的、二〇二〇年書面回答香港某媒體的〈展望香港的前景〉。當時《香港國安法》已經生效。那是余先生去世前約一年，健康狀況相信已不佳。他回信說為答所提問題花了許多時間，「但你們如果覺得不合用，就請棄之字紙桶中，我決不介意，不過請告訴我一聲，我可以留作他用。我是因為香港是我的一個故鄉，才為此全心全力完成此文」。

此文果然沒有用。我讀到這裡，真是心有戚戚焉。從最自由的地方，淪為最不自由的地方之一，真個是只在頃刻之間。

書中最後一篇，是我一九八二年十月對余先生的訪談。此文發表在《七十年代》一九八三年三月號，原題為〈訪余英時談傳統文化與現實政治〉，很可能是余先生以歷史學者的身分，最早提出對時政的批判性意見的談話。談話頗長，錄音整理後給余先生過目及補充。這篇文章一九九〇年收在我的《知識分子與中國》一書中，二〇一九年香港青年作家陳雅明為我編了一本《李怡語粹》，收進三篇訪談錄，包括徐復觀、勞思光和這篇余英時的訪談。

我在前文中，曾說過深受徐、勞兩位教授的影響。但其實應該還加上一位余英時先生。只不過我與余先生接觸不多，較少私人交往而已。

立言者不可不慎

一九八二年訪談的內容很廣闊，他最後總結說「關心中國前途的人不能沒有歷史文化的深度」。我想他這句話若換一個講法，就是具有歷史文化深度的人，不能不關心中國、台灣、香港的前途。也許這是他以後更關注兩岸三地局勢的變化，願意接受關於時政的訪談和邀稿的原因。

德國哲學家黑格爾說：「人類從歷史中學到的唯一教訓，就是人類沒有從歷史中吸取任何教訓。」這句話說明人類社會的悲劇何以會不斷重複出現的原因，也說明歷史教訓對人類社會是何等重要。然而，在專權政治下，歷史著述大都為當權者服務。英國作家歐威爾（George Orwell）的名句是：「誰能掌握過去，就能夠掌握未來；而誰能掌握現在，就能掌握過去。」掌握歷史的話語權，對許多國家掌權者來說至關重要。

因此，一個學貫中西，真正認識歷史真相，又能夠誠實地以古鑑今的學者，他能夠評論時政，對人們思想的導正，是多麼重要。我個人在余先生評論政治現實的訪談和文章中，也受到很大啟發，思想獲益匪淺。

比如在一九八二年訪談中，談到中國的統一問題。當時我已經從政治現實中，認識到在專制政權仍然存在的情況下，中國絕不該尋求統一。但在海峽兩岸都實現了民主、自由、法治、人權的情況下，如徐復觀先生所言，統一就是天經地義的事。但深諳歷史的余先生就認為，天經地義的大一統，無形中也淹沒了很多東西，「很早的統一，書同文，車同軌，人們歌頌秦始皇的功業，把很多地方文化、地方特性都埋沒了」。他認為，今天對統一問題應該採取開放態度加以研究，「不能武斷地、不加思索地認為統一就是天經地義……。如果用政治強力來統一香港、台灣，恐怕不用幾年，現在這些多姿多彩的文化形態和生活方式便都消失了」。

這以後，余先生給《九十年代》寫過好幾篇文章，也接受過我幾次電話和面對面的訪談。一九九〇年六四週年，他給我們寫了文章。《九十年代》台灣版創刊，他也寫了篇短文勉勵。一九九一年二月，我參加夏威夷大學一個有中港台與海外著名學者參與的「二十世紀中國的歷史反思」研討會，與余先生相處了幾天，深感他溫良隨和。他應我邀請，爽快為我們台版的週年題字，上寫：「一言可以興邦　一言亦可以喪邦　故立言者不可不慎也」。

1982年10月訪問余英時教授。

中共的「羨憎交織」

余先生最重要的議論時政的長文，是一九九六年中共因台灣舉行總統直選而向台海發射飛彈，余先生在三至五月共寫了三篇文章，分別在北美《民主中國》網頁和台灣《中國時報》發表。《九十年代》在一九九六年十一月號節錄了余先生其中一文〈海峽危機今昔談〉的若干段落。我也用電話訪問余先生請教他「中國人能否超越民族主義激情」。

余先生文章引用一位當代社會學家提出的「羨憎交織」的觀念，即企羨與憎恨的心理交織在一起又長期受到壓制，不能痛快表達出來。他說，今天不少中國人對美國為首的西方國家，激盪著一股難以遏制的「羨憎交織」情結，而中共就把這種情緒導入「反西方」、「反台灣」的軌道。他認為，中國大陸現在的民族主義，不是抗戰時代或之前的自衛的民族主義，而是進攻的民族主義，與希特勒當年運用的民族主義「先後如出一轍」。

余先生三篇文章發表後，中共官方的《瞭望》週刊指斥余英時「為西方極少數反華仇華勢力充當急先鋒」，「連西方反華勢力的人士也不敢如此放肆」。但純粹是混罵，對余先生提出的論點全無觸及。

余先生在接受我的訪問時說：「因為我批評得對，它才有這樣的反應。如果說不中，它何必反應呢？」

「智者師歷史，愚者師經驗」。我辦雜誌和寫評論數十年，若還算有點智慧的話，那麼部分的智慧，是得自於從歷史中吸取教訓去批判現實政治的余英時先生的。

（原文發布於二〇二一年五月十八日）

148／台灣人像白痴，大陸人妙計百出

前文寫了余英時先生在《九十年代》評論政治現實的往事。我翻閱舊雜誌，又想起了一九九〇年十月在台北圓山飯店跟余先生會晤與談話的情形。那時候，儘管離大陸的六四才一年多，香港和西方世界對中共的態度，仍以抗議和制裁為主流，但台灣和南韓似乎就走另外的路，出現了大陸熱。

據《九十年代》取得的中共內部材料，自一九八七年台灣開放人民赴大陸以來，到一九九〇年初，已經有約一百三十萬人次的台灣人去大陸。而大陸批准赴台的人數是五千人，其中有一百八十名中共黨員。中共內部材料指示各級幹部，要做好接待台胞工作，「政治上不強加於人」，「積極主動順乎自然地宣傳自己，做好工作」。中共雖然沒有說對台放棄武力，但鄧小平會見台灣訪客時就說：「大陸與台灣是一家人，不必打仗了，打仗對雙方都不好。」在統戰笑臉相迎下，台商固然紛紛前往大陸找商機，而民意代表、意見領袖也都以能夠與中共高幹交談為榮。

幻想促進共產質變

那一年，李登輝總統成立「國家統一委員會」，並在成立會上說，世界潮流所趨，使身居鐵幕的人民，「對政治民主、經濟自由與社會開放的嚮往，已由祈求化為行動」，「中共絕沒有力量，長期抵抗此一潮流」，因此，「中國統一的契機已經展現」。

當然，後來發現由利益集團掌控的世界潮流並非如此，國統會也漸行漸遠漸無疾而終了。不過，當時確牽引起台灣一些人對大陸的幻想。國台辦副主任跟《中國時報》總編輯黃肇松說：「《人民日報》若可以在台灣發行台灣版，《中國時報》也不是不可以在大陸發行大陸版。」因這句模稜兩可的話，好些人就談論到大陸去辦報。也有人主張台灣的政黨應到大陸去發展組織，有人則主張台灣應透過農業技術團的合作去影響大陸，「促進共產體制的質變」……。

台灣投入不少金錢和人力支持北京辦亞運會，有中共官員對台灣訪客說：「站在中國人的立場，當然希望亞運會能夠在另一個中國的地方舉行。」於是台灣就有人認為中共已經講好支持台灣舉辦亞運了！

余先生說：「我不相信講這句話的人真有這麼強大的中國意識。共產黨沒有，你接受他這個說法也是騙自己的。海峽兩岸運動員一起聯歡，說什麼為中國人爭光。全是假話。不必聽，也不必看。」

他說，共產黨哪有這麼簡單？你以為你很聰明，「認為共產黨人就個人來說不比你聰明，但真正鬥起來你就知道，以共產黨的組織能力，以他們的厲害與技巧，你是鬥不過他們的」。

我得到余先生的同意，把我們的談話整理，刊在《九十年代》一九九〇年十二月號上。同一期，針對台灣人的「大陸熱」，作家柏楊也寫了篇文章說，「美國人跟台灣人比，美國人像白痴，台灣人妙計百出。但是台灣人跟大陸人比，台灣人就像白痴，大陸人妙計百出」。

他說的白痴和妙計百出，是指政治計算。美國人一切按規則辦事，實話實說，台灣人就較靈活。但跟大陸人比，大陸人用各種飾辭讓你相信他的鬼話。相信這些飾辭並以為可以改變共產黨的台灣人就像白痴。

港人較了解共產黨

余先生當時針對台灣的大陸熱，說香港人比較知道共產黨。他的一些香港商人朋友，有的還是人大、政協，都只是與共產黨口頭合作，事實上資本早就移到外國了。將來如果能混的話，就跟你混一混，不能混就遠走高飛。他的朋友對他說，「第二次傻瓜我是不會再當的了」。

香港人就其大多數來說，確實比台灣人更了解共產黨。因為大部分香港人是從大陸避秦而來的。柏楊在文章中說：「對中國的前途，都是距離越遠，所抱希望越大，也越樂觀；距大陸越近，就越失望、越悲觀。而留住在大陸的中國人，卻完全絕望。」

香港人從一九八〇年香港前途問題浮現以來，拒共、抗共的思潮就一直蔓延。迫於無奈接受九七主權轉移，部分有條件的人就移民外國，或取得外籍身分再回到香港一邊工作一邊觀察形勢。走不了或不想走的，就從《中英聯合聲明》簽署後，極力要在香港本地建立可以制衡行政權力的民主體制。

是有傻瓜在中國每更換一個最高領導人時，就寄託一次新希望。但較多香港人會認同余先生一九九〇年所說：「在共產黨的統治下，中國文化受到極嚴重的挫傷。歷史上即使秦始皇的暴政，也不能把整個社會改變，因為社會結構是動不了的。但共產黨把所有生機、一切社會組織都毀光了，只剩下一個組織，就是黨組織，從中央一直滲透到每一個鄉村，每一個人，都被控制。家族的、宗教的、文化的，一切民間組織都被毀掉，這樣的社會要恢復起來很困難。」

認識到中國的社會現實，香港人大多數不會對中共在九七後一段時間的忍住手不干預有幻想，不會對江澤民說的「井水不犯河水」有幻想。自六四以後，對中國民主化也沒有幻想。對一些民主派主張「促進中國民主而使香港可以有民主」，支持者越來越少。

至於後來香港年輕人奮起抗爭的堅強意志[1]，倒是我那時想不到的。

（原文發布於二〇二二年五月二十日）

1　參考篇目186、189、197、198。

149／告別《九十年代》

香港青年作家陳雅明為我編的《李怡語粹》一書中，有一章「從《七十年代》到《九十年代》」，收錄了我主編這本雜誌二十八年四個月共十一篇自述編輯心路歷程的文章，從「發刊詞」到「休刊詞」，最後一篇是〈我們完成了怎樣的歷史任務〉。

在一九九八年五月號的「休刊詞」中，我說創刊不久交的朋友，許多那時都還是大學生或資淺學者，現在不少人已經是名醫、銀行家、大學教授以至大學校長了，而我二十八年來沒有升職，仍然每月組稿、看稿、寫稿、採訪、整理談話紀錄，做的都是同樣的事。

「莫等閒白了少年頭，空悲切！」少年頭確是白了，有沒有悲切呢？我可以坦然地說：沒有！因為這二十八年多，是非常充實的人生。表面上每個月都做同樣的事，但實際上每個月都有新鮮感。

跟著下來這段話，我至今仍然在胸中迴盪：「我們以生命中最好的一段時光，去經歷過去兩岸三地翻天覆地的變化。翻閱二十八年多的刊物，上面記載著時代的變化，也記載著自己過去的歲月，更記載了我們在時代變化面前的思考。這些變化與思考，已經壓縮成了一小塊，被置於我們的腦子裡，使我們思想清晰，不再迷惑。不僅是讀者、作者、編者共同創造了這本雜誌，而且是這本雜誌也創造了我們。」

如果曾經是我們生命中那麼有價值的雜誌，為什麼要休刊？

生存空間縮小

不是政治因素。儘管我對九七後言論自由的空間不樂觀，但那時主權轉移未滿一年，司法獨立仍然對言論自由有足夠的法律保障。也不是經濟因素。因為我們在財政上雖不寬裕，但仍然站得住。休刊是基於社會現實的因素。

過去在兩岸三地都存在極大變數的時代，《七十》、《九十》都會接到許多來自讀者的尖銳、深刻的文章，編輯部同仁也會廣收資訊寫出深入報導。而在海峽兩岸的言論封閉時代，或在九七問題雖有定論卻仍有議價的期間，這些文章不僅在香港和海外擁有大量讀者，也會「外轉內」對台灣和大陸發生影響。

一九九八年，台灣民主體制已經建立，自由媒體已經到了有點氾濫的程度；香港主權轉移後社會似乎沒有大變化，人民的法律權利仍然維持；大陸的資本主義經濟與專權政治並行的局面，就看不到會有改變。在兩岸三地都處於凝固狀態之下，媒體主流若非教人賺錢就是教人花錢，煽色腥與扒糞文化爭輝。我個人並不反對這些社會文化狀態。坦白說，我自己有時也會看這類圖文。畢竟政商娛也確實有他們竭力要掩蓋的糞坑。不過，這樣的社會氛圍，就使嚴肅政論刊物的生存空間難以擴大，只會縮小。

二十八年來，我們雜誌刊登了許多好文章，產生了不少新寫手，一些具寫作和思想潛能的知識人，在《七十》、《九十》中找到他們發表作品的園地。他們也許未必會想到，從接到來稿到刊登在雜誌上的過程中，背後的編輯人員和營運人員的辛勞。一本嚴肅月刊和一本娛樂週刊不一樣，即使看的人再多，據說商戶也不會認為適合在這樣的雜誌登廣告，每月一次的銷售量也養不起較多的工作人員。因此，我們一向以來都只有幾個員工。

編採人員減少

憑著共同理念，自一九八一年脫離左派陣營後，《九十年代》的員工大致上都相當穩定。主要員工都在本刊工作十年以上。負責營運和財務的是葉翠雲；執行編輯是方蘇，他兼管香港新聞的審稿與評述；負責大陸新聞的是常壽林；負責台灣新聞、後來派駐台灣既管經營又兼編務的是邱近思。他們都非常辛勞。尤其是方蘇和邱近思，都一直單身，而且也白了少年頭。而我則統籌香港、台灣兩個版本的規畫，每期寫作一些重點文章，聯絡外界，接受訪問。我很忙，但享有雜誌帶來的名聲與光環。而他們，只是默默奉獻，非常辛苦地奉獻。我對此不會無感，只是不知道怎麼說出來。

一九九七年，常壽林不幸病逝。十一月，方蘇向我提出，他想工作到一九九八年七月。他說他早年追隨趙少昂學畫，為了參與《九十年代》工作，他放下畫筆十多年。常壽林去世，使他感到人生無常，年歲漸大，再不回到畫室就沒有機會了。他的想法我很能夠理解，也感謝他十多年的奉獻。

1998年5月《九十年代》休刊，出版紀念號。

常壽林去世，方蘇請辭，我也想到自己的年紀。那一年我已六十二歲，以這樣的年齡擔任總編輯已感吃力，若再兼執行編輯，恐怕就力不從心了。再請人吧？財政上還可以，但在那時候的社會氣氛下，願意為理念而奉獻的人已很難找到，常壽林歿後補缺都不易，負重責的執行編輯就更難了，何況聘後還要加以訓練融合。

另一位在台灣任台版總管和編輯的邱近思，兼顧所有在台的事務，工作繁重到使當時在台灣的學者翟志成說她過著「半個月像人，半個月像鬼」的生活。她還年輕，仍然願意堅持下去。但香港版若結束，台版沒有了香港雜誌的特色就失去定位。我覺得也該讓她告別「半人」生活了。

於是，我在董事會提出休刊的建議，獲得通過。

一九九八年四月號我發表將於五月號後結束的告讀者書。在香港、台灣和海外的回應之洶湧，讓我有點吃驚。

（原文發布於二〇二二年五月二十二日）

150／掌聲中落幕　幸或不幸？

《九十年代》一九九八年四月宣告將在五月號之後休刊，無論在香港、台灣和外國，都激起竟月熱烈的迴響。香港電子媒體追蹤，報刊社論、專欄評論、名人發表感想之多，超乎我的想像。連時尚雜誌 *Esquire* 也出了關於《九十》休刊的專輯。《九十》也收到了歷年來許多作者的回憶文章，和雪片般的讀者來信。

香港電台的《鏗鏘集》以幾乎整個月追蹤的方式，跟拍我和方蘇在那個月的活動，拍成題為「從那條路走過來了」的紀錄片。《壹週刊》的文字記者和攝影記者，不僅在香港採訪，還追隨我去台灣，為了寫一篇關於《九十》休刊的報導。這位文字記者是屈穎妍。她是我香島中學的小師妹，那時她還沒有走上另一條路。

社會對休刊的迴響，有點像追悼會人們的講話：都是溢美之詞，沒有批評亡者的聲音。實際上我主編這雜誌二十八年多，怎會沒有錯誤或不足之處呢？

在台日引起迴盪

我們的作者、旅日的劉黎兒（筆名黎婉）在文章中說，日本報紙和許多長年讀這本雜誌的日本朋友問：「沒有《九十年代》，香港怎麼辦？」劉黎兒這位日本通說，這句話所表達的意思，就是日本人常說的「貴重的存在」，「這種存在彷彿是空氣，一旦沒有了，人們才意識到它的重要性」。她說：「關心香港的日本人長年把《九十年代》視為香港的象徵，新聞界經常引用《九十》的報導，最具權威的學術機構和媒體邀請李怡來日本參加研討會，或到香港採訪李怡。這在一、二十年前就開始了。」

我在日本被翻譯出版的書，記憶中至少有七本。也常為日本刊物寫稿。在日本邀請的多次訪談中，有一次NHK以頭等機位安排我去座談。那是我生平第一次坐頭等艙。

另一位作者陸將姬，講到《九十年代》的國際影響。他說以哈佛大學為首的多間著名大學，與台灣教育部聯合創辦了「美國各大學中國語文聯合研習所」，學生不少後來都成為美國官員。一九九七年該所出版了一本《從精讀到泛讀》供學生閱讀，共收錄五十二篇兩岸三地書刊的範文，其中有十五篇來自《九十年代》，是收錄最多範文的媒體。

台灣的報刊也有很多報導評論《九十年代》休刊。著名評論家司馬文武撰文說，這本雜誌是華人社會的言論重鎮，從左派轉變為一份善盡知識分子言責、評論中國時政的刊物；它「關心台灣黨外運動，當時仍在戒嚴高壓之下的台灣，必須從這本香港雜誌中才能了解台灣發生什麼事」。

路永遠沒有白走

休刊號刊登了四月十日我們在台灣舉行的「兩岸關係新框架」研討會。與會者包括主席沈君山、時任政大教授的馬英九、民進黨前副祕書長陳忠信、民進黨立委林濁水和台大教授周陽山。當時這些重量級意見領袖，都談到他們和《九十年代》的淵源。陳忠信說他在美麗島事件受審時，其中一個重要罪狀就是看《七十年代》；周陽山說他高中開始就看《七十年代》，幾乎每一期他都翻閱過；馬英九說他在美國念書時是看《七十年代》長大的，儘管他們曾經辦過批判《七十年代》的學生刊物，但也因為它的刺激，使他思考很多問題，發揮很大的啟示作用；沈君山則在開場白和結束語中，說了一些感性的話，他說：「辦雜誌是艱苦行業，辦有原則的雜誌是更艱苦的行業，辦有原則而以探討中國或兩岸問題為主旨的雜誌，就更更艱苦了。李怡先生堅持了二十八年，天下沒有不散的筵席，但它的貢獻，歷史自有公論，路永遠沒有白走的。《九十》有它歷史性的角色，我想在座各位朋友，無論政治立場，都會同意這點。」

時任高雄市長的吳敦義來函，對《九十》停刊「不勝扼腕」，稱《九十年代》「善盡言責，評論時政均本知識分子之道德勇氣，向為香港言論獨立、崇尚自由的重要標杆」。

香港《明報》發表社評說：「《九十年代》是一份立足香港、放眼中國的政論雜誌。許多關心中國和香港政治發展的人，不管是否認同該刊的觀點，都曾經是它的讀者。」政界的司徒華、張文光也都在報章寫了文章。

最特別的是中聯辦前身新華社的前台灣事務部部長黃文放，不用說他既是中共黨員更是負責台灣事務的幹部，他寫了一篇〈李怡和共產黨的三十年恩怨〉。文章說：「不管人們是接受它、認同它還是反對它，都只能實事求是地承認，李怡和他主持的《九十年代》，在相當程度上影響著海外一整代知識分子的政治思維。關心政治、關注中國發展的海外知識分子，從大學校長到一般留學生，很少人是全然沒有看過這本雜誌的。」

他提到七十年代保釣期間，多批台灣留美學生去北京，黃文放曾陪同其中一批與周恩來談話，周「多次提到《七十年代》和李怡，都是肯定的話」。後來的分裂，他認為是我和海外知識分子不了解共產黨，而黨對海外知識分子的思想變化也不了解，缺乏寬鬆、寬容政策，所造成的結果。他深以這種決裂為憾。

另外，當時負責新聞界和統戰文化界的中共黨員羅孚，也寫了一篇文章，說中共香港工委曾經派他做「說客」，勸我不要轉向。他說「奉命去了，但無結果覆命」。他說：「初時尚覺惋惜，最終則承認《七十年代》的自立而獨立是一條『出於幽谷，還於喬木』的正道，而不是邪路。若繼續在矮簷下，會成為引入注目的《九十年代》嗎？」

這裡錄下這些悼詞般的評價，只想說明：在特殊的環境條件下，一份只是正常社會下盡責的刊物，也會獲得如此廣泛的掌聲。是我們的幸運，還是社會的不幸？

（原文發布於二〇二二年五月二十五日）

151／我的作者朋友們：張北海點滴

《九十年代》休刊號，刊登了許多作者文章，回顧與《七十》、《九十》的淵源。有些是我們長期的專欄作者，也有在中港台問題最熾熱時代來稿較多的作者，好多年沒有聯絡了，休刊又勾引起他們的回憶。

當時看到這些來稿，我心裡也頗感不捨。

一些作者在當年為我們雜誌寫稿時，已經頗為有名。但更多作者，卻是有才華卓識，但只在《七十年代》面世後，才找到發揮寫作的平台。也有雖然已經在某些中文報刊上發表過文章，但在《七十》、《九十》才放出異彩。後二者，又跟保釣運動頗有關係。

一九七一年十月底，聯合國大會通過《恢復中華人民共和國在聯合國之合法權利案》，台灣的中華民國政府退出聯合國。那時，中國大陸仍然處於文革時期，幾乎所有知識人還沒有從監獄、牛棚或幹校中「解放」出來。恢復聯合國席位後需要相當數量的翻譯人才，包括口譯與筆譯。中共去哪裡找這些人呢？正好那時保釣運動興起不到一年，於是中共就廣邀保釣人士去聯合國工作。其中許多人同《七十年代》有聯繫。

聯合國的工作，屬高薪優差，對於大部分留學美加、有碩士博士學位的人才來說，工作量相當低。於是他們大部分時間就是看書和寫作，而《七十年代》就是他們發表的地方。我們好些專欄作者，因而成名、出書，並一直給我們供稿直到休刊。

雜文具特殊風度

其中原名張文藝的張北海，一九七一年在洛杉磯參加保釣時，寫了一個劇本，投稿《七十年代》，而我們給他出了單行本。他說這是他的第一本書。一九七四年他開始給我們寫文章。頭幾年寫來的都是極有意思的長文，我印象最深的是刊於一九七九年一月號的〈從理想到夢魘〉，報導美國一個牧師，創設人民教，從追求平等吸引大批信眾，而導致「有些動物比其他動物更平等」的極權獨裁，信眾像中了邪似的。一九七八年十一月九百多名信眾在集體服毒中喪生。

經歷過中國文革的人，對美國這個新邪教造成的悲劇，不能不感到有類似的體驗。

一九七九年五月號，張北海又給我們翻譯了四萬多字的長文，美國著名劇作家米勒（Arthur Miller）的〈在中國〉。文章貫串見聞與思想，生動好看。跟張北海同處一室工作的楊誠說，米勒知道老張把他這篇文章翻成中文發表後很高興，邀請老張到他在康州的田莊度週末。

二〇〇五年米勒去世，楊誠問老張，有沒有跟米勒談到他的前妻瑪麗蓮夢露，老張說：「當然沒有。我怎麼敢問？」不過老張提到，《紐約時報》出訃聞，他印象最深刻的一段是米勒當國際筆會主席的時候，奈及利亞作家索因卡（Soyinka）被關在牢裡，馬上就要被處決了。米勒去電營救，奈及利亞獨裁軍頭戈萬見到米勒的名字，就問，這個米勒是不是那個討了瑪麗蓮夢露當老婆的作家？證實之後，戈萬就下令把索因卡釋放了。米勒對這個「夫以妻貴」的事情津津樂道。他還表示，瑪麗蓮夢露若是地下有知，對這件事也會樂不可支。索因卡在一九八六年得了諾貝爾文學獎。

張北海在一九八一年《七十年代》集資時，當了我們的股東，一九八三年開始了每月定期寫「美國郵簡」專欄。他是我們作者中，最貼近和融入美國文化的人。中國作家阿城認為張北海的文章是一種特殊風度的雜文，說「文章一到了風度，就學不了啦」。

一九七九年我第一次去美國，就住在張北海家裡。他不像其他同事，住紐約郊區的獨立屋，他住紐約市區靠近聯合國的一間由工廠改裝的樓房。那時候，中國文革結束，大陸真相浮現，在聯合國工作的前保釣人士也分成兩派。一派仍然傾心擁護中國，另一派就傾向批判中國。老張比較不那麼「政治」，人隨和，跟兩派都能聊。於是幫我分別約兩派茶聚。

老保釣相互影響

批判派在我面前不客氣地批評《七十年代》早幾年刊登一些旅外學者訪華後的媚共文章。郭松棻說：「我好久都不看《七十年代》。」[1] 我對於曾經誤導這些知識人，甚表慚愧。我覺得他們都是我的諍友。在從認同到重新認識中國的過程中，我和這些曾經的老保釣相互影響，一起提高了對中國的認識。

後來，《七十年代》開闢了一個每期由三人執筆的「自由神下」議政專欄。寫手都是這些在聯合國工作的朋友，金延湘（劉大任）、殷惠敏（楊誠）、彭文逸（水秉和），後來更換了余剛

（虞光），再後加入不是在聯合國工作但一九九四年移居紐約的嚴家祺。

「自由神下」專欄從一九八二年開始，一直維持到休刊號。對讀者和編者，都有很多啟發。他們有時也會或私下或公開向我提意見。楊誠就用其他筆名來信對編輯提出批評。我也照登。

張文藝與我同年，我們成了好朋友。他的姪女張艾嘉小時候住過他家，他來香港就住在張艾嘉家中。因此，張艾嘉也叫我叔叔。一九九〇年她未婚懷孕，躲避記者，正好張文藝來，我們一起吃飯。我跟她說，我也是記者，你不怕嗎？她笑著搖頭。

（原文發布於二〇二二年五月二十七日）

1 參考篇目75。

我的作者朋友們：余剛、阿城和「炊煙」

作家阿城在《九十》休刊號上，除了說張北海文章有特殊風度之外，還推崇「自由神下」余剛的文章，說是「很天真地繞，結果繞出一個想不到的結論，是另一種風度」。

余剛原名虞光，物理學博士，後來也到聯合國當翻譯。他在一九八〇年給我們寫過一篇長文〈言論自由的原則與實踐〉，通過美國近百年法院的判例，解釋美國言論自由的形成、受到的打壓、對社會的影響，繞來繞去，繞出了言論自由的重要原則。這篇文章我讀過多次，是我其後數十年寫文章的重要參考資料，而且也形成我畢生堅持言論自由的依據。

他在「自由神下」專欄寫了十多年，隨手翻出一篇他寫的〈不遵守規則的文明〉，講到美國、日本、台灣、大陸對交通規則遵守程度的迴異，最守規則的是日本，而中國大陸的任何城市則是無秩序之最。大陸人到了香港、外國，也不守秩序。文章最後，他從一位大陸出來的朋友口中得到答案。那朋友說，他的一生就是在克服各種規則中度過的：文革下放農村，就要想盡辦法克服各種下放的規則：回到城市，又想盡辦法克服種種限制出國的規定：到美國來，又費盡心思克服種種規定的障礙，取得合法居留身分。對於中國人來說，規則不是需要遵守的東西，而是需要設法克服的東西。

規則若訂得公平合理，執行規則一視同仁，那就是用來遵守的。規則訂得不合理，或社會有許多人有特權去不守規則，那麼一般老百姓也就視規則為需要克服的。這結論，實際上就是我們香港人覺得與大陸人不是同一種人的原因。

阿城文字充滿魅力

阿城自己也在《九十》寫過十多年專欄「筆記小說」，每篇一千五百字，很受歡迎。

阿城姓鍾，文革後是年輕人新畫派星星畫會成員，在一九八五年五月，突然在《上海文學》發表了中篇小說〈棋王〉，一炮而紅。《九十年代》在那年九月號轉登，引動海外關注，許多文化界朋友驚為天人。台灣著名小說家施叔青當時對我說，小說寫成這樣，我們都可以擱筆了。

一九八六年他到香港大學當訪問作家，導演徐克想把〈棋王〉搬上銀幕，我就約了阿城、施叔青、張郎郎、劉成漢一起東拉西扯了一個下午。後來徐克的電影沒有拍成，阿城又去了美國，跟張北海交上朋友。八八年張北海有兩期因事沒能寫，就找阿城代寫「美國郵簡」。阿城交出第一篇題為〈父親〉，從他父親病重，他要趕回北京開始，談到父親一生的一些事情，我看稿時深感那文字的魅力，看完一遍之後立刻又再看一遍。我真是覺得可以列入中文教科書的範文。

文中印象最深刻的是說他父親於一九五七年被打成右派，經二十二年賤民生活後，一九七九年母親打電話給他，說父親的右派平反了，叫他回家吃頓飯慶賀。那年阿城三十歲，回家後父親問他怎麼看平反這件事。阿城知道這件事對母親非常重要，但他對父親說：「如果我今天欣喜若狂，那麼這三十年就白過了。作為一個人，你已經肯定了自己，無須別人再來判斷。要是判斷的權力在別人手裡，今天肯定你，明天還可以否定你。所以我認為平反只是在技術上產生便利。」

這段話，後來也成為我人生的啟示。二〇一三年我出了一本《香港思潮》，在新書發布會上，我提到不久前有些對我過去經歷的批評和討論，有些批評是意見不同，那沒有關係，討論嘛；有些是偏離事實了，不過我也不準備糾正或辯解。我不在意別人怎麼看我，怎麼說我，最重要的是我自己怎麼看自己。事後想來，我這種說法的來源正是阿城那篇文章的啟示。

平淡雋永結局震撼

八十年代末，我邀阿城每期為我們寫一個短篇小說。他寫得平淡雋永，但讀到最後常會感震撼。比如有篇題目是〈炊煙〉，寫老張中年得女，他對老婆和女兒疼愛得不得了。有一天，老張的老婆抱著女兒，女兒把小手伸進老張嘴裡，老張一下子就給老婆一巴掌，女兒大哭，老婆大罵。老張呆住了。他進了醫院，兩天一夜，才說出話來。

老張回顧一九六〇年大飢荒時代他餓得慌，餓到「肝裡的糖耗完。後來就出汗，後來汗也不出了。躺著，胃裡胃酸水兒，殺得牙軟。……後來，從肚子開始發熱，腳心、脖子、指頭尖兒，越來越燙」。這種飢餓的體驗，我相信沒有經歷過的人是寫不出來的。不過，老張說，「我沒死，……我醒的時候，見到遠處有煙……就別說怎麼才爬到了吧。到了。是個人家。我趴在門口說，救個命吧，給口吃的吧，沒人應。我進去了。灶前頭靠著個人，瘦得牙呲著，眼睛亮的嚇人。我說給口吃的吧，那人半天才搖搖頭。我說，你就是我爺爺、祖宗，給口吃的吧。那人還是搖頭。我說，那你灶上燒的是什麼？那人眼淚就流下來，說，我操你個姥姥的耳朵……。我不管了，伸手就把鍋蓋揭了。水氣散了，我看見了，鍋裡煮著個小孩兒的手。」

小說結束。我看完稿，呆了好半天。故事留下懸疑：老張那時有沒有吃那小孩的手？記憶為什麼給他留下那麼大的心理創傷？我眼淚流下來了。

阿城不是每篇都那麼陰暗。但每篇都這麼不經意地寫出震撼人心的故事。我跟他維持了好久的友誼，直到前幾年我去北京還找他聊天。

（原文發布於二〇二二年五月三十日）

153／我的作者朋友們：幾支健筆

要寫《七十》、《九十》的作者們，再寫多少篇也是寫不完的。只能選擇幾個有多年交往的朋友談談。

絕大多數作者都只是文字之交。比如曾經是台灣《自由中國》在美國的主要寫手朱養民，從一九七二年開始就為我們寫了多篇談自由民主的鴻文，直至休刊號他已年逾八十，還寫來紀念文章。我們只在一九七九年我訪美時見過一面。

寫長篇政論、具可讀性文章，卻沒有見過面的作者就數之不盡。值得一提的是為美麗島事件及審判寫出總結性長文的秦玄，他是旅加教授、徐復觀的門生蕭欣義。後來他用本名寫了好多篇關於一國兩制和台灣時局的有分量文章。

另外，長篇政論寫得較多，我們又交上朋友，在一九八一年《七十年代》重組時還當上小股東的，是翁松燃教授。他是一九七九年我們舉辦中國統一問題座談會時認識的。他說的「統一有什麼好，不統一有什麼不好」這句話，破除了我當年認為「統一是天經地義」的迷思。[1]接下來他給我們寫過好多篇有分量、具可讀性、擲地有聲的文章。我也邀請他參加多次關於一國兩制、兩岸關係問題的座談會。他和邱近思、方蘇都熟識。二〇〇八年除夕我妻子病逝，〇九年舊曆年我到翁松燃當時任教的台灣暨南大學，兩個老人一起過節。

在休刊號上，翁教授說他在我們雜誌上寫的文章，「讀者頗多，流傳廣遠，效果奇佳，影響之大，遠非我在世界性英文學術季刊上登載的論文所能並比」。許多知名記者、外交官、港台官員，乃至能看到這刊物的大陸人士，都有迴響，有時是數年後還有反應。

《北京故事》

上世紀七十年代初，就成為我們的作者，而且幾十年保持友誼關係，直到最近仍然有見面的，有王正方與楊誠。

王正方是一九七一年作為最早的保釣五人團去中國訪問的其中一人，我那時在香港與他們相識。大約一年多後，王正方給我們雜誌寫了幾篇小說，語言生動，構思巧妙。一九七九年我初去美國，在三藩市就住在他家。那時他在某大學教電腦工程。但他醉心文藝，尤其是戲劇、電影。我們聊天也主要談文學。

那時有一位在加州學電影專業的保釣人士戈武，來香港參與電影行業，不幸在一次手術中去世。導演方育平想拍一部關於戈武的電影，問我有什麼人可以寫這樣的劇本，我於是推薦他去美國找王正方。因為王熟悉戈武，又能寫小說，演過話劇。但我沒有想到，王正方竟把大學的教席

1 參考篇目75。

辭掉，不僅寫劇本，還當上主角。這就是後來拍成的電影《半邊人》。

這以後，王正方就一頭栽進電影行業，多次來往北京，拍出了自編自導自演的電影《北京故事》。與此同時，他又寫了不少小說和雜文。小說用的筆名是方方，雜文用的筆名是「唐荒」。那些年，他常在香港，我們混得很熟。他談吐幽默風趣，跟他聊天是賞心樂事。

一九八七年《北京故事》上映後，我邀他訪談並記錄成文發表。他比較了台灣、香港、中國大陸的社會。他認為香港在流行文化上成就很大。台灣有越來越開放的趨勢。至於他去了十多次並在那裡拍了故事片的中國大陸呢？他提出一個理論：如果政治上的自由，以及經濟上的發展，能夠以數字來表示的話，這兩者加起來的總和是維持不變的。也就是說，當經濟比較好的時候，就會縮小民主自由的程度，但當經濟快要崩潰了，政治上就會允許你多講點話。他不認同當時許多西方人所持論調：在中國，經濟發展可以帶動政治的民主發展。

〈李瓶兒的夢〉

楊誠筆名殷惠敏，是「自由神下」的專欄作家之一。在「自由神下」之前，他就以漁父的筆名給《七十》寫過不少文章。他是台灣東海大學中文系徐復觀的得意門生，美國柏克萊加州大學亞洲研究博士，寫過學術性專著《現代化與中國共產主義》。不過，在《七十》、《九十》寫的卻是通俗流暢、語言生動，有時甚至是古靈精怪的文章，極具可讀性。

一九九〇年七月號，殷惠敏寫了一篇〈小小的死亡〉，從性高潮談到這種感覺對生理的影響，是生命的提升，可以延年益壽。那時，我們的台灣版剛創刊不久，居然收到台灣新聞局的一封警告信。可見解嚴未久的台灣社會，還拘泥於過時的仁義道德。

楊誠有一篇以花子虛的筆名寫的〈李瓶兒的夢〉。前面講台灣一些人一廂情願地說要跟中國建立「大中華經濟共同體」，建「二元合作聯邦制」、「邦聯」等等。作者說中共在未得勢之前，也曾說要結合中國本土、蒙古、西藏、新疆，建立一個中華聯邦共和國，毛澤東甚至在《西行漫記》[2]對斯諾表示支持台灣獨立。但奪得全國政權後，就是另一回事了。

於是就講到小說《金瓶梅》的一個片段了。李瓶兒原是花家貴夫人，同隔鄰的西門慶暗通款曲，西門慶少不得甜言蜜語，來討她歡心。李瓶兒的夢就這麼編織起來了。等到西門慶奪得花家的財和人之後，過了門的瓶兒還想擺個身段，沒想到西門慶一下子變了臉，拿起皮鞭就抽，抽完又幹個死去活來。「套句台灣的文藝腔：李瓶兒的夢破碎了！」

〈李瓶兒的夢〉寫得調皮、有趣。聯想到中共這一百年來的歷史，西門慶的甜言蜜語，還真是讓數不盡的張瓶兒、陳瓶兒永遠不會吸取前人教訓，永遠在編織夢境呢。香港也有這樣的人。

楊誠從香港前途問題剛浮現，就寫了一篇〈最後一個租界〉，從歷史上的香港角色，關切香港的命運。這些年，他寫了許多這類文章。是遠在紐約、對香港的主權轉移跟我有共同觀念的健筆。

（原文發布於二〇二二年六月一日）

2 參考篇目30、67、68。

154／我的作者朋友們：錯愛香港

在《九十》的休刊號上，有兩位學者談到我的編輯工作。一位是後來參加兩次「五學者談一國兩制」[1]的劉述先教授。他說一九七四年在中文大學跟我一起參加一個座談會，那時我是左派刊物的編輯，他在會上語帶嘲諷地說，將來大陸真的收回香港，現在那些左派分子就失去代言人身分而被棄置一旁。他說，餐敘時我坐在他身邊，「卻絲毫不以為忤，還約我寫文章」。

後來，劉述先就常向我們供稿，參加座談。我們也成為朋友。

另一位學者，就是在前文中講到過的翟志成。[2]他在休刊號上說：「我一生中最得意的幾篇文章，幾乎全部登在《九十年代》上。」他說生平最恨別人改動他的文章，但我有一次刪改了他的文章，後接我來信，說是對別人並不如此，「唯因與我相知，故『倚熟賣熟』」，他「細讀刪文，又確實比原文更好」。

引這兩段「稱讚」，並非自吹自擂，而是想說明我編輯這雜誌，如果還算成功的話，我的「成功之道」何在。

我只是中學畢業，可以說沒有學歷。靠讀雜書而得到的知識，既無系統，也非專精。能夠編輯這本被認為知識人愛讀的雜誌，靠的就是園地開放，讓讀者也以作者的身分參與。我辦的不是兒童刊物，不是要向讀者宣傳教育。我辦的是讀者也要成為作者的刊物。因此，遇到批評、嘲諷，不管是否事實，我是否同意，我都不會生氣、反駁，反而會把這些批評意見刊登出來，讓讀者去判斷和討論。

一份報刊的成敗，取決於總編輯的氣度。而我的氣度，就是源自於我對自己的知少識淺有自知之明。

我尊重來稿。不記得翟志成說我刪改他的文章是哪一篇了。因為若來稿過長，有時或會刪節，但「改動」應該絕無僅有。即使刪節，也會在刊出前徵求作者同意。刪改翟志成那次來稿，大概因為太趕，而且真是覺得改後對我這位朋友會比較好。

開放言論凝聚讀者

至於一九七六年四人幫倒台後我成為雜誌的主要政論者之一，那是因為其時所有的中外左派都被中國局勢的突變鎮住了，一時不知反應，於是我就與麗儀合作，打鴨子上架，寫評論分析。並越寫越有知名度。

縱觀《七十》、《九十》的歷史，前半是以開放言論，依靠海外知識人對兩岸局勢的關切和討論；後半就以香港問題為主，並依靠一些專欄去凝聚讀者們的持續閱讀。

1 參考篇目111。
2 參考篇目99。

除了「自由神下」和張北海、阿城的專欄之外，我們也邀了一些已經頗有文名的作家寫專欄，像南方朔、司馬文武、劉黎兒、龍應台、黃春明、平路、登琨艷、羅孚，都寫過一段相當長的時間。

其中，值得一提的，是最早在《九十》寫專欄而後成為知名作家的查建英和新井一二三。

查建英是北京人，我在一九九一年訪美時認識她，她說她現在仍然是在北京和美國兩邊跑。我覺得她談吐不凡，就約她為《九十》寫一個「北京素描」的專欄。她用「扎西多」的筆名，寫與北京有關的社會和文化現象，也講到香港。在一九九三年一篇文章中，她介紹了北京流行音樂〈我的一九九七〉，一個年輕女歌手作詞作曲：「什麼時候有了香港？／香港香港怎麼那麼香？／一九九七快點到吧／我也想看看那午夜場……」與香港人對九七的恐懼，完全不一樣。

新井一二三是日本人。一九八四年我去日本時，她的中文老師陳立人帶她到我的住處見面。那時她的中文還很生硬。不久，她考上公費生去了中國。在那裡兩年，居然寫來文筆流暢、想法獨特的中文文章。我們都刊登了。

兩年後她回日本，進入《朝日新聞》當記者。不到一年，就結婚移居加拿大。幾年後的一九九一年，她來信說離了婚，現在又想用中文寫稿了。斷斷續續寫了幾個月，我發現她的觀察獨特，個人風格顯著，於是邀請她為《九十》寫專欄。

特立獨行觀點銳利

新井特立獨行，常做一些別人不敢做的事，寫別人不敢碰的話題。她在中國，批評中國。在日本工作，批評日本職場。在加拿大，罵加拿大做事慢而人也無趣。但一九九三年底她來香港旅行一個星期之後，就決定來香港居住和找工作，還寫了篇文章，用廣東話作題目〈喺（在）香港再見〉。文章說，香港工作機會很多，《南華早報》的招聘廣告多達九十八頁。又引日本報紙報導，有上千日本女青年近年到香港工作，主要是日本「男尊女卑」觀念太強。去香港甚至是世界潮流，加拿大她身邊就有六、七個人去香港。

那時離九七不到三年，香港的未來確實是未知數。但世界不景氣，對很多國家的人民來說也是未知數。所以，她就隨著這股香港潮來了。並且，很快找到工作。

她的專欄仍受歡迎。但越接近九七，香港越感受到北京對未來的控制，政界和輿論界也紛紛自動向中國靠攏。然後，愛國潮來了，保釣潮來了，反日潮來了，民族主義潮來了。新井在一九九六年的專欄寫下一篇〈錯愛香港〉，結尾寫道：「基於原則的抗議聲音是一個社會的免疫系統，它的衰弱預兆著將要來臨的死亡。」

從當時的趨勢看，她是對的。香港的抗議聲音在主權轉移後才慢慢起來，到二〇一九年使全球都震驚。但已經晚了。免疫系統無論是自己消失，還是被強壓下去，都意味著死亡。

一九九六年八月後她就沒有給《九十》寫專欄。她在《蘋果日報》副刊的專欄有一天收到一封信，裡面放著糞便。因為她是日本人？因為香港泛起了民族主義嬰兒病？因為她批評了民族主義？不管什麼原因，她的《蘋果》專欄也停了。

知道「糞便」這樁齷齪事，我應該打個電話給她，表達關心和支持吧！雖然她那時已不是我們作者。我有想，卻拖延著沒有做。作為最早把她引進中文寫作、使她錯愛香港的人，我至今都感到抱歉。

她後來在台灣出版了許多書。成為以中文寫作的一位成功的日本作家。

（原文發布於二〇二一年六月三日）

155／九七初期中共忍住干預的手

在香港主權轉移後十天，我去黃永玉家閒聊。他說：「回歸後的香港，看來情形還好，不會有改變的樣子。李怡在香港，那麼我們對香港還有信心。不在香港，那就……。」

我說：「不能以我做標準。香港人的標準是看李柱銘與司徒華。七一後我訪問李柱銘，他說『比以前有信心』。」至於司徒華，他曾在七一前的四月表示，短期內不會離開香港，因擔心回港時不讓他入境。然而，七一後捷克宣布頒一個人權獎給司徒華，他決定去領獎。他表示，主權移交兩星期，未見有大轉變，原因可能是國際傳媒仍在觀察著這地方。

有親中共背景的香港《經濟日報》在七月十八日以「李怡不走了！」為大標題，刊登了對我的全版訪問，以我作為標準，顯示香港人對主權轉移後的信心。我想那是因為我最早提出，如果香港成為中國主權的一部分之後，市民不能夠像以前那樣每個人由自己去決定做什麼和怎麼做的話，我就寧可繼續做一個人而不做中國人了。[1]

事實上，我的確是自中英談判香港前途這十多年來，在媒體上反對把數百萬自由的香港人交到一個極權國家手中的始終如一的論者。我主編的雜誌如此，我在各媒體上的談話如此，一九九六年還在台灣出版了《香港1997》一書[2]，認為香港過去成功的因素，在主權轉移後幾乎一定會逐漸失去，把香港的未來寫得相當悲觀。因此，被媒體或有些人將我的動向視為標準，也是可以理解的。

我在《香港1997》一書及之前十多年對香港九七後的悲觀估計，根據的是對中共的本質及其過去歷史的了解。這種對極權政治的了解，同西方一些媒體的看法相近。美國《財富》（*Fortune*）雜誌以「香港已死」，來預言九七後的情況。但這種估計並不意味著會即時發生。在全球關注香港變或不變的情況下，中共確實在主權轉移之初，忍住干預的手，盡量讓香港保持原貌。

香港仍然可以享有法律保障下的自由，媒體仍然可以報導和批評大陸社會和中共政權，法輪功仍然可以在鬧市掛「天滅中共」的橫額。儘管中共負責香港事務的高官警告香港新聞界不應「攻擊」中國領導人，不得鼓吹「兩個中國」、「一中一台」、「台灣獨立」，但亦有不少討論質疑如何界定是「批評」還是「攻擊」？是「主張」還是「鼓吹」？把媒體告上法庭，難有勝算。的確許多媒體已作自我審查，但批評報導中國陰暗面的媒體仍然存在。台灣駐港機構及親台團體一如既往慶祝雙十。中共亦知道在司法獨立之下，也不可能將親台團體告上法院。

基本上秉承英國制

主權轉移之初，香港特區政府的所有行政，都基本上掌握在港英時代的原有高級公務員手上，並秉承英國文官制度實行一切依法管理。公務員之首是政務司司長陳方安生，財政司司長是曾蔭權，他二人都是彭定康時代的舊人。三司中唯一的律政司司長，董建華就任命了親中共的梁愛詩。但終審庭大法官及其他法官，都是受到社會高度信任的法律守護神。司法獨立是社會穩定的基石。公務員中立、非政治化的依法管治，是不會使市民不知所趨的根本。

彭定康在一九九六年最後一份施政報告[3]中，提出未來國際社會用來衡量香港的一些明確基準，第一條就是：香港是否仍然擁有一支精明能幹且能秉承一貫專業精神的公務員隊伍？身居要職的人員是否深得同事及廣大市民的信任？

港英時代的香港被認為行政效率一流，是因為公務員制度的完善。根據我的了解，它的特色是：一、入職、考核、晉升，均有完善制度，鐵飯碗，也有退休保障；二、決策過程完善，通常要作詳細的社會調查研究，重要的規畫要聘外國獨立顧問公司提供意見，經綠皮書、白皮書的公眾諮詢，才作決策，斷不會由某領導者拍拍腦袋就作出決定；三、公務員所有行事、談話，都有法例或指引作依據，也尊重司法判決，絕不會出現高官隨便發表意見，或指責民間什麼言論錯誤，或不接受法院判決的事；四、只重行政，不涉政治，保持政治中立，依法辦事，絕不會違背

1 參考篇目114。
2 參考篇目110-111。
3 參考篇目142。

法律去為首長護短；五、公文旅行較短，規則簡單，方便市民，辦事效率快捷、準確；六、批出工程或合約，完全從效率與效益出發，沒有意識形態束縛；七、有高薪、清廉，為市民辦事、服務的傳統。

香港主權轉移大半年，經歷亞洲金融風暴，也出現過意圖用政治來影響司法的事。對其後經濟發生甚大影響並引起批評的，是特首董建華在就任第一篇演說，提出每年供應八萬五千個房屋單位的「計畫經濟」宏圖。對這件事，我另文詳述。[4]

但大致而言，中共沒有明顯地對香港干預，司法獨立保持，公務員的行政管理按舊例行事。這三個重要標誌，使香港基本保持不變。我相信日後會變，但不會很快到來。

台灣的自由民主已經不需要香港的角色、中國的經濟狂熱而政治冷漠的潮流也不會再受香港輿論所影響，加上《壹週刊》和《蘋果日報》的崛起，改變了傳媒生態。想深入了解兩岸三地政情的讀者在減少中，《九十年代》的稿源和讀者群有下降趨勢，儘管這趨勢不明顯。

九七後，我留下來，雜誌仍然出版。大半年後，我感到最需要《九十年代》的時代似乎已經告一段落，於是考慮像櫻花般，在燦爛的時候落下。

（原文發布於二〇二二年六月六日）

4 參考篇目156。

156／董建華的八萬五「嬰兒」

一九九七年底，出版《香港1997》那本書的《商業周刊》，請我就香港主權轉移半年後的香港情勢作一評估。其後香港電子媒體也就此問題訪問我。他們大致上認為我過去對九七後的香港過於悲觀，問我有沒有「跌破眼鏡」？

如前文所說，九七之初因中共忍住手沒有干預，司法獨立如九七前，行政掌握在原有的公務員手中，政治上的「不變」可以說有一百分。但經濟上出了大問題。股市狂跌四成，房價大幅下滑，房地產仲介業務萎縮……。許多人認為這一切，同一九九七年十月亞洲金融風暴有關。就表面現象來看，確實如此。但經濟同政治是分不開的，企業家、投資者必然會關心政治動向。香港在九七後半年內的經濟大幅下滑，所有問題都和「回歸」後的政治哲學改變有關。

一九九七年十月，董建華上任三個月，民調顯示他的民望甚高，支持度達到百分之六、七十。十月他發表第一份施政報告，滿懷信心地表示要把治港工作放在房屋、教育、老人福利等方面。其中最受關注的，是他提出「我們以每年不少於八萬五千個單位，為增加整體房屋供應目標，使到十年後，全港70%的家庭可以擁有自置居所」。

這是會使一些人感到「振奮人心」的指標。但這個指標的制訂，有沒有經過如港英時代自下而上的專業和謹慎的評估程序呢？至少沒有人看到。

「需求」不同「指標」

八萬五計畫在社會引起議論後，當時行政會議成員、據稱是八萬五倡議者的梁振英說，有關計畫是彭定康時代就開始研究的，把責任推給前朝。但在一九九七年二、三月間，曾經有一位在房屋司擔任高職的朋友給過我一份名為「長遠房屋策略評議」的文件。這文件是顧問公司的專家撰寫的報告，通過調查和專家設計的電腦程式，計算出從一九九五年至二〇〇六年這十一年間，香港平均每年對房屋單位的需求為八萬個。文件又指出，當時香港人有自置居所的家庭略超過50％。

八萬個單位是「需求」，而不是必須實現的「指標」。港英時代會在施政報告提出願景，但從來不會訂出指標要各級官員及社會各界去「追求」。「需求」與「指標」有啥不同呢？以房屋供應來說，了解了社會每年有八萬個單位的需求，政府就首先從私人地產發展商那裡，取得他們每一年會在市場推出多少個新單位，再計算政府仍需建多少公營房屋（一些地方稱之為「國民住宅」）去滿足社會需求。因為發展商是半數以上的房屋供應來源，也是支撐著股市和各行各業的最大企業，是經濟命脈所在。八萬五千個單位當然首先要依靠地產商去供應。

「指標」就是領導人提出一定要實現的宏圖大計，而自置居所從50％在十年內要大幅升至70％，更是大躍進式的「指標」。

提出八萬五作「指標」，私人發展商既知道這是董特首的「嬰兒」，卻不知道政府會建多少公屋，不知道會不會供過於求，影響樓價。加上在金融風暴後加息的陰影下，地產業好景不再，於是很多地產商就放緩了發展項目。為實現董建華的「指標」，政府就要增加以及加快建公營房屋。

此外，為了實現70%的自置居所，政府決定將廉租的公共房屋，以極低的售價賣給現有住戶。

「不提及就不存在」

政府的加快建公屋和廉價賣公屋，均使社會房地產價格大幅下調。地產代理公司紛紛倒閉。許多擁有自置房屋人士，資產大幅縮水。更有不少正在分期付款供樓的人士，因房價下調而使擁有的物業變成負資產，即市值比尚未清還的本金現值還低。

股市中有四成屬地產股，地產下跌也使股市不斷下跌。九七前香港的經濟榮景一落千丈。當時不少人認為「八萬五建屋計畫」是樓價下滑的元凶。但董建華一直沒有表示八萬五建屋計畫會取消。直到二〇〇〇年他接受電視訪問時才說，一九九八年就沒有提八萬五啦，它已經不存在了。「不提及等同不存在」，讓市民感到驚訝。

他說這句話之後某一天，我與幾位傳媒朋友應邀到當時的財政司司長曾蔭權官邸午餐。席間我問財政司司長，八萬五已經不存在這件事，董先生有沒有告訴你？他遲遲疑疑不知如何回答。於是我說，那就是連你都不知道啦！

一葉落而知天下秋。九七後第一任特首提出一個建房指標，就反映治理哲學的根本改變。港英時代，包括麥理浩十年的許多重大建樹，儘管開始可能都是高層的構想，但一定經過自下而上的層層調查、顧問公司的報告、有關委員會的研究、社會諮詢，才會在施政報告中作為願景告訴市民。

那時的港英政府，我覺得有點像《道德經》所說的「太上」境界：「悠兮其貴言，功成事遂，百姓皆謂：我自然！」意思是「為政不在多言」，辦成了什麼事，在講述功勞的時候，百姓都說，是我自然得到的。不會感謝領導者。

而中國專權政治的傳統，就是掌權者喜歡多言，好大喜功。中共建政以後，最高領導換一個就總要提些宏圖大計，以體現領袖的豐功偉業，歷史留名。這些大計許多都是擾民，有些更造成對環境和社會秩序的破壞。董建華即使在港英行政局當了多年議員，還是擺脫不掉中國人的政治傳統。

（原文發布於二〇二二年六月八日）

157／首次釋法沒有敲響警鐘

一九八一年《七十年代》脫離左派陣營，通過募資成立一間有限公司繼續出版。[1]投資者之一、並負責所有法律程序的是陳爵律師。他曾被推選為我們的董事會主席。九七主權轉移後，時任終審法院首席大法官的李國能邀請他去當法官，後來他獲委任為高等法院司法常務官。大約二〇〇六年退休。

退休時，李國能在官邸為他離任設宴。因我與陳爵熟悉，也邀請了我赴宴。在座除了我之外，都是當時的法官。席間有法官問我，作為傳媒人，怎麼評價香港法院的判案。我說，香港自從主權轉移以來，政治、立法、傳媒都變了很多，許多人都認為從港英時代倒退了。但為什麼絕大多數市民，特別是居港的外國人覺得香港沒有變，還是原來生活、工作的香港呢？就是因為司法獨立沒有改變。依法、按判例、公正審案，是社會和市民安心停泊的磐石。我不知道各位有沒有受到政治干擾，但絕大多數市民的感覺是，香港的司法讓他們安心。

《中英聯合聲明》和《基本法》承諾的香港特區享有「獨立司法權和終審權」，在九七後有沒有受到政治干擾？特別是中共的干擾？我當時沒有明說，實際上輿論早就有報導，稍關心新聞的市民也知道。只是當時的香港法官們仍然努力守住司法獨立，且政治干預也還沒有那麼明目張膽罷了。

「小人蛇」事件的勝訴

一九九七年主權轉移之初，即發生「小人蛇」事件。由於聯合聲明與《基本法》第二十四條，界定香港永久居民「在香港以外所生的中國籍子女」也享有居港權，因此當時就有不少香港人在大陸的子女偷渡來港，認為依法可取得香港居民身分。這就叫「小人蛇」。而在港英時代後期，所有非法入境者是要遣返大陸的。入境香港，必須拿中國公安單位發出的「單程往港澳通行證」。

相信中共在擬訂聯合聲明和《基本法》時思慮不周，只想到移民外國的香港人，希望吸引他們回流香港，卻沒有想到有更多香港人在大陸有子女。為補此漏洞，由中共操控的臨時立法會就匆匆通過法例，表示根據《基本法》二十二條，在中國各地區的人要進入香港，須在當地辦理批准手續。其後更修訂入境條例，非法入境者無論父母是否香港居民，都沒有居港權。

於是有一個年約十歲的女孩吳嘉玲，由父親做代表，向法院提出司法覆核，指入境條例違憲。跟著提出同樣司法覆核的人士增加。

終審法院於一九九九年一月二十九日裁定，香港人在內地所生子女，不論有無單程證，不論婚生或非婚生，不論出生時父或母是否已成為香港永久居民，均擁有居港權，吳嘉玲勝訴。

終審法院的判詞指，《基本法》根據中國憲法第三十一條制訂，是特區憲法，它賦予特區法院司法管轄權。所以，特區法院有權審核全國人大或其常委會的立法行為是否符合《基本法》的規定，倘若發現其違反《基本法》時，有權宣布此等行為無效。

以法律觀點來看，此判詞正常不過。但在中共的人治等級觀念下，卻認為是以下犯上，大逆不道。中國大陸的所謂法學專家，對香港終院大肆撻伐。作家金庸說這是孫子冒犯爺爺。我想他大概是接近絕對權力太多，而變得頭腦也不清楚了。

人治的惡政開始滋生

香港保安局長葉劉淑儀提出，若依終院判例執行，十年內會有一百六十七萬人可從大陸移居香港。於是行政長官董建華提請人大釋法。一九九九年六月二十六日，人大常委會釋法列明，只有獲批單程證的香港永久居民在內地所生子女才享有居港權。這是全國人大常委會第一次釋法，實質上否決了香港終審法院的有關裁決。

根據《基本法》，人大常委會固然有對《基本法》的解釋權，但又指明人大授權香港特區法院對國防、外交之外的所有自治範圍的條款自行解釋。而涉及國防、外交事務的案件，也需要終審法院向人大常委提請解釋，人大才會作解釋。並且在人大作出解釋前，終審法院所作判決不受影響。

---

1 參考篇目100-101。

很明顯，居港權不屬於國防、外交範圍，特首雖是特區之首，也不能超越法院，更不能代替法院向人大提請釋法。第一次釋法就以違反《基本法》的程序進行。但香港多數市民都被保安局長那個不知道根據什麼統計而來的一百六十七萬人會湧來香港嚇壞了，而且覺得釋法的結果沒有影響香港原居民的權益，因而反對的聲音很少。只有香港的法律界人士群集一起，穿上黑衣，步向終審法院門前作無聲抗議。

第一次釋法的政治原因，是擔心大陸人無限制湧來香港嗎？只看日後中共不斷放人來香港就知道這不是原因了。原因是香港若根據法院按《基本法》條文判決執行，就損害了大陸公安對人民的出境審批權。而終審法院的判詞又直接有損中共老爺子的尊嚴。

主權轉移不到兩年，專權政治就開始撼動香港獨立司法了。有了第一次，就會忍不住食髓知味。接下來，就肆無忌憚地釋法，直到二十年後，國安法出爐，香港百多年法治磐石徹底崩塌。

別忘了，開始時，第一次，大家都不覺得怎樣。沒有警覺，人治的惡政就這樣滋生和茁壯起來了。

（原文發布於二〇二二年六月十日）

158／我的《信報》專欄

一九八四年初，香港前途談判備受關注，我應邀在《信報》寫每週一篇的專欄。《信報》當時許多專欄文章都很有水準，在知識界的地位甚至超越《明報》。我答應寫此專欄，是因為《七十》、《九十》的讀者、作者群以海外為主。儘管我們最早提出香港前途問題，而且對一國兩制有較深入的討論，但就每日變化的反應，月刊較慢。我希望關於香港問題的意見較快傳遞給香港的知識群。因此，開始了這個名為「星期一評論」的專欄。

到一九九五年《蘋果日報》橫空出世，讀者面廣及普羅大眾。黎智英約我寫每日專欄。當時社會的閱讀趨勢是文章短小、通俗，我想到我的見解應從知識階層推向大眾，於是從一九九五年底開始了在《蘋果》的「李怡專欄」。

不知道什麼緣故，《信報》在一九九六年初以「版面調動」為由，叫停了我的專欄。當時因九七已近，傳媒紛紛自我審查，於是有人以「陰謀論」來猜測《信報》處理我的專欄背後有政治原因。這些意見甚至公開在包括《信報》在內的一些專欄發表。我自己倒不認為是這樣。我傾向於自己太忙，寫得太多，因此《信報》專欄可能不像過去那麼受歡迎有關。《信報》老闆林氏夫婦對我一向尊重，我們的關係良好。我在《信報》最後一篇的題目是〈自由的代價是永恆的警覺〉，期待這份報紙延續新聞自由。

從一九八四年至一九九六年，我的《信報》專欄共寫了十二年。一九八五年結集了第一年的文章，出版《香港前途與中國政治》一書。書已絕版，我留有一本，近日翻看，發覺幾乎所有談論都沒有過時。原因恐怕是中國政治文化的問題真是「千百年不變」。

許家屯的吸引力

《信報》專欄我寫得很用心，自問有些還很應時及有趣。只不過大部分沒有剪存下來。記憶中在中共提出「港人治港」時，我找到中共老祖宗毛澤東在一九二〇年寫的反對「湘人治湘」的系列文章[1]；在中國宣傳社會主義公有制的優越性時，我指出「社會主義是權力私有制」，「是自有人類歷史以來最不公平、最不平等，也使人民最難忍受的制度」；在香港一些人提出「中國無民主，香港無希望」的「愛國」言論時，我提出「香港無前途，中國無希望」的相反論述，意思是：若九七後香港的自由、法治、人權都不保了，中國還有希望嗎？

我自感最有趣的兩篇，發表在一九八八年。一篇是六月的〈接近絕對權力的亢奮〉，另一篇是八月的〈熊玠傳話風波〉。前一篇講我和老妻去看中國京劇演出，發現坐在我們前一排偏側的是傳聞可直達中央的許家屯及其家人。在中場休息時，突然有兩三夥人像發現獵物似的，向許家屯的座位奔來。其中一個中年稍胖的白衣女子，在我和老妻的座位前踹過，老妻腳縮得快，我就比較笨拙來不及縮，腳上被高跟鞋踩了一下，而這女子眼睛直射獵物，完全沒有顧及踩到別人。

在許家屯前面，也有兩夥人湧去，給許送飲品、零食，寒暄一番。

從這些人的神情舉止，我就想到中國人受兩千多年專制文化的影響，早就把「說大人則藐之，勿視其巍巍然」這個古訓，拋到九霄雲外了。奴性成習的中國人，在接近掌權者時，都會產生亢奮感。尤其是接近絕對權力，這種生理性的亢奮就油然而生，複述掌權者的談話會無限誇大，甚而胡言亂語到令人難以置信。

熊玠傳話風波

寫完這篇稿不久，台灣就發生了「熊玠傳話」的風波。

熊玠，美國政治學教授，宣稱參與起草《台灣關係法》。一九八八年從大陸回美經過香港時，曾經約我見面，說是坐轎車由二十部摩托車在前面開路，從廣州駛往深圳來港，又說見過中共最高領導人，但所有內容都不好說。約我見面原來只是想炫耀和發洩他的亢奮。[2]

後來，他在台灣說，他從中共一級領導人那裡獲得的訊息，是「希望與國民黨談判籌組聯合政府，雙方商定新憲法，新憲法可以不列入四個堅持（主要是堅持中共黨領導）」。這不是「一國一制」了嗎？熊玠說：「他們現在強調『一國一制』，可以回歸《中華民國憲法》，也可能接

1 參考篇目112。
2 參考篇目113。

受中華民國國旗、國歌。」關於許多人擔心對台用武，熊玠說：「中共正尋求適當機會宣布放棄對台用武。」又說，中共對台灣的「國會全面改選」尤為關切，擔心改選後出現「台獨」國會，所以歡迎國民黨回大陸來「設分區黨部」，改選大陸籍的民意代表。

被追問一級領導人是誰，他說，「指的是鄧小平、趙紫陽、李鵬、楊尚昆……這一級」，「但不一定在這名單內」。被問急了，就說：「這個構想不能說是中共既定的政策，只是它確實在中共領導層的腦子裡轉。」大教授高明之處是連中共領導層腦子裡轉的政策也知道得那麼具體。

他後來又說，這些意見是他綜合近兩三年來與中共一級領導人談話的結論，「是經鄧小平同意的」。

那麼是跟鄧小平談的嗎？他終於忍不住了：「他要見我，有什麼辦法？」（好委屈啊！）「去年見面談了六個鐘頭，今年見了面又談，不是我吹牛，不過我不能講了，別人會以為我自己往臉上貼金！」既然是「有什麼辦法」才去談，怎麼說得上「臉上貼金」？

這個「傳話」，台灣傳媒廣為傳播、追問。香港傳媒卻不見報導。原因很簡單，台灣人容易被騙，香港人就不會有人相信。中共一級領導人有沒有講這樣的話不重要。講了，只不過為了把台灣騙上談判桌，而只要上了談判桌，中共就一定贏，因為所有承諾它都不會遵守；沒有講，就是一個大教授接近最高權力後胡言亂語的亢奮。我寫出來是作為趣談，讓讀者了解一個那麼有學問的政治學教授竟然對現實政治如此無知。

我想，台灣已經沒有什麼人記得這件事了。

（原文發布於二〇二二年六月十三日）

159／「不變」的基石開始撼動了

一九九七年香港主權轉移，特區政府接收了被稱為埃及豔后「克莉奧派特拉的嫁妝」那樣豐厚的數千億港元外匯儲備，香港每年的經濟成長率是雙位數，政府年年有財政盈餘，失業率只有百分之二。展望未來，香港處於最接近全球發展迅速的地區——中國大陸的有利位置，又有與全世界交往的經驗與機制，實在是一片大好形勢。

第一屆特首董建華上任，也信心滿滿，表示要開創歷史。上任三個月，就提出種種發展經濟大計。中共在這段時期，對香港內部施政表面完全沒有干預。香港社會能夠保持「不變」，是建立在港英百多年司法獨立傳統，和英國文官制度確立的公務員中立的基石上。而政務司長和財政司司長就是公務員的總管。

大半年後，我將創辦二十八年多的政論雜誌結束。個人轉換跑道，在《蘋果日報》寫較短和更通俗的政治評論。另外也在其他報紙寫副刊專欄。我同妻子辦了移民去加拿大與女兒一家團聚，遠距為香港報紙寫稿。離開香港沒有不捨。

沒想到不到兩年，香港經濟竟從神話般的發展而一落千丈。經濟負增長，連年通縮，財赤嚴重，失業攀高。董建華繼八萬五建屋大計之後，又提出數碼港、矽港、中藥港、紐倫港（即與紐約、倫敦齊名的港口）等等「雄圖偉略」。但沒有一項經過港英時代那樣自下而上的決策程序，結果不是無疾而終，就是變了味，例如數碼港變成了地產項目。

除了董建華要表現他的「大志」，而不是港英時代的無為而治之外，中共的干預也慢慢浮現了。

烏龜背蠍子過河

記得《信報》林行止在一九八四年初曾經寫過一篇〈烏龜背蠍子過河的教訓〉，引一寓言，說蠍子要過河，苦於不通水性，於是找了一隻烏龜背它過河。烏龜起先害怕蠍子有毒螫。蠍子說，如果我螫了你，我不通水性，不是同歸於盡嗎？我怎麼會做這種蠢事？烏龜想想也對。於是背了蠍子過河。開始時相安無事，誰料途中蠍子還是螫了烏龜。烏龜死不瞑目，問蠍子為什麼做這樣害人害己的事。蠍子說，我也不想呀，只是這是我們蠍子的習慣，要改也改不來呀！因此，林行止說：「中共的干預、領導已成習慣，要它對香港破例，我們需要更具體的保證！」

當時也有人說，習慣用左手的人，你要他用右手，即使能勉強用一時，但最終還是會用回左手。

早年在洛杉磯經營書報社的朋友邵善波，在《七十年代》一九八一年脫離左派陣營自組公司後，他陪同我在美國各城市演講並與支持者座談。接著他回香港在《七十年代》協助業務發展。一九八四年中英簽署聯合聲明後，他對我說，你要北京不收回香港還容易些，你要它收回後不管香港事務，就根本不可能。中共有權不可能不用，能管不可能不管。大概基於這種對現實政治的了解，他離開《七十年代》，向中共靠攏，並且備受重用，成為在香港為中共解釋政策的紅人。

從對中共政權特點的了解來說，不能不說他當時講的話是對的。除了蠍子過河的習慣之外，有權不可能不用更牽涉到中共特權階層的利益。這我也知道。只是我與邵選擇了相反的路。

港台兩國論風波

在主權轉移開頭兩年，特區政府的管理也出現過一些問題，如新機場啟用的混亂、亞洲金融風暴使港元受國際炒家狙擊之類，但基本上，港英時代留下的班子都能夠挺得住。非公務員系統引起的風暴，就是董建華的指令經濟大計，和終審法院關於居港權案引來的人大釋法。[1]即不是由公務員隊伍處理，而是公務員之上的特首和中共插手的事件。

中共表面上對香港「不干預」，但實際上在九七前已經通過人大、政協之類的政治榮譽，通過在大陸投資的優惠、讓利，向從政從商者甚至新聞界統戰了。九七後，更以宗主國身分在香港請宴、送禮等手段拉攏各界，以致新聞界絕大部分對大陸和台灣的新聞都自我審查。除了極少數媒體之外，能夠堅持公正、獨立報導和評論時事的，反而是政府官營的香港電台。

香港左派一直攻擊香港電台拿政府的錢，卻醜詆政府，絕不能容許。直到一九九九年中，香

1 參考篇目157

港電台邀約了台灣駐港代表鄭安國在節目中解釋李登輝總統提出的「兩國論」，即台海兩岸處於互不隸屬的「特殊國與國關係」，終於引發左派輿論及名人鋪天蓋地的批罵，指此舉形同鼓吹分裂國家。曾多次狠批港台的政協常委徐四民指港台是「刻意與特區政府作對」，特首董建華也指責李登輝的言論不智，港台不應邀請鄭安國上節目。

時任廣播處長的張敏儀則表示，港台堅守新聞自由、言論自由的原則，任何居住在香港的人都不應限制他發表言論。政務司司長陳方安生也說，新聞自由可以幫助政府看到自己看不到的缺失，是自由社會的重要第四權。

中共以統戰、收買伎倆插手香港事務，發現在兩個地方無從下手，一是香港法院，另一就是香港電台。都是官方機構。

港府於同年十月宣布張敏儀將外派日本，升任香港駐東京經貿首席代表，外界普遍認為這是明升暗降，與「兩國論」風波有關。

接著，在二〇〇〇年發生了香港大學的民調風波。於是，政務司司長陳方安生的地位開始動搖了。

（原文發布於二〇二二年六月十五日）

160／陳方安生辭職　文官體制崩解

受亞洲金融風暴影響，加上董建華的八萬五建屋指令，使香港經濟大幅下滑。董建華年年唱高調，說「中國好，香港好」，提出這個中心那個中心，卻拿不出解決經濟困局的具體措施。他的民意支持度連續下跌。

二〇〇〇年七月，香港大學民意研究計畫主任鍾庭耀在報章撰文，指董建華透過「中間人」施壓，要求停止對行政長官及政府的民意調查。其後公開了「中間人」是香港大學校長鄭耀宗及副校長黃紹倫。

這個干預大學民調的消息引起社會巨大反響。港大校委會成立一個獨立調查小組，由終審法院法官鮑偉華任主席，特首辦公室高級特別助理路祥安涉及事件被傳訊作證。調查小組其後發表報告，確定鍾庭耀指控屬實，認為路祥安企圖阻止不利政府的民調，以免進一步打擊港府民望。事件最終導致鄭耀宗及黃紹倫請辭。

但路祥安卻獲董建華留任。話說路祥安這個人，原是董建華家族生意東方海外的高層，與董建華關係極密切。董擔任特首後，把這位「家臣」帶進政府，任特首辦高級特別助理。直至董建華二〇〇五年初離任他才跟隨離職。

家臣路祥安暴斃

這裡不能不講到十多年後他詭異地突然死亡。事緣二〇一〇年香港成立一間中華能源基金委員會，從民政事務局長職位退休的何志平任基金會副主席兼祕書長，路祥安任副祕書長。而主席就是大陸最大的民營石油公司中國華信的董事長葉簡明。二〇一七年十一月，何志平在美國涉嫌代表華能基金會賄賂非洲查德總統以圖獲取當地石油生意被拘捕。另一被捕者是穿針引線的塞內加爾前外長加迪奧，他後來轉做污點證人。

加迪奧呈庭的電郵紀錄披露，路祥安知悉甚或指引何志平送贈兩百萬美元給查德總統，另外給予加迪奧十萬美元酬勞。正在美國法院考慮提出引渡路祥安前往作證之際，路突然患流感進入香港瑪麗醫院，兩天後死亡。基金會主席葉簡明就在大陸被「拘留審問」，下落不明。於是，中華能源基金行賄案就查到何志平為止，幕後老闆就查不到了。何志平被判刑三年及罰款四十萬美元後，於二〇二〇年回香港。他太太是台灣著名影星胡慧中。

這是有關路祥安的一段題外話。回到二〇〇〇年的民調風波，在由大法官組成的調查小組公開聆訊和調查報告發表後，左報每天闢全版指為「倒董」陰謀。港區政協委員和親中社團紛紛召開座談會，指是「倒董的政治陣營有步驟、有計畫、有目的」的行動。基本法委員會成員鄔維庸更指反董的「幕後黑手」是「思想受到前朝遺毒影響的政府掌權人士」。政務司司長陳方安生的名字已經呼之欲出了。

二〇〇〇年九月，陳方安生突然被召到北京，跟負責港澳工作的錢其琛晤談。據新華社報導，錢敦促陳太「更好地支持行政長官的工作」。意思是過去沒有很好地支持董建華了！

香港自治再無保障

十二月，國家主席江澤民在澳門回歸一週年大會上說，「行政長官既是特別行政區的首長，也是特區政府的首長」。這兩者有何區別？沒有人注意。我在《蘋果日報》專欄中說，在一九九六年董建華選特首時，支持他的中共輿論說這是最好的「董陳配」。也就是說，董建華是地位超然的特區首長，而他選擇的政務司司長陳方安生，就是政府首長。特區首長位居三權之上，任命大法官、政府首長，協調立法會不同派別。具體施政的是政務司司長，即政府首長。這原是過去港英的傳統，港督是香港的首長，但日常施政就是布政司。因此新任港督來港，都不帶自己的班子，而是沿用原有的文官去施政。

江澤民的話，顯然意味著不能再由政務司司長去當政府首長，即要行政長官代替政務司司長去負責日常施政了。

二〇〇一年一月，陳方安生以私人理由提出在四月底辭職。當時有指她與董建華關係不和，但真正的原因，應該是中共對於她所統領的公正、中立的公務員隊伍「無所施其技」。中共從中央到各省，都有人想通過宴請、送禮、統戰、關說等方式影響香港各有關政策局，例如入境處、金管局、香港電台、廉政公署等，以獲取特權或利益，至少方便行事，但都受到遏止。

國際媒體對陳方安生的請辭相當關注。《紐約時報》形容其辭職「令香港失去了在政府內最有權力維護公民自由和法治的人，是香港自治再無保障之訊號」。有媒體指她的辭職「象徵傳統公務員價值觀和勢力的消退」。也有評論說，這意味彭定康離任前提出的「香港是否仍然擁有一支精明能幹且能秉承一貫專業精神的公務員隊伍」，這一個最重要基準弱化了。

二〇〇二年，董建華在民望低迷下，被中共再選任為第二屆特首。他上任即推出由他任命和直接向他負責的「高官問責制」。各政策局的權力都由特首任命的局長負責，而原有的公務員就承擔錯失的責任。

二〇〇七年六月，陳方安生接受電視訪問，說當年她辭職，是因為不同意董建華推行高官問責制，認為破壞公務員傳統精神。

港英時代的文官精英管理機制，就這樣崩解了。

（原文發布於二〇二一年六月十七日）

161／嗚呼！香港人自豪的廉署！

之前談到香港主權轉移後立即出現「小人蛇」事件，引來中國人大對香港實行第一次「釋法」[1]。有台灣人覺得，北京想擋住小人蛇湧入香港有何不好？法律界的堅持不是違反香港多數民意嗎？

當時香港許多人也有同樣想法。但法官不能迎合民意而不顧法律條文。千里之堤，潰於蟻穴。作為社會穩定磐石的司法獨立，開始受到干預時若人們沒有警覺，沒有很強的抗議，那麼釋法就陸續會來，法治也就動搖了。

居港權問題，表面涉及的是阻擋大陸人湧港，實際上與中共許多部門的利益休戚相關。因為一旦居住在大陸的港人子女可以按《基本法》自動取得居港權，而不需要先在大陸的公安機關取得來港的單程通行證，那麼潛規則中必須向各級權力機構「貢獻」的賄款就收不到了。「買」一張來港單程證的「價目」一直在飆漲中。從地方公安到上級機關層層收費。九七時大概要人民幣十萬八萬，到二〇一九年據說已漲到兩百萬人民幣了。這樣的肥水豈能被香港法院阻攔？

但有百多年司法獨立傳統的香港，法官的地位超然，社交範圍很小，不可能與他們談論處理中的案件，更別說向法官行賄了。所以一定要釋法才能解決這個涉及中共各級幹部的利益問題。

完全獨立規定繁多

香港另一個在九七前地位超然的機構是廉政公署。

一九七四年廉署成立前，香港各公家機構的貪污，尤其是警隊，幾乎已經制度化了。一九七四年，港督麥理浩宣布成立獨立的反貪污組織，全名是「總督特派廉政專員公署」。這名稱意味著廉政專員由總督特派，不受政府其他部門約制。當然，起訴案件仍然要由律政司作決定去檢控。

廉署有許多規定，其中包括設立由副廉政專員兼任的執行處長，對任何貪污行賄的舉報都要在四十八小時內作出屬「貪污」或「非貪污」的回應。沒有明文規定的共識，就是廉政專員盡可能是最後一份公職，即卸任後不再擔任政府的其他職位，以防止卸任後有利益交換。

但另一方面，又同時大幅調整公務員薪資和退休後的福利，實行「高薪養廉」政策。涉貪的機會成本大增，成功遏制了貪污之風。

廉署成立後，一直向各界諮詢意見，我也有好多年被約請諮詢。開始時我們不少人對廉署的執行力沒有太高期望，因為過去港英的多次反貪行動都不怎麼成功。但想不到首任廉政專員姬達硬朗不苟，以致引來警隊的強力反彈，發生警察衝進廉署搗亂和毆傷廉署人員事件，被稱為「警廉衝突」。麥理浩經慎重考慮後決定讓步，在一九七七年十一月發出局部特赦令，宣布除了已經被審問、被通緝和身在海外的人士，任何人在一九七七年一月一日前觸犯的貪污罪行，一律不予追究。據聞姬達為此與麥督有爭執。

這以後，香港就幾乎完全杜絕了貪污和行賄。香港廉署的公信力，和整個社會的廉潔、公正，不僅在亞洲，而且在全世界都成為典範。外國人來香港工作和營商，都只須按規則行事，沒有規則之外的「潛規則」和必須打通的「關係」。

香港廉署也成為許多電影和電視劇的題材。中國大陸和台灣，也都對香港廉署的成功感佩服，有提出學習借鑒之意。對於香港人來說，廉署使社會變得公平，香港不再是貪腐城市。香港人有了自豪感，對香港人的身分認同起了重要促進作用。

○一年後不再查中資

九七之後，廉署仍然未變，但負責起訴的律政司開始變味了。一九九八年廉政公署拘捕星島集團三名現任或前任行政人員，指控他們誇大《英文虎報》和《星期日英文虎報》的發行量，串謀詐騙廣告客戶。星島集團主席兼大股東胡仙女士被當局認定是串謀者。然而到起訴時，律政司司長梁愛詩以公眾利益為理由，決定不檢控胡仙。其餘三人最後被判處入獄四至六個月。什麼是「公眾利益」呢？理由是一旦胡仙被起訴，星島集團的兩千名員工可能會失業。但法律就是法律，執法者豈能從社會經濟效益去考慮是否執法呢？

1 參考篇目157。

一九七九年大陸開放引進外資，妻子曾經帶一些港商去大陸投資設廠。她和她帶去的港商都知道要給經辦的幹部一些「好處」，但不知道怎麼開口，給多少，怎麼讓對方知道可以得到利益。因此沒談成功。也就是說，經過廉署多年創造的公平社會，使香港人曾經頗為熟悉的行賄手段失傳了。當然後來慢慢也學回來了。

二〇〇一年二月，廉政公署在一個被稱為「八爪魚」行動中，在中旅集團副總經理徐士荃家中搜出一千七百萬元港幣及美元現鈔，此外尚有大批金條、金元寶、名牌手錶。廉署聲明指「在港國營企業的一名前主席及一名前副總經理」，涉嫌以竄改某宗交易的賠償合約，騙取中旅會計部發放因取消交易而要付出的三千萬元賠償金。有報紙揭露，這名前主席就是被調回大陸的朱悅寧。

這是廉署就中資企業在香港的貪污所採取的最後一次行動。這以後，大陸的貪污行賄越演越烈，來香港設公司包括上市公司也越來越多。在香港的中資或私企的貪污行賄會更多或減少？不用想都知道了。但在香港就再也沒有針對中資的廉署行動了。

廉署不再調查在香港的中資企業，是廉署失去公正廉明的開始。接下來發生的事，就顯示使這個當年辛苦建立的堤防終告倒塌也。

（原文發布於二〇二二年六月二十日）

162／眼看他起朱樓，眼看他樓塌了

二〇〇一年香港廉政公署最後一宗針對中旅集團的「八爪魚」反貪行動，聲明中的「前主席」，是被調回北京接受「雙規」的朱悅寧。「雙規」是指在規定時間及地點受查。

他的前任，即中旅集團前主席馬志民，是我多年的朋友。那時他來我家，對廉署的執法相當興奮。老馬是前深圳鎮委書記和寶安縣統戰部長。六十年代前幾年，因麗儀在深圳教書，我父親也常去深圳，老馬跟我們家來往較多。文革時他被打成走資派，被關進拘留「牛鬼蛇神」的「牛棚」。

文革後期他被「解放」，我們有見面。那時他對文革和中共高層已經有很多私下批評。文革後一九七九年他調來香港，主持中旅社工作，在深圳建「華僑城」和「錦繡中華」主題公園，把中旅擴大經營範圍，成為香港最大的國企之一。我們在香港也有往來。《七十年代》的轉變他也知道，但並不妨礙我們如朋友般交換對中國局勢的看法。在中旅集團將近二十年，到一九九八年，他突然被「離休」，意思是從原崗位退下而仍然領取原有薪資。他薪資不高，在任內經手承辦許多項目，包括中旅上市，他都不沾任何利益，以致離休時他的銀行存款只有十萬港元。他的廉潔，他對工作的熱忱，是中共幹部中少見的。老馬二〇〇六年去世。

官官相護消遙法外

那天他來我家，談到他的繼任人朱悅寧，憤憤然講出他被「離休」的根本原因，是他不肯配合上級的錢、色要求。他直指上級是接替父親廖承志擔任僑辦和港澳辦主任的廖暉。

朱悅寧案沒有讓廉潔奉公的老馬興奮多久，因為一年後，在北京被「雙規」的朱悅寧又「完好無缺地出山」也。香港廉署認為證據確鑿的貪污疑犯，在「官官相護」中逍遙法外。

香港廉政公署的建立和成功運作極不容易。許多國家或地區想借鑑香港廉署的經驗，都不成功。中國大陸出版過一本叫《零容忍》的書，詳細介紹香港廉署的組織和運作。但在中國，是越反貪就越貪腐，僅僅要求各級幹部財產公開這一條，就空喊幾十年都做不到。

香港廉署成立時除了社會貪污行賄已成積習，因而引起「警廉衝突」之外，最重要的一條，就是「財富與公職收入不相稱」，就有可能被查。意思是：你擁有財產的數目，或你的生活質素，不是你的公開收入可以達致的。所謂公開收入，即薪資、繼承遺產，在股市、樓市或其他投資中獲利等等。也就是說，要貪污疑犯解釋財產來源。

這並不符合香港實行普通法的「無罪推定」原則。因為按普通法，是否有罪，要控方證明；而不是由被告證明自己無罪。因此，其他國家不能根據這條法例，將香港的貪污疑犯引渡回香港。這也是一些警隊的大貪污疑犯能夠留在加拿大等國的原因。據聞這一條在制訂廉署條例時內部爭議甚久。

除了廉署對任何舉報都認真查辦之外，還需要香港法院的公正審理。香港繼承百多年英國司法獨立的傳統，法官有嚴格的行為指引，規定不能以他的司法地位尋求個人利益，不能擔任商業公司的董事職位，盡量不出席敏感的社交場合。所以法官是相當孤獨的專業。

專員獲中聯辦送禮

表面看來，法官薪資頗高，李國能當首席大法官時的月薪是二十二萬七千港元。但這薪酬只相當於他當資深大律師打一場官司收入的十分一。而擔任政府局長級的高官，月薪都超過三十萬元。

早前我提過，曾經去參加一次李國能在家中為陳爵退休而設的晚宴，座中除我之外都是高級法官。他們的談話內容不提案件，卻講哪一家廉價航空的服務較好。相互推薦去乘坐。可見他們的生活都相當儉樸。

普通法的司法審案，除了依案例之外，還有其他判案原則。這以後再談。[1] 在這裡，只想強調香港司法的公正性，直到二〇一九年前，還是極受香港市民包括外國居民充分肯定。

司法的獨立、公正，是廉署能夠成功執法的基礎。

前文提到，二〇〇一年後就再沒有任何一家中資公司受到廉署調查。在漫長的二十多年時間

1 參考篇目194。

內，中資企業在香港股票市場的市值，從一九九七年的16.29%，上升至80%。在中國大陸的貪污日趨嚴重的情況下，香港的中資企業居然沒有一間受查。難道會沒有人去舉報嗎？

尤其是，中共自己揭發的香港國企涉貪的人士，至少有曾任香港中國銀行總裁的劉金寶，和華潤集團董事長宋林。他們都被調回大陸審查。二〇一三年香港審計處揭發前廉政專員湯顯明任職期間酬酢開支混亂，接受中聯辦官員禮物和飲宴，又回請晚宴撥作宣傳費報銷。為什麼廉政專員只同中共官員酬酢和飲宴、送禮，卻沒有與其他任何國家的外派官員或商家有同樣的酬酢？廉署何以二十多年都不再查中資？答案不是很清楚了嗎？

二〇一四年，前政務司司長許仕仁涉貪被捕，他在法庭上說，時任港澳辦主任兼政協副主席的廖暉給了他一千一百一十八萬港元花費。

從一開始只是私下提供好處，到直接給香港官員錢花費。其後，律政司甚至不起訴梁振英在擔任特首期間，祕密收取澳洲一間公司五千萬港元費用。

建一座高樓不容易，但拆毀一座高樓就輕而易舉了。想起清初孔尚任戲曲劇本《桃花扇》的名句：「眼看他起朱樓，眼看他宴賓客，眼看他樓塌了。」

有人認為，廉政公署後來演變成為專門對付反對派的東廠。

（原文發布於二〇二二年六月二十二日）

163／翩然而去與鞠躬盡瘁

港英時代從英國派來的總督，與九七後歷任香港特首，最明顯的區別有兩點。

一是所有派來的港督，初到時香港市民對他幾乎都不認識，由於認知度低，因此民望也平平，然而離任時的民望卻大都比履任時高出許多。歷任特首卻相反，履任時香港人對他的認知度頗高，除了梁振英之外，其他初任特首的支持度也不差，但離任時的民望幾乎都低到慘不忍睹。

另一是英國派來的總督都似乎頗有空閒，有的喜歡假日行走山徑，有的到社區的店家吃蛋撻。市民給港督去信，總會有回覆，儘管多是祕書代行。歷任特首則相反，忙到不可開交，基本上不會回覆市民來信。董建華甚而自稱工作時間是7-11，即早上七時工作到晚上十一點。

我經歷過這不同的兩個時代，不免會想：什麼原因使力疾從公的人，民望反而不及輕鬆任事的人？

管理哲學的轉折點，就在於特區首任政務司司長陳方安生辭職前後。在這之前，港督只是負責與倫敦聯絡，聽取香港各界意見，思考和規畫大政方針，至於日常施政，都交給港英時代的布政司去做。港督除了每年發表施政報告之外，極少就香港具體事務講話。也就是「為政不在多言」，定下法律，全港市民在法律之下各顯神通便是。香港文官制度的傳統是：總督是香港的首長，布政司是香港政府的首長。

港英時代的布政司，九七後改稱政務司司長，陳方安生換了官銜也順利過渡。二〇〇〇年九月，陳方安生突然被召喚到北京與錢其琛晤談。如果錢跟陳太說的是後來江澤民在澳門說的話，那麼意思就很清楚地表明，你再也不能像以前當布政司那樣，當政府的首長也。於是，陳太辭職。[1]

特首只是中共傀儡

改變的原因，可能跟北京在香港尋求中共的政治利益甚而權貴的私人利益有關。比如香港電台是否要跟從中共的對台政策，是否要壓制法輪功在香港的反共言論，是否禁止六四集會，廉署是否可以查國企，等等。陳太不能夠配合中共意圖的原因，是一旦有關案件訴諸法庭，按照法官的公正執法，政府幾乎一定敗訴。但從中共一黨專政的觀念來看，根本就無視有司法覆核這一關，他們會認為是港英餘孽阻擋中共意圖的實現。

另一原因，是董建華提出的八萬五建屋和這個中心、那個中心的大計，沒有得到具體施政公務員的支持。不支持的原因其實很簡單，就是沒有自下而上的規畫和諮詢，沒有形成法例去必須執行。但當慣公司老闆的董建華不會這麼想，他可能認為他的偉大功業不能實施，是執行政策者的有意阻撓。

陳太被削權的最直接原因，是港大民調風波。據聞路祥安向港大校長、副校長施壓曝光後，陳太曾向董建華建言：立即辭退路祥安，讓事情了結。董不聽。結果港大成立調查小組，導致對董的極重打擊，使董的民望跌至最低點。

陳太辭職後，曾蔭權接任政務司司長。不久，董任滿第一屆，要再選第二屆時，民調支持他連任的只有一成六。但在八百名有資格提名和投票的選舉委員會中，董建華取得七百個提名票。於是，董自動當選第二屆特首。國際媒體多認為這表明董建華已經百分百是中共的傀儡了。

在第二屆選舉前，董建華提出了「高官問責制」的改革方案，也就是從原來由公務員擔任各政策局首長的制度，改為「三司十一局」全部由特首作政治任命、並向特首負責的制度。三司，即政務司、財政司、律政司，其中特別是政務司司長，原來基本上由他統率各政策局，現在改全部由特首統率。也就是說，實現了江澤民所提出的，特首「也是特區政府首長」的目標。

公務員首長無實權

原來各政策局的公務員首長，從此改換名稱為各政策局的「常務祕書長」，受特首所任命的局長支配，只有執行局長命令的義務，沒有參與決策的權力。

董建華擁有所有權力，等於十隻手指按住十隻跳蚤。跳蚤動不得，手指也不能動。每天應付各個局的事務，向各個局發指令，疲於奔命，卻無暇去思考一些應該認真考慮的大政方針問題。

1 參考篇目160。

政務司司長曾蔭權，不但無權去統領各個政策局，而且在二〇〇三年沙士（SARS）疫情之後，老董竟要他去負責全城的清潔工作。當時，被市民戲稱為「清潔大隊長」。

連政務司司長都要去做「清潔大隊長」，各司局長就自然不會像以前那樣，自己按法例去做決策或協調了。一切權力歸於董建華。他終於在日常事務的忙碌中，犯了中共的大忌，於第二屆中途的二〇〇五年「被辭職」下台。下台的原因有種種揣測。我在下文會談談我的觀察。但總而言之，向特首一人負責的高官問責制，就把百多年依法任事，即「法的統治」的精英管理埋葬了。

董建華辭職文稿中一句是：「我鞠躬盡瘁，從未敢有一日懈怠。」

讀中國歷史，見盡數十年中國的政治變遷，我最怕見到掌權者的「鞠躬盡瘁」。在法治社會，掌權者毋須「鞠躬盡瘁」，職務告終，就按規定退出舞台，過平常生活。人治社會的掌權者才老要強調鞠躬盡瘁。他要立功業而盡瘁，老百姓也要跟著被折騰盡瘁。

彭定康任滿翩然而去，第一任特首未任滿就說鞠躬盡瘁。這就是在「一國」支配下，法治向人治的變遷。

（原文發布於二〇二二年六月二十四日）

164／董建華下台之謎（上）

二〇〇五年三月十日，董建華發表談話，他說：「長時期的操勞，在去年第三季度以後，我已明顯感覺到自己的健康狀況大不如前。以香港利益為重，我考慮向中央提出辭去行政長官職務。」是什麼健康問題？他說是「站久了會累」。

沒有人相信這是他辭職的原因。因為在一個星期前，他妹妹金董建平還否認哥哥健康有問題。而幾天前，北京傳出董建華會擔任政協副主席的消息，已經暗示他要離開香港特首的位子了。

幾個月前，即二〇〇四年十二月澳門回歸五週年，董建華帶了全體問責班子去澳門述職。胡錦濤在稱讚澳門特首同時，對董建華就提出了要「總結經驗，查找不足」。這句話暗含對董的不滿。

香港九七後經歷亞洲金融風暴，經濟下滑。但受金融風暴打擊的不止香港，而是所有亞洲國家。新加坡、南韓、台灣很快就從危機中掙脫出來，經濟轉好。香港則經濟滑坡無止境，失業人口續增。這跟董建華的八萬五建屋目標造成樓價下跌，地產市道不振，許多人淪為「負資產一族」有關。

這期間當然出現了其他事故，比如新機場使用初期的混亂、房屋署居屋工程被揭發偷工減料，等等，但大都在原有公務員精英管理下成功應對。尤其是在金融風暴中，香港財金官員動用大筆外匯儲備購入港元，並入市港股力挺股價，擊退拋空港元的國際炒家，終使香港渡過經濟危機。

高官問責制的失敗

但在陳太辭職、董建華掌管政府所有行政權力後，他即使再有能力，都難以駕馭所有的日常工作。何況他是完全沒有公共行政經驗的人。

他剛自動當選第二任特首，就創設三司十一局的高官問責制。有不止一位問責高官曾跟我說，除了祕書、新聞官之外，無法支使執行具體工作的公務員。而原有的高級公務員則已經習慣了必須有「指令」才能辦事，現在不知道是聽局長、常務祕書長還是特首的話才算數，無所適從。沒有黨、沒有班底、立法會也沒有固定支持者的特首，設立這種隨個人好惡任命的高官問責制，是難以運作的怪胎。

怪胎體制下，來了「沙士」（SARS）的災難，由於政府遲遲推不出防疫措施，使香港有近三百人死亡，幾乎和全中國一樣多。

政府民意支持度持續向下。董建華偏偏在這時候，即二〇〇三年初，提出將《基本法》二十三條立法成為香港法律，並定下三個月諮詢期。

《基本法》二十三條在一九八八年公布的《基本法》草案是不存在的，它是一九八九年六四後中共才加上去的。全文是：「香港特別行政區應自行立法禁止任何叛國、分裂國家、煽動叛亂、顛覆中央人民政府及竊取國家機密的行為，禁止外國的政治性組織或團體在香港特別行政區進行政治活動，禁止香港特別行政區的政治性組織或團體與外國的政治性組織或團體建立聯繫。」

這一條文，對各項行為的定義模糊，外國組織的涵蓋範圍又可以大至無邊無際。了解大陸執行這些法律情況的香港人，不能不感到是對現有自由特別是言論自由的威脅侵蝕，因此在社會觸發極大爭議，導致五十萬市民在二〇〇三年七月一日上街抗議。行政會議成員田北俊因此改變意向而請辭，並帶領自由黨反對法案，令政府在立法會沒有足夠支持票。董建華最終宣布撤回法案。

原擬大幅檢討政制

這時候，香港體制的問題已經很清楚了。首先，支持董建華連任的民意雖然只有一成六，在中共操控下，卻讓他自動當選。其次，當選後新設立的高官問責制又不能有效運作。其三，沙士災難的應對失當，又加上二十三條立法的危機。這些劣質施政指向董建華和使他可以連任的體制。因此在二〇〇三年五十萬市民上街遊行中，最響亮的口號就是「還政於民」，也就是要爭取實現對立法會全體和特首的普及而平等的選舉。

根據《基本法》第四十五條，特首產生辦法最終要達至「普選產生的目標」。根據第六十八條，立法會產生的辦法和議案表決程序也訂出「最終達至全部議員由普選產生的目標」。

《基本法》附件設定，九七後十年內，特首和立法會的選舉辦法及程序，在二〇〇七年之後可以修改，而修改的程序是：「須經立法會全體議員三分之二多數通過，行政長官同意，並報全國人民代表大會常務委員會批准（特首選舉）或備案（立法會）。」

一九九〇年《基本法》公布時，人大法律委員會副主任項淳一說：「《基本法》只是比較具體地規定了頭十年過渡期的發展，將來（〇七年）就是香港人自己的事情。」一九九三年港澳辦主任魯平也說：「十年後香港如何發展民主，完全是香港自治權範圍內的事，中央政府不會干涉。」中國外交部那時也重複同樣的話。

董建華或基於對《基本法》條文和從中共高官口中聽到的承諾，或基於〇三年大遊行市民的主要訴求而想挽回自己不斷下跌的民望，或基於中共最高領導層多次在他面前表示對他的完全信任，於是在二〇〇三年底準備次年施政報告時，原擬大篇幅提出〇七年特首選舉和〇八年立法會選舉的政制檢討，並以之列入二〇〇四年施政議程中。

但他想不到的是，這個原來出自中共白紙黑字的承諾，當真正要實行時，卻觸犯中共的大忌。下文再談。

（原文發布於二〇二二年六月二十七日）

165／董建華下台之謎（下）

我沒有參加二〇〇三年五十萬人大遊行。但不久，我就從加拿大回香港長住了。你關切的地方發生火災，隔岸觀火的心情很不好受。

親中派曾經低估參與遊行的人數，並認定二十三條會在立法會照樣通過，董建華也不會下台。但毛毛細雨跟傾盆大雨完全是兩回事。五十萬人大遊行產生了實際效果。

首先，遊行規模震動了行政會議成員田北俊，他帶領自由黨在立法會轉態投反對票，既扭轉形勢，迫使董建華把法案收回，也向董顯示出一貫支持他的商界態度變了。

其二，大遊行的直接效應是三位董建華任命的司局長辭職，包括財政司長梁錦松、保安局長葉劉淑儀、衛生福利局長楊永強。

其三，二〇〇三年十一月區議會選舉，民主派大勝，親中派民建聯慘敗。民主派乘勝提出要求特區政府同意二〇〇七年和二〇〇八年分別實現特首和立法會雙普選。

其四，國家主席胡錦濤在會見董建華時，提到要「團結在一些問題上有不同意見的人士」。於是董就考慮邀請民主派的大律師梁家傑參加行政會議。

人大侵奪港立法權

民意和政治形勢看來向民主派傾斜，這可能是董建華準備在二〇〇四年一月的施政報告中，提出要在〇七、〇八年作政制檢討的原因。根據民意趨向，倘若在社會作全面諮詢，其結果必然是要求實行「雙普選」。

對於一黨專政的中共來說，人民有了選擇執政者的政治權利，即意味著掌極權者失去或至少削減了操控人民的權力。這是非同小可的大事，豈能容許發生？於是，立刻向董建華叫停，阻止他在次年施政報告中大篇幅講政改。並召喚董到北京，傳達中共意圖。

董建華在施政報告中說，他了解「市民對未來政制發展的關注及政制檢討的重要性」，但表示：「我在不久前到北京述職時，胡錦濤主席向我表明了中央政府對香港政治體制發展的高度關注和原則立場。」意思是，他沒有提出大規模諮詢和雙普選，是「中央政府」的意思。把北京私下向他叫停政改的事，予以公開。

到了四月十五日，董建華公開表示：「我認為二〇〇七年行政長官和二〇〇八年立法會的產生辦法應予修改，使香港的政制得以向前發展。」

緊接著四月二十六日，人大常委作出關於二〇〇七年產生香港行政長官和二〇〇八年產生立法會議員的「決定」，表明這兩個選舉都「不實行普選」，並表示會對《基本法》附件關於這兩項的產生辦法作適當修改。中共顯然要及時否定董建華使香港政制向前發展的決策。人大常委作出這樣的決定，是赤裸裸侵奪了《基本法》第十七條明確規定的香港特區的立法權。根據第十七條，人大若認為香港的有關立法不符合屬於中央管理的事務，可以把法案發回，但無權代為立法。人大常委有解釋《基本法》的權力，但也要香港法院向人大提出釋法，才可以解釋。上次釋法雖不是由香港法院提出，但至少是特首提出。而這次董建華沒有向人大提出，人大卻作出決定，明顯是越俎代庖、不顧《基本法》的規定。

我相信二〇〇三年北京召董建華上京，一定向他表示要在施政報告中否定雙普選，而他顯然沒有做。我也相信北京有可能要求他向人大提請「釋法」，但他也沒有做。直到人大作出「決定」前，董還表示〇七、〇八的政制要向前發展。從中共看來，這是陷中央於不義。

董誤判自己的地位

中共越俎代庖插手香港事務，破壞一國兩制，引致國際輿論包括人權組織和美國國務院人權報告的嚴厲批評。

董建華敢於這樣做的原因，很可能是他過於自信自己在中共眼中有無可替代的地位。既低估了中共對不肯放權的堅持程度，也想挽回自己的低落民望。他在辭職時回答記者說，他「最大的遺憾是未能完成第二個任期」。這說明他是不想辭職的。

董建華父親董浩雲是航海業巨擘，董家與美國關係良好，過去與中華民國關係密切。隨著中美關係在一九七一年突破，董浩雲不久就帶著董建華在美國拜會中共駐美代表柴澤民。為早期《七十年代》寫過許多訪問大陸的歌頌文章的趙浩生，與董浩雲稔熟，經香港去大陸時多住在董家別墅香島小築。我也去過那裡。趙浩生跟我說董浩雲很「愛國」，他每次過港，董浩雲都請他講中國大陸的情況。

董浩雲去世後，董建華接管家族生意。一九八五年遭到破產危機，據說他向當時的新華社社長許家屯請求援手時，許大喜過望。即通過霍英東給董家借款渡過難關。

為什麼會大喜？《論語》說：「惠則足以使人。」你給人恩惠，就可以支使他。這是中國的政治文化。中共對於向他輸誠的「愛國」人士，向來任意踐踏，但對他曾經施恩的人士，反而信任與重用。而董建華的美國聯繫，固然可以做中國在改革開放中與美國的橋樑；與台灣的關係又有利於對台統戰；在港英時代曾當過行政局議員，也較能獲香港人信心。因此幾乎是不二人選。

但香港政制，既觸及中共的權力，也觸及中共權貴在香港的利益。董建華經多次提點，似乎仍冥頑不顧。迫於無奈，中共只好請他下台，讓港英培養、中共不怎麼信任的公務員出身的曾蔭權暫時接任。

不過，董建華其後因為同中共高層的關係，仍然對香港的政治發生關鍵影響。

（原文發布於二〇二二年六月二十九日）

166／董下曾上都是棋子

幾件事這裡作些補充。

一是關於一九九七年亞洲金融風暴中，香港動用外匯儲備擊退國際炒家。中國大陸網上都傳言是中國出手幫助香港挽救危機。而大陸人也都相信。

這是謊言說一千遍就變成事實的例證。當時中共的外匯儲備只有一千四百億美元，同香港差不多，怎可能由中國幫忙？時任財政司司長的曾蔭權說，整件事由香港官員操作，事後才告知中共。在二〇〇〇年時，美國總統克林頓還交代美國聯儲局主席格林斯潘訪香港時，要考察香港這個成功例子。

二是二〇〇三年大遊行後三位司局官員辭職，其實是出於不同原因。其中只有保安局長葉劉淑儀在力推二十三條立法時，理據欠奉並多次表現對反對意見的輕蔑，因而辭職。另二人的辭職卻並非犯了大錯。財政司司長梁錦松，於二〇〇三年被揭發他在宣布增加汽車稅前，購入一輛自用房車，卻沒有申報。衛生福利局長楊永強則因為他在香港沙士個案上升時，仍然公開表示「香港無肺炎爆發」，沒有引起社會警惕。二人過失若與日後一些高官的大錯和傲慢相比，真不算什麼。他們是在董政權低民望下過失被放大而受到輿論抨擊。

華風之弊終於無恥

我同梁錦松很熟，他在香港大學讀書時我們就認識，而且一直有來往。《蘋果日報》揭發他「偷步買車」前，曾經先通知他的新聞官，希望得到他的回應才公開此事。但他的新聞官沒有告訴他，等了兩天《蘋果》才揭發出來成為醜聞。他後來對我說，他放棄千萬年薪的銀行高職，去政府做官，怎麼會貪一點點稅金呢？但他說，問題不是他自己有沒有這種貪念，而是社會公眾認為他有，失去公信力，所以要辭職。

也許那個時代的高官，還有責任感和羞恥心。以後，就每下愈況。誠如清末民初的啟蒙思想家嚴復所說：「華風之弊，八字盡之，始於作偽，終於無恥。」香港在主權轉移之後，就一直受「華風」吹襲也。

第三件事，就是我前文講到董建華辭職的真正原因。有網友就說，倘若我所說屬實，那他就錯怪老董了。

我想補充的是，他沒有錯怪老董。我在回憶錄所寫的，都是我當時的觀察和分析，沒有想為誰申辯。包括董，和上面提到的梁錦松。我在接下來的回憶文章中，講到香港民主運動時，也不會因為許多民主派人士是我的朋友，因為他們後來被捕的不幸遭遇，而隱瞞我當時對他們言行的評判，不管他們是對或錯。

董建華當時何以會不顧中共的提點，而一意孤行想開展對選舉制度的諮詢呢？除了前文提到的原因之外，還同當時中國與香港的形勢有關。

二〇〇〇年美國取消每年檢討一次對中國的最惠國待遇，二〇〇一年世界貿易組織接納中國為成員國。這才為中國經濟起飛創造條件。這時中國想依靠廉價勞工和土地資源，吸引外資進入，卻缺乏國際聯繫。外資的進入有百分之七、八十靠香港，出口也有相當大部分通過港商而得到稅務優惠，高科技產品也要依靠香港引進。保持香港一國兩制，盡量不讓西方國家質疑，是當時中國的利益所在。就大陸個人權貴來說，也是他們的利益所在。

所以中共對香港的所有抗共、反共的聲音盡量啞忍；對董政權盡量不干預；對社會各階層，特別是商界一味好言統戰；也要求董建華與「不同意見的人士溝通」。董建華想要以政改來挽回民望，應該只是因應五十萬人大遊行的順勢而為。他絕沒有想到選舉制度的改變，涉及中共寸步不讓的權力。

香港民意不值一文

董下台後，中共基於他在九七開頭幾年給國際社會的印象不差，一國兩制基本確定下來，因此對他還想繼續「使用」，特別是借重他與美國政商界的關係和美國打交道。幾屆美國總統訪華，或中共領導人訪美，董建華都有參與或陪同。和中共高層接觸多了，他恐怕也就無法避免沾上「華風之弊」了。據聞梁振英和林鄭月娥當特首，都是他向習近平推薦的。因此，即使他下台是由於政改，以他後來的表現，香港人也沒有錯怪他。

接替董建華上台的曾蔭權，是離開學校後就受到港英栽培的精英。在中共敵情觀念主導的眼中，絕非可以信任的人選。用他來取代董建華，只是權宜之計。按照《基本法》的條文，特首出缺時改選新特首，那麼新特首理所當然是任期五年。當時無論民主派還是親中派，起先都這麼說。但中共放出來的消息，新選的特首只是完成董建華未完成的兩年任期。按《基本法》，這本是香港內部事務，應該由香港終審法院作司法覆核，但人大再一次違反釋法程序，作出只能完成未完任期的決定。

曾蔭權以七成的高民望，在無對手的情況下，被選為續任特首。在上京接受任命時，國家主席胡錦濤和總理溫家寶，對他也沒有像對董建華那麼尊重，而是充滿教訓口吻。曾蔭權也顯得有點誠惶誠恐。

不管換了哪一個中共領導人，香港民意在中共黨的眼中都不值一文。中共不會為了五十萬人遊行而讓民意支持度只有一成六的董建華下台，也不會因為曾蔭權有七成高民望而對他尊重信任，反而只會對他有戒心：擔心他挾民望而同中央議價。

（原文發布於二〇二二年七月一日）

167／論政生涯下半場兼憶倪匡

我的論政生涯大約可分為上半場和下半場。

上半場是從一九七〇年創辦《七十年代》到一九九八年《九十年代》結束。我和雜誌的關注點主要在海峽兩岸，儘管後十多年關注香港前途，但讀者、作者及影響力以兩岸為主。對中國大陸的報導和認識，經歷了徹底的改變，大陸局勢使我和讀者、作者有了「從認同到重新認識中國」的過程，並因此成為獨立的媒體。有大陸朋友認為，在四人幫事件後，雜誌對大陸局勢有正面影響，但我認為這影響無法動搖專權體制的絲毫。對台灣，我們雜誌則順應台灣黨外的潮流，發揮了「外轉內」推動民主化、自由化的一些作用。

在香港，作為「反回歸」派的主張，雖據理力爭，卻無力回天。九七主權轉移後開頭一年，發現沒有想像中那麼糟。於是，在傳媒環境改變下，雜誌休刊。上半場畫上了句號。

我放下沉重的編務，移民加拿大，遠距離為《蘋果日報》寫評論專欄。我的關切離不開香港。二〇〇三年香港五十萬人大遊行後，我又回香港長住了。

開寫不涉政治專欄

這就開始了我下半場的寫作生涯。除了《蘋果》的議政專欄外，我還在《經濟日報》副刊寫不涉政治的專欄，在香港電台開始了每週五天的「一分鐘閱讀」節目。後來在《蘋果》副刊也寫過每週四天的專欄，偶爾還客串寫社論。到二〇〇五年，黎智英邀我擔任論壇版主編。這以後，我為《蘋果》固定寫社論，後來寫「世道人生」專欄，深度介入了主流媒體對香港的政治論述中。

這論政生涯的下半場，我廣泛閱讀，挑戰性的思考不斷襲來。對於已屆退休年齡的我來說，並不平靜。我不斷產生思想上的反省和糾結，在耄耋之年受到香港年輕人的精神召喚，對逐漸沉淪的香港越發有難捨難離的感情。

在香港主權轉移二十年的過程中，我目睹承接八九民運思潮的「愛國民主派」的興起與衰落；中國大陸經濟的起飛、膨脹和對香港的侵凌；年輕本土派的崛起，他們與傳統民主派的矛盾以至對立；香港傳媒、政界以至整個社會從文明到「始於作偽，終於無恥」的淪落……。這段變化之速、之惡劣、之深刻，給我的教訓、對我人生的影響，比上半場論政時代更甚。我寫下的文章，留下的政論結集，自認為比上半場有價值，甚至不謙卑地、冒大不韙地說，我的寫作對香港年輕一代思想有一定的影響。

正在寫此文時，友人傳來噩耗：老友倪匡走了！

哀傷之餘，我不禁想到在中英談判期間，倪匡是和我一樣，公開表示反對九七轉移主權的寫作人。我們的想法反映社會上的多數，卻是公開表達這意見的少數。二〇一九年他曾跟我說，如果當年香港有一百萬人遊行反對主權轉移，英國一定不會同意讓出香港主權。只可惜當時香港絕大多數市民沒有這種自主性。前兩天台灣作家顏擇雅問我，英國或會猶豫，但中國呢？也會因為香港有一百萬人上街而不「收回主權」嗎？我的回答是，倘若在簽署聯合聲明之前，那真的有這種可能。因為中國那時候確實需要香港去吸收外資、與國際聯繫，做金融轉換和進口高科技產品等等。

中國不是很要面子嗎？我說，對中國來說，實利比面子重要。面子可以用不同說法去掩飾。比如二〇〇五年與俄國簽訂條約，承認清朝割讓和俄國後來強佔的一百四十四萬平方公里土地，中國可以說這是「歷史遺留的問題」；但台灣、香港、釣魚台等就說「自古以來是中國領土」。什麼是「歷史遺留的問題」，什麼是「自古以來的領土」，都視政治實力與現實利益而提出不同說辭。

當然，這是指中英還沒有達成協議之前。簽署了聲明，香港就成了囊中物，不會再交出來了。前幾篇文章引用過邵善波的話是：你要北京不收回香港還容易些，你要它收回後不管香港事務，就根本不可能。

絕不會向人民放權

一百萬人遊行也許可以使北京重新考慮要不要收回，但收回後則不管你多少萬人上街，北京都會認為這是挑戰它的權力，不僅不會退讓，而且還會視為敵對勢力而加碼嚴控。

之前又提過我們的作者朋友王正方，在一九八七年他提出關於中國的「王氏定律」，就是中國的經濟發展加政治自由等於一個常數。[1]這說法，與西方一些人認為經濟發展可以促進政治民主的想法相反。

香港九七後無論是法輪功「天滅中共」的街頭宣傳、媒體對中共暴政的揭發、二〇〇三年五十萬人的大遊行，中共都啞忍。二十三條立法被迫收回，除了香港的親中人士或大陸的所謂法律專家，中共真正掌大權的如江澤民、曾慶紅等都沒有表示意見，甚至還釋出對「不同意見」者的善意。這就是「王氏定律」在中共經濟亟需香港時的運用。

但對表達自由的容忍不表示可以在體制上削弱中共管控香港的權力。也就是說，即使出於經濟的需要，也絕對不會在政治體制上向人民放權。魏京生被捕時，北京西單的民主牆貼滿了批評中共的大字報，但魏京生要求的是政治民主化，要中共向人民讓出權力，這就要抓起來了。[2]董建華不是因為政績和大遊行而下台，是因為他要推政制改革而下台。

《中英聯合聲明》後，香港抗共運動基本上由「愛國民主派」主導。但在中共眼中，愛國必須愛黨，而民主派則不論爭取中國民主還是香港民主都是「反黨」。我和倪匡在這方面有共識，但香港民主派大都沒有這種認識。

（原文發布於二〇二二年七月四日）

1 參考篇目153。
2 參考篇目88。

168／香港文化界的墓碑新誌

倪匡和幾位文化界朋友走了。傷痛中，想到早前陶傑兄曾指我這回憶錄會是香港文化界的集體墓誌銘。若是，那麼這墓碑上也應該刻上那幾個名字吧！

倪匡七月三日離世。前一天是導演及編劇羅啟銳逝世。一週前的六月二十三日，是舞台劇演員和編導古天農猝逝。兩人終年都是六十九歲。再早幾天的六月二十日，是曾任《信報》總編輯的邱翔鐘在倫敦病逝，終年八十四歲。較早的三月六日，是前助理廣播處長、《頭條新聞》始創人之一施永遠離世，終年六十六歲。

連續的不幸消息，雖說生死有命，卻像是意味著文化界不同領域的花果飄零。

最近在一九八三年的電影《半邊人》（修復版）中見到古天農第一次當電影演員。那是我初認識他時的青澀容貌，當時他還是學生，參加校際戲劇演出。後來他成為香港舞台劇中的標誌性人物。我看過他的劇作《我和春天有個約會》及《南海十三郎》。

邱翔鐘大半生在英國ＢＢＣ工作，來香港《信報》任總編輯的時間只有四年。二〇一六年我去英國曾到他家作客。他一直關心香港的狀況。

所有在香港電台電視部工作過的編導或監製，對施永遠都交口稱道。無論是在張敏儀時代的開創性節目，或是在二〇一五年退休前那幾年頂住上級壓力的堅持，施永遠對言論自由的維護都功不可沒。

倪匡的談笑風生

網上談倪匡的人很多。在眾多引述他生前談話的影片中，被分享最多的是六四後他在電視節目《今夜不設防》的談話。他以非常焦慮的語氣講到離九七還有兩千九百四十四天，日子會過很快，為了避免慘劇發生，他認為香港人應該立即去南美洲買一個島，大量人口遷徙過去。黃霑顯然不認同，他提出留在香港的人該如何自處。倪匡說，如果留在香港繼續爭取自由民主，是很危險的。北京學運從頭到尾，沒有叫過打倒共產黨的口號，只說要自由，要民主，反貪污，反官倒，這樣都被指為反革命暴亂，那香港百萬人遊行，還不是反革命行為？

他還說，中國地方大，資訊封閉，人民順從。翻查人類歷史，一個地方的民主自由，從來不是靠遊行、請願可以得到的，只有靠革命才可以改變。清朝那麼腐敗，軍力薄弱，孫中山也要靠革命，而且失敗了不知多少次才成功。相對來說，中共的組織力和暴力機器強大多了。

大約基於對中共極權統治的認識，他「買一個島」的設想又得不到響應，於是他在一九九二年移民美國去了。在那裡十五年，到二〇〇七年才搬回香港。他說是太太不習慣在美國的生活。而我相信是因為香港儘管政治、社會在倒退，但司法獨立維持，市民仍有法律權利的保障。在香港過日子，仍然安心和較能適應。

我們有時在飯局碰頭。他有一段時間在《蘋果》副刊寫稿，文章依然生動，且一貫地反共，後來他擱筆了，說自己一生寫作的配額已經用完。

後來聽說他身體不好，走路不太方便，他太太也患了腦退化症。我們最後一次茶敘是二〇一八年四月在他家附近茶樓，黃毓民作東邀約，同席還有陶傑和蘇賡哲。大家難得見面，於是東南西北，無所不談。

倪匡腦筋靈敏，妙語如珠。他說，中共有些提法很奇怪。比如「中華民族偉大復興」，究竟指復興到什麼時代？因為「復」就是「回復」、「恢復」，是復興到唐、宋呢，還是復興到國民黨時代？

他又說，「中國夢」的說法也很奇怪。因為「夢」通常是形容現實做不到的事，「做夢去吧」「做什麼白日夢」，做夢的意思就是不會實現。我說，這可能是偷取馬丁路德金的〈我有一個夢〉的演詞而來。不過，金的演詞是作為受壓迫的族群，向掌權者爭取黑人人權，意思是：這本來是憲法賦予的權利，現在變成現實不存在的夢想了，由此給主流社會壓力。作為國家領導人叫全民去做夢，確實是很奇怪的事。

抗共與本土合流

倪匡提到「國歌法」，他說中國現在的國歌，是抗日歌曲，歌詞內容跟現在大陸主旋律的宣傳，完全相反。叫人不要做奴隸，但現在要人民七不講，不得「妄議中央」，不就是要做奴隸？而習近平的「中國特色社會主義新時代」怎麼會是國歌裡「中華民族最危險的時候」呢？叫奴隸們「起來」，不就是要顛覆政權嗎？

最後一次見倪匡，是二〇一九年八月。那時一個還在念中學的倪匡粉絲，求我找倪匡在他的書上簽名。我帶她去了。倪匡見到年輕人很開心，說他支持年輕人的所有行動。他重複過去說過的話：「人類之所以有進步，是因為下一代不聽上一代的話。年輕人不要聽『老頭』的話，『老頭』的話不用理，你要去找尋自己的想法。」

那時正是反送中熱潮。「當年若有一百萬人上街，英國就不會輕易放棄香港」這段話，就是那時候他跟我說的。

我跟羅啟銳不算很熟。但我欣賞他和他的妻子導演張婉婷的電影作品，尤其是《秋天的童話》和《歲月神偷》。《秋天的童話》講香港人在外國相濡以沫的故事，在三十多年後大量香港人移居國外的今天，特別值得回味。

二〇一〇年的《歲月神偷》講上世紀六十年代香港的底層故事。殖民地時代的「借來的時間，借來的空間」，也可以說是「偷得浮生」的「偷來的歲月」。那時香港人勇於面對困難的精神，左鄰右舍如一家人的社會風貌，人與人相互包容的溫馨情懷。

就是在這種環境下，香港人有了自己的身分認同，也產生了所謂香港精神。什麼是香港精神？它就是在法治自由的保障下，立足香港，不怕困難、不求掌權者恩賜而自立自強的精神。

電影取景在一條老街。而隨著城市發展，這條老街也面臨所有老房子都要拆卸重建的命運。許多香港人懷念舊物，呼籲政府保留一些舊區，毋寧說是懷念那個時代的香港精神。影片既反映、也引導了香港本土意識的興起。

在香港文化界的墓誌中，記下抗共意識與本土意識的合流。

（原文發布於二〇二二年七月六日）

169／愛國民主派的錯念

九七主權轉移後，香港的抗共運動就一直由「愛國民主派」主導，直至二〇一〇年之後，本土派在香港興起，並在年輕人中逐漸成為主流。我在二〇一三年出版《香港思潮》一書，引言是「從無到有的香港本土意識的興起」。有關本土意識，容後再談。[1]

這裡先談談二〇一〇年之前愛國民主派主導的社會意識。

自從一九八〇年「九七」問題浮現以來，香港人一直在抗共的社會思潮中掙扎。開始時，香港人寄望在中英談判中，達致九七後英國以某種形式留下來，包括「延後轉移主權的日期」、「主權換治權」、「九七後繼續留在英聯邦」等等。而當時大專界關心國族命運的學生領袖們，就從概念出發反對殖民主義，嚮往民主和民族主義，支持中國「收回主權，民主治港」。中共總理趙紫陽給港大學生會的覆信說：「保障人民的民主權利，是我國政治生活的根本原則。將來香港特別行政區實行民主化的政治制度，即你們所說的『民主治港』，是理所當然的。」

一些對中共有幻想的人士，包括天真的學生，就認為中共承諾給香港民主了。他們都忽略了這段話的前半截：「保障人民的民主權利，是我國政治生活的根本原則」。意思就是中國現在已經是「保障人民的民主權利」了。換句話說，將來香港實行的「民主治港」也離不開中國式的民主。所以，我參與的「香港前景研究社」[2]的朋友，和倪匡這些作家，並不相信趙紫陽講的「民主治港」。民調也顯示，大部分香港人不相信中共承諾。移民潮此起彼落，「起」是中英達成協議和六四屠城；「落」是因為香港仍然繁榮，有賺錢謀生機會。

愛國與愛黨不一樣

且岔開話題談談趙紫陽。八九民運後，許多人都因為趙紫陽反對鎮壓並為此下台，對他持肯定態度。實際上，根據解密文件，戴卓爾夫人當年訪問北京，主要的談判對手是趙紫陽，見鄧小平只不過是鄧對趙提出的「九七收回主權」作權威確定。也就是說，趙紫陽當年對香港人說「民主治港」，是包括他自己在內的中共領導層的共同意向。就如同胡耀邦，在文革後掌權儘管顯得比較開放，但在一九八五年接受陸鏗訪問時談台灣統一的話，「那就要帶點強制性了」。[3]

中共的高層領導，無論後來有過怎樣開明的表現，但能夠上到高層，幾乎一定在長期「製造血污海」[4]的鬥爭中，曾經心狠手辣地執行過殘酷政策。許多中共黨員，表面都很開明，甚至本性也可以說不壞，但參加了這個列寧式政黨後，合起來就會做出傷天害理的事。

除了趙紫陽給港大學生會的覆信，鄧小平在一九八四年談到一國兩制時說，港人治港「必須由以愛國者為主體的港人來治理香港」。[5]又說「可以罵共產黨，我們不怕他們罵，共產黨是罵不倒的」。他的意思可以詮釋為香港人可以「反共」，只要不「反中」就是愛國者。

誤解「反共不反中」

八九民運後期，香港成立了支聯會。香港大部分市民一方面同情中國學生反專政、爭民主，另方面更重要是對九七感到憂慮、對《基本法》的起草絕望，期待中國可以實現民主從而會帶來九七後香港的民主自由人權，於是也參與支聯會的活動。

支聯會擺明「愛國」，亦沒有反對中國「恢復對香港行使主權」。後來成立與支聯會一體兩面的民主黨，走的是同一路線。支聯會主席司徒華，在立法會是民主黨的黨鞭。他們的路線可以概括為「反共不反中」。符合鄧小平的「可以罵共產黨」但「尊重自己民族」的愛國者標準。倡導民主，既符合《基本法》所定最終實現特首和立法會雙普選的目標，亦沒有違反鄧小平的「愛國者標準」，更呼應中國總理曾經在信中支持的「民主治港」。

九七後，支聯會繼續舉行六四燭光晚會，以提升香港市民的中國人意識。二〇〇〇年，民主黨主席李柱銘訪美遊說國會議員支持中國加入世貿，並給予中國永久最惠國待遇。意見廣受國會議員引用。翌年底中國正式入世。

同年五月，立法會以四十三票贊成、零票反對、一票棄權通過了「反對台灣獨立」議案。

1 參考篇目177-181。
2 參考篇目115。
3 參考篇目136。
4 參考篇目11。
5 參考篇目145。

所有民主派議員都投了贊成票，只有吳藹儀投棄權票，理由是這個議題不屬於香港立法會權力範圍。

但在中共眼中，民主派這些「愛國」動作都是不算數的。為爭取香港民意與國際認可，提出「可反共不可反中」的「愛國者標準」也是不算數的。甚至正相反。中共在意的是「共」而不是「中」。「共」意味權力，反共，民主，都是要削減中共的絕對權力，這是絕對不能讓的。至於「愛國」嘛，中共掌權者的觀念就是「愛黨」。若不「愛黨」而「愛國」，比如為中國進入世貿去美國遊說、「反台獨」的表態，對中共來說都可有可無。若「愛國」是愛中國人民，為人民爭取自由、民主，反對專權統治，尤其是提出「還政於民」，那更是大逆不道。

中共嘴裡說的，跟他們的想法正好相反。果真民主、還政於民，那麼還有黨和我個人的特權嗎？

（原文發布於二〇二一年七月八日）

170／立國全憑一口戈

我的人生下半場從《九十年代》休刊後開始，編輯寫作的主要平台在《蘋果日報》，也在其他報刊寫專欄和在電台主持讀書節目。與上半場相比，下半場沒有經營壓力。即使主持《蘋果》論壇版，也只是負責選稿、決定頭條、文章配置和看大樣而已，另有助手負責具體編務、稿酬結算等等。故下半場可以說是更能集中個人自由思想的時期。又因面向香港讀者，所以主要關注香港的局勢變化，儘管也會涉及兩岸話題。

下半場的編寫工作也持續了四分之一個世紀。雖然已年逾六旬，想不到仍然對人生有重要的考驗。這期間，我出版了十多本書，其中至少有八、九本是政論合集。在這個回憶錄中，我不打算仔細去描述這段時期的香港歷史。我只選一些對我的心路歷程有影響的事情來談談。

就香港九七後二十五年變化的總趨勢來說，不能不說與中國的經濟發展有關。因此，我首先從中國的變化講起。

中國經濟從衰敝到起飛，並非如中共宣傳所說，只因為它實行了改革開放政策。實際上，中國的改革只限於經濟領域，而且是開放為主，改革不多。政治就完全沒有改革。起飛的關鍵在於美國在二〇〇一年給予中國永久最惠國待遇，從而使中國進入世界貿易組織。過去美國每年檢討一次這種待遇，使一些國際企業有戒心，不敢在中國作長線投資。二〇〇一年的改變，使中國成為可提供廉價勞工、廉價土地，可不顧生態環境的最符合跨國企業利益的國家，並迅速成為世界工廠，每年GDP增長都是雙位數。

經濟與政治的關係

李柱銘在回憶錄中提到，他前往美國遊說讓中國入世，是想藉此使中國懂得和遵守合約精神。我相信美國政府當時的想法也差不多。西方學術界的自由主義者，從一些國家或地區如南韓、台灣的經驗，多認為一個國家的經濟發展了，平均收入增長快了，富裕階層和中產階層多了，自然就會覺得需要遵守合約，需要有法治與民主制度去保障私有財產、個人自由。

但對於一個有兩千多年專制主義傳統、再加上比蘇共更極端的極權執政黨來說，就不是這樣。我在前文介紹王正方在一九八六年提出的「王氏定律」[1]，即經濟發展加政治自由等於一個常數，似乎更能說明現實狀況。有網友留言對「王氏定律」提出質疑，說現在中國的經濟不斷下滑，按王氏定律不是應該政治上較為放鬆嗎？為什麼反而更收緊呢？

需知，經濟下滑與否，不是根據客觀數據，而是中共領導人說的才算數。即使文革後期，經濟已到了崩潰邊緣，在毛澤東還沒有死、四人幫還沒有倒的時期，包括周恩來、鄧小平都不敢說經濟衰敝，而且也都在講什麼抓革命促生產、大寨精神、大慶精神之類，直到毛死、四人幫垮台、文革結束，再過一年，鄧小平復出，才講文革後期經濟到了崩潰邊緣，才開放民主牆讓人民貼大字報。

資產盡量轉移境外

現在，許多海外論者都認為中國有嚴重的經濟危機，但在中國媒體就完全看不到這種報導。網上哪怕上海及一些地方封城兩三個月，經濟衰退，老百姓叫苦連天，但中共掌權者甚至許多普通人還自我感覺良好。至今，中共還沒有感覺到經濟下滑到危及政權的程度，也就是說，還未到「不見棺材不流淚」的時候。

更出乎西方自由主義者想像的，就是中國的高官、特權階層、暴發戶，甚至大部分中產者，都想盡辦法把自己的家人、財產轉移到境外，最好到美歐加澳，否則先轉到香港，再圖謀外轉。而他們自己則繼續留在中國撈錢。這在中國有個名稱，叫「裸官」。中國的說法是：只有把錢轉到境外、家人移居境外，這財產和家人才真正屬於你的。網上流傳一段二〇一七年美國前第一夫人希拉莉的講話，她說中國90%的高官家屬和80%的富豪已申請移民，或有移民意願。中國知名的反美鬥士網紅司馬南，也把老婆、孩子、財產全送到美國，他說出一句名言：「反美是工作，留美是生活。」

中國的經濟發展，關聯到中國在香港的政策，似乎都在實現「王氏定律」。中國對香港的政

1 參考篇目153。

策二十多年來越收越緊，是基於中國的經濟在全球化中起飛，而且已伸展到美歐和全球，香港早已不在他們眼中了。對中國來說，《中英聯合聲明》、《基本法》已完全沒有再遵守的必要。

如何形容一個靠暴力打下江山和以暴力維持的政權呢？我突然想起十多年前在《蘋果》副刊寫專欄時，曾經有一段日子寫中國奇妙精彩的對聯。其中，我提到一些極其難對的所謂「絕對」，徵求讀者來玩這種中國古代流傳的文字遊戲。結果發現原來香港市民臥虎藏龍，是對聯的高手，居然對出了許多「絕對」。

當時，有一位署名金弓的讀友，提出了一副下聯，他說想了十多年，都想不出上聯。他的下聯是：「立國全憑一口戈」。它的難處是「國」字含一口戈三個字，又體現出全憑暴力革命建立政權和全憑暴力維持政權的事實。單是這個下聯，就出得極為神妙。想不到我在專欄提出後，居然有甚多來件嘗試對上聯，而且大都符合要求。最後，由金弓君選出上聯。這裡賣個關子，容我在下文揭曉，並再談與此有關之趣事。

（原文發布於二〇二二年七月十日）

171／令我著迷的聯語

我在年輕時就喜歡中文對聯，收集、背誦，與朋友談論，甚而到了著迷的程度。在回憶錄中，如果不談一下對聯，不講講我二〇〇七年在副刊中談聯語所引起的迴響，就覺得缺了一角。

前文說賣個關子，此文才揭曉「立國全憑一口戈」的上聯，但在留言中已有網友翻出我四年前的文章提到當年被選中的上聯是：「建廟宜擇十月早」。

當年我在專欄徵聯時，曾列出許多讀友應徵的上聯。我對聯語雖喜好但不精通，也沒有評選委員會，就交由出題的金弓君去選出他認為最好的上聯。「建廟宜擇十月早」出現，因「廟」字含十月早三個字，中共立國無疑是建立一座有一尊大菩薩，又有無數小和尚念經的廟宇，而建廟也是十月一日的「十月早」。以之為「立國全憑一口戈」的上聯，正可以說明「那建在十月早的廟堂，靠的全是槍桿子」。

其實好幾個讀友提出的上聯也很不錯，比如：「圈地但為半邊土」、「成家祗靠這頭豕」、「亡黨皆因堂內黑」，還有「當官常備兩張嘴」，即「官字兩個口」，往往前言不對後語。

更有讀者以金弓君這一下聯，湊成一詩：「孤家盡毀千年史，立國全憑一口戈，文化空言盡無賴，胡來入世漢唐歌。」

自有其特殊之美

對聯，是中國文字獨有的意趣。如梁啟超所說，是中國文字構造所產生的文學，「自有其特殊之美，不可磨滅」。梁啟超在一九二三年他太太病危期間，陪伴在側半年，每天只翻讀幾本宋詞，在苦痛與無聊之中，就把不同的宋詞句子，湊成一副副意境美妙深邃的對聯。後來他在〈苦痛中的小玩意兒〉一文，錄下這些集詞句聯共五十副之多。其中受不少人引用的是集辛棄疾、姜白石等人詞章的聯語：

燕子來時，更能消幾番風雨；
夕陽無語，最可惜一片江山。

我二〇〇八年出版第一本政論集《放逐》時，就在卷頭引用了這副聯語。

第一本政論集《放逐》（2008，次文化堂）。

在舊日中國，不少名勝古蹟，都有對聯。有名人寫的，也有無名氏作的。被稱為天下第一長聯的，是署名孫髯所作氣勢磅礴、飽含歷史荒蕪感慨的昆明大觀樓名聯。這兩百多字長聯我至今都能一字不漏背出來。在網上搜尋也可以找到，這裡就從略了。

舊日食肆也往往在門前撰寫對聯，其中廣州大同酒家的對聯使我畢生難忘：「大包不容易賣，大錢不容易賺，針鼻鐵，盈餘只向微中削；／同子來飲者多，同父來飲者少，簷前水，涓滴何曾見倒流？」此聯頂嵌「大同」二字，短短兩句，寫盡世情。五、六十年代，我常去飲茶的香港上環大同酒家，也有書家區襄甫書寫這副對聯的鏡框。

另一著名的食肆對聯，是杭州三雅園茶樓的聯語：「為公忙，為私忙，忙裡偷閒，吃碗茶去；／求名苦，求利苦，苦中作樂，拿壺酒來。」

高手一直在民間

對聯要講對仗，講平仄，講詞性，上下聯同一位置的字不能重複。現代人懂這一套的不多。有時候看到許多不成對的所謂「對聯」濫竽充數，也不知是好氣還是好笑。因此，二〇〇七年我在《蘋果》副刊談對聯時，引來如此多高手的回應，實在讓我頗感吃驚。

就像我在辦《七十年代》時，因為園地開放，引來許多美歐的台灣留學生紛紛來稿一樣，即使在許多人認為中西混雜、沒有多少中國文化傳承的香港，居然也有這麼多楹聯高手，回應我的徵聯。由此可證明，言論自由煥發的能量，是不能低估的。我們認為不可能發生的事，也會在自由的空氣中發生。我後來主編《蘋果》論壇時，又一次驗證了這種觀念。

梁羽生在《七十年代》創刊號上，以筆名寫了一篇〈粵語怪聯與怪詩〉。他介紹了清末民初的何淡如用粵語寫的妙趣橫生的對聯，其中膾炙人口的一句是：「一拳打出眼火／對面睇見牙煙」。[1]粗看起來，是順口而出的俗語，但仔細品味，才發現每一個字都對得工整。又如：「有酒

1 參考篇目65。

何妨邀月飲／無錢哪得食雲吞」。粵語的「雲吞」，即國語的餛飩。以雲吞來對月飲，真是匪夷所思。

對聯中有所謂「諧對」或稱「無情對」，即上下聯文義毫無關連，但卻工整得離奇，例如：「五月黃梅天」，下聯對以「三星白蘭地」；「公門桃李爭榮日」，對以「法國荷蘭比利時」。都是無情對的傑作。

「絕對」就是因為句子的文字結構奇妙，而極難對出的下聯或上聯，就如前文所說的「立國全憑一口戈」。

絕對中被認為最難的，是明末陳子升的「煙鎖池塘柳」，這個上聯的五個字，分別帶金木水火土，而且描述煙霧鎖住了象徵別離的柳樹，意境淒迷。這個上聯被認為是千古絕對。歷來有不少人對出，但總嫌詩情畫意不足。

我在《蘋果》副刊中拾人牙慧，提出過的絕對，有「妙人兒，倪家少女」，人兒為倪字，少女為妙字。要以同樣的結構對出下聯。我考過倪家的亦舒和倪匡，他們都沒有對出來。

另有兩個絕對，一個是「食包包食飽」，另一個據說是小說家古龍提出的「冰比冰水冰」。前者兩個包字有不同詞性，而食包二字就合為飽。後者則三個冰字都有不同詞性，難度都極大。

不過，在我提出徵對之後，還是有讀者中的高手對出來了。下文再談。

（原文發布於二〇二二年七月十三日）

172／不解解不解，不解不解

中文的對聯，源自於古文中早就出現的駢儷對偶文體，這是中文字構造所特有的。古代詩詞，常會嵌入對偶的句子。梁啟超說，在宋以後，對聯就在社會上單獨出現，成為名勝或家門前的巧飾。到一處地方，見有對聯，會增加遊興。我喜歡對聯，是因為它精緻、巧思，和對應句子中所含的思想及意境。

對聯中最讓人反覆思考的，無疑就是「絕對」。例如前文引述的「煙鎖池塘柳」，自明末陳子升寫出來後，幾百年有無數人試對。很多人都對得出，五個字分別含金木水火土「五行」的句子。但對得出，不等於對得好。梁羽生曾寫過〈「煙鎖池塘柳」尋根〉一文，提及陳子升自己也嘗試為幾首詩對下聯。梁認為「燈垂錦檻波」，以燈光覆蓋波光的意境，對得最好。

他又提到一位香港人駱廣彬以「港城鐵板燒」來對「煙鎖池塘柳」，就既合五行規格，又有香港特色兼具諧趣。

有網友說，我曾在電台節目中講過「妙人兒，倪家少女」的下聯，其中一個是：「信言者，諸姓人言」。這個下聯也是駱廣彬對出的，並收進梁羽生的《名聯觀止》一書。

讀友寫來這絕對的下聯甚多，其中「悟言者，諸佛吾心」，就不僅工整，意境也超脫。「食包包食飽」也有許多讀者對出下聯，較可取的有「人主主人住」和「衣壯壯衣裝」。「冰比冰水冰」對出下聯的有：「雪崩雪山雪」、「食要食良食」、「狼較狼狗狼」、「正貨正上正」，我覺得都不錯。

作家孔捷生從大陸網民中找到一個世紀絕對，就幾乎把所有高手都考倒了。這絕對含不雅字，聯為：「金日成正日，日成金正日」。「日」為北方話「屌」的意思。（大陸有人曾將「人民日報」稱為「日人民報」。）這一個上聯真是出得太巧妙。不過，還是有人對出了：「馬歇爾才歇，歇爾馬才歇」，雖巧妙和意思不能與上聯比，也算難得了。

歷來聯語舉例

我的專欄寫聯語多了，有讀友游文君寫來一上聯徵對，很有意思：「至親不見新中國，心愛僅存舊中華；簡體出，鬼神哭。」

其後又自撰下聯：「禮失曲豆沉九鼎，地靈火赤旱神州；正氣塞，天地泣。」

這是愛中國文字者在哭簡體字。簡體之「親」字無「見」旁，「愛」字無「心」。禮字不見了曲與豆，曲豆成「豊」字，是古代行禮之器。九鼎，是古代祭祀天地祖先時所用、象徵九州的器物。秦統一天下之後已湮滅。「靈」寫成「灵」，預兆「火赤旱神州」。

亦有高手對出下聯：

「學業無根古漢語，門開全變今漢字；歪風起，花草謝。」（簡體字的「業」字沒有根，

「開」字的門也不見了。

另一對出的下聯是：

「身體去骨失精髓，保衛無道喪國魂；靈氣損，乾坤亂。」（簡體之「体」字無骨，「衛」字無道可「行」，「靈」字損壞，「乾」也變了「干」。）

有人認為繁體字是正體字，簡體字則屬殘體字。推殘體而廢正體，「一語成讖」，是否會導致「正氣塞，天地泣」，「靈氣損，乾坤亂」？

讀友香江釣翁提出一聯語，徵求下聯，也很有意思：

「人境廬主人黃遵憲，名遵憲，悟遵憲，夢遵憲，炎黃子孫人人遵憲，人境太平矣」。

黃遵憲（一八四八－一九〇五）是清末詩人、字公度，別號人境廬主人。

香江釣翁應是長期心有所感，才發「遵憲」之願。因炎黃子孫最常見之事，就是「人人違憲」。遵憲，即法治，而中國則永遠脫離不了人治。人治延伸到主權轉移後的香港，於是「人境不太平矣」。

喻意好，但就非常刁鑽難對。有聯語高手說：顧得了對仗工整，又顧不了平仄聲韻，顧得了人名切合，又顧不了史實。

不過，香港還真有不少人對出了，我首選署名伯森的下聯：

「老學庵長老陸務觀，字務觀，思務觀，學務觀，華夏兒女個個務觀，老學興旺哉。」

陸務觀，就是宋代詩人陸游的名號。「務觀」的意思，伯森君解釋說：「可解作致力於研究達觀真理。也可解作：從事於研究細緻的思維。古語云：粗思曰覺，細思曰觀。此之謂也。觀，是道教廟宇。因此，務觀還可以解作：致力於老學道教。」

徵聯的故事，講之不完。這是我寫作生涯中有趣的一頁，就此打住吧。

最後，引一副講絕對的上聯：

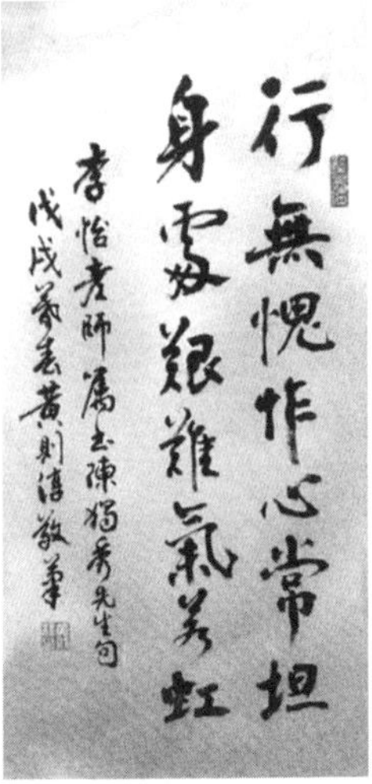

李怡喜愛的名聯之一，也是他的座右銘，陳獨秀撰：「行無愧怍心常坦，身處艱難氣若虹」。友人黃則淳書贈。

「思絕對，吟絕對，絕對對絕對，絕對絕對。」

最後兩個「絕對」，不是同一意思，一是講對聯中的「絕對」，另一是我們平日所說的絕對。

有人擬出下聯：「論不解，言不解，不解解不解，不解不解。」

想起二〇一九年特區政府修改《逃犯條例》時，所有香港市民都「不理解」，年輕的、年老的、有知識的、無知識的、法律界、傳媒、家庭主婦、外國政要，人人都不解，只有政府的「送中三人組」（特首、律政司長、保安局長）說他們了解。他們說了解卻又不與任何團體講他們怎樣了解。於是，就應了這聯語的下聯。

不過，這世界以不解解不解的人還真是很多。

（原文發布於二〇二二年七月十五日）

173／九七頭十年的民主派

台灣有朋友跟我說，黎智英應該是統派吧！他從黎智英公開反台獨、反港獨，甚至指示香港《蘋果》的編輯主管遏制宣揚「本土」的文章，導致香港《蘋果》後期受到香港年輕人「罷買」。香港年輕人指他和泛民主派是「大中華膠」，「膠」的意思就是「思想觀念僵化」。比如「左膠」就是指「平等」壓倒自由的思想觀念「僵化」。「大中華膠」就是指追求中國社會進步、民主自由，到了不顧現實的「思想僵化」地步。

按我對黎智英和泛民主派的認識，不能以台灣朋友常用的「統」「獨」二分法去形容。我認為他們不是「統派」，當然也絕不是「獨派」。就黎智英的基本思想來說，應是「美國派」，而且屬於美國「新保守主義」派。包括他在內的泛民主派，或者我之前講過的「愛國民主派」[1]，其實都不支持「統一」：無論是香港走向一國一制的統一，還是台灣與中國的統一。但他們也不支持「台獨」「港獨」。

原因是從國際關係和政治現實來看，台獨、港獨都不現實。美國和西方世界所支持的是「不統不獨」。就台灣來說，西方支持維持現狀，反對以任何方式尤其是以武力改變現狀；就香港來說，西方支持《中英聯合聲明》所列出的所有中國對一國兩制的承諾，反對中國聲稱「《中英聯合聲明》已沒有現實意義」的論調，也反對香港獨立於中國之外。

就國際戰略形勢和現實政治來說，香港維持九七開始時的狀態，是西方國家和香港人當時認為最好也是唯一選擇；對台灣來說，「統」與「獨」的主張都沒有意義，因此，「不統不獨」也是唯一選擇。

中共民主承諾不可信

我與泛民主派在這方面最大的不同，是在二〇一五年香港大學的學生報《學苑》提出「香港民族論」的時候，我從維護言論自由的基本人權出發，認為「香港人有宣傳港獨的言論自由」。因為「講」而已，又不是行動，更不用說有行動力了，為什麼不行？當然，香港人也有宣傳一國一制即完全統一的言論自由。我在《蘋果》社論中寫過一篇〈香港人有宣傳港獨的言論自由〉，據知黎智英很感冒，不過他沒有當面跟我說。

但這是香港抗共運動後期的變化。

在抗共的早期，也就是中英就香港前途問題談判的八十年代初期，那時我跟後來成為民主派主要角色的司徒華已經認識頗久了。在一九八一年《七十年代》脫離左派獨立經營的募資[2]中，司徒華與他任會長的香港教育專業人員協會（簡稱教協）的幾個骨幹，合共投資了十萬港元支持我另起爐灶，佔股份的七分之一，是支持較多的一個群組。從他這個行動來看，他更在意的不是「一國」，而是「兩制」中的自由。

我跟司徒華較有深交。他早年思想左傾，參加過中共的青年團，也嘗試過要求參加共產黨，但未被接受。我在《七十年代》創辦初期認識他。八十年代就香港前途問題交換過不少意見。他的「愛國」思想包含過去追求的「民主中國」的理想，因此，他接受中共輕言的「港人民主治港」。到六四後，仍然以「支援愛國民主運動」為畢生志業。

我曾經跟他爭論過，我說中共作為列寧式政黨，加上中國二千多年的專制主義傳統，唯權是尚是一以貫之的。但在掌政權後與掌政權前，地位與權力觀念已完全不同，它已從一個領導者變身為統治者，它的民主承諾如何可以相信？司徒華就認為中共在經濟上要依靠香港，不會不守承諾。又認為台灣維持現狀對香港有好處，因為江澤民說香港的一國兩制對台灣有「率先垂範」的作用，也就是說要以香港的成功向台灣示範一國兩制。既然《基本法》明確定下特首和立法會「雙普選」是最終目標，那麼只要動員香港人去爭取，民主是可以實現的。

大小領導都以權謀私

從道理上說，他沒有錯。任何領導人若從國家利益來衡量，應該都會看到守住香港一國兩制、按照原來的制度運作，對中國絕對有益無害。即使是滿清時代，也懂得聘請英國人赫德

1 參考篇目169。
2 參考篇目101。

（Robert Hart）擔任海關總稅務司半個世紀（一八六一——一九一一）之久，以杜絕海關的貪污，保證朝廷能夠得到穩定而且不斷增長的稅收。

但中共政權比滿清還不如。正如英國哲學家羅素在一百年前說過的一句話：中國是一切規則的例外。中國在開放潮流中，從最高領導階層，到各大中小的掌權者，幾乎都紛紛投入以權謀私的漩渦中。中國掌權者，即使是一個本性善良、公正、清廉的人，都不可能真正顧及國家的利益，而只會考慮特權階層及個人的利益，否則就無法在中國官場中生存。對外的所有冠冕堂皇或戰狼式的語言和行動，就只是要維護國家的面子。香港作為一個國際金融中心，對各級權貴來說，是最方便謀取個人私利、也是成本最低的洗錢基地。向台灣「率先垂範」？個人利益當前，那是顧不上了。

基於此，在香港推動民主，就是加強民意監督來保障香港的原有制度。這是與中國特權階層的利益相抵觸的。所以，不管民主派如何就愛國表態，哪怕毫無道理也毫無意義地在香港立法會投票支持「反台獨」議案，對中國來說也只是面子上好看。中共真正在意的，是民主派在議會反對有利於中國滲透的議案，和要求擴大在特首選舉和立法會選舉中的民主參與。

大約是在香港主權轉移的頭十年吧，中國對香港還沒有從暗到明的政治干預，中國暴發戶還沒有大舉侵蝕香港市民生活，香港本土思潮還沒有冒起，那時我的言論傾向支持以司徒華、李柱銘為首的民主派，儘管並不同意他們的所有主張。因為當時只有民主派才可以制衡建制派，和遏制中共的干預。

（原文發布於二〇二二年七月十七日）

174／另一人生階段的開始

我寫香港抗共運動近四十年的記憶，已知我講到各抗共派別時，必會引起不同光譜人士的批評和回應。比如近日談到從中英談判到九七頭十年的民主派，就有讀友說許多人都在監獄受苦，或被迫流亡，我批評他們無疑是「落井下石」。也有讀友說民主派一開始就主張「民主回歸」，把香港帶到萬劫不復的境地，罪無可恕。

許多人習慣從最後的認知或印象去判斷一些人、一些派別數十年來的是非功過。如果寫作人都這樣，就沒有歷史真相了。我寫這回憶錄，時刻警惕自己的，就是必須以當時的政治現實去審視當時的人物和派別，不能以我後來的認知或印象去審視以前。對我自己也一樣，我會記住法國哲學家班達（Julien Benda）的話：「真正的知識分子，不僅要批判現實的罪惡和不義，也要批判自己的歷史局限和錯誤判斷。」我們都有過歷史局限，也不可免地有過錯誤判斷。

九七頭十年民主派的錯誤判斷可謂多矣。首先是九七前夕中國設立的特區籌委會因反對彭定康政改，而改變原定九七前到九七後的政治「直通車」計畫，要求所有一九九五年選出的立法議員全部「下車」，另成立「臨時立法會」作過渡。實際上，按當時形勢，中國只是在面子上要否定彭定康而已，一九九五年選出的立法議員，籌委會原則上都會委任的。但民主派議員為了杯葛「臨時立法會」，就全部不參加遴選。於是，中共就塞進了一批親中人士，由此組成臨時立法會，結果通過了《公安條例》這惡法，還通過有利於親中派的選舉條例。

對民主派杯葛臨時立法會，我公開表示過反對，我認為在這問題上，要權衡利弊懂得妥協。可惜民主派沒有接受我的意見，於是造成後患。

成立第二個權力中心

不過，民主黨仍然是一九九八年選舉中產生的立法會最大黨，它在立法會一直是制衡董政權的最主要力量。二〇〇三年五十萬人上街反對二十三條立法，主要動員力量也是民主黨。

針對當時立法會的三個政黨：自由黨、民主黨、民建聯，我曾經用魯迅寫過的〈聰明人和傻子和奴才〉形容之。以商界為主力的自由黨，是會看風使舵、識時務的聰明人；親中的民建聯就是只知道跟著中共黨走的奴才；而由一批學員精英組成的民主黨，就是傻瓜。這些「傻瓜」放著好好的專業不去賺錢發展，也不肯在「六四」後急轉彎去逢迎北京撈取政治利益，卻要堅持為香港市民的自由、法治、民主去投身政治。但實際上他們又不懂政治，不懂得在什麼事情上要堅持、什麼事情上可以妥協。

當然，後來他們會妥協了，但卻是在應該堅持的事情上妥協。這是後話。

二〇〇三年五十萬人大遊行，雖有香港人在遊行中喊出了「還政於民」的口號，算是開始有了自主意識。但這口號沒有喚醒絕大部分香港人，反而引起中共的高度警覺。再加上在全球化的經濟起飛中，中國權貴資本主義崛起，貪污腐敗在大陸如水銀瀉地般無所不在，大批中共權貴利用香港洗錢和走資。香港原有的重法治、講規則、廉潔處事的秩序，已成為對中國權貴的絆腳石。

於是，中聯辦開始計畫在香港成立「第二個權力中心」，也就是考慮對香港實行從暗到明的干預，甚而有取而代之的想法。

編《蘋果》論壇時的挑戰

二〇〇五年，黎智英邀我主編《蘋果日報》論壇版。其實我自一九九五年底就在論壇版寫專欄。十年裡，論壇版換過幾個主編。據知都是老闆起先看重、其後不滿所致。老闆認為論壇版是言論重鎮，所有文章都必須堅持自由民主的價值。曾有一編輯助理因為訪問一位不那麼支持自由辦學的學者，而被黎老闆下令調職，終於不歡離去。

我曾經向黎智英表示，言論自由不應該用權力壓制你認為有害的意見，如果你壓制了，那麼如羅素所說，只說明你的意見經不起考驗，即你自己受到這些意見的壓制。但他認為，其他反自由民主的傳媒已在另一方，我們堅持自由民主的在這一方，這種不同意見的對抗就是言論自由。

黎智英邀我編論壇版時，向我保證所有編選稿件全由我做主，其他高層不能插手。他個人有時或會提出些意見。我對他說，不僅是他，報館任何人都可以對我主編的論壇提意見，但都要在已經刊出後才提，而不要在我簽了大版之後要改版或抽稿。他說這一定不會。我說我非常重視這個工作，要把它辦成言論自由的陣地。我不會壓制與我政治思想不同的意見，會讓讀者去評斷。

因為每一個人的思想都是自由的，道理不能夠向讀者灌輸，而應該由他們自己判斷吸收。他表示接受我所有的編輯條件。[1]

那年我六十九歲。是我編輯事業另一重要時期的開始。也就在那時，民主派開始分裂，中共向香港大學侵凌，我編論壇受到的挑戰並不少於主編《七十》、《九十》的時期。

（原文發布於二〇二一年七月二十日）

1 參考篇目133。

175／從論壇輝煌歲月看中國

接任《蘋果》論壇版主編後，我一方面向一些我認識的好手約稿，如居美的孔捷生、殷惠敏等人；另方面為了讓這個版較為大眾化，盡可能選用一些寫得輕鬆也讓人看得輕鬆的文章，設立以一百字為限吸引讀者廣泛來稿的「一針集」。排除一些純屬政治表態的從政人士的沉悶稿件。很快，社長董橋對我說，論壇打出名堂了。

也有過小風波。曾經因為同屬壹傳媒的週刊發表一張藝人的八卦照片，被《蘋果》的對手挑撥，組織了一批批藝人和婦女團體在壹傳媒大樓外聚集，掛橫額呼口號向壹傳媒辱罵抗議。壹傳媒怯於群情，沒有回應。

這時董橋轉給我一篇蔣芸寫的文章，反駁這些藝人的虛偽和小題大做。我以頭條發刊。當晚，我的助理來告訴我，說報館高層有意見，要抽這篇稿。我當即打電話給已經下班的黎智英，說我可以傳這篇稿給他看，若他也認為要抽，我會另選一文補上，但明日起，請他另找人接手編這個版。黎說文章不必傳給他看，也絕不能抽，他會立即同編輯高層溝通。事情就如此解決。從此，就再也沒有高層干預我的編務了。

但是，外界仍有些人，通過報館高層人脈，要我刊登他們的文章。我的回應是請他們直接把稿件發去論壇的網址，我會視文章的質素做取捨。

吸引不同立場作者

許多較少在其他報紙或網頁出現的作者，被我們發現原來是寫作好手，觀點獨特，文采斐然。也有些政治取向與《蘋果》的主流意識不同的作者，如鍾祖康、李德成、盧斯達等向論壇投稿，我也都取用，有時還將他們的文章作版面的重點處理。

論壇的網頁也吸引了中國大陸的作家來稿，寫得較多的是曾經寫過〈討伐中宣部〉的焦國標，一位以「北方可可」署名的作者提供較多生動的時評。此外，著名的劉曉波、西藏女作家唯色，和體制內的劉心武也有來稿。

但論壇網頁最令我吃驚的，不是這些來稿，而是許多大陸人藉這個網頁賣廣告。可能那時中國的網軍還不知道 forum@appledaily.com 是什麼東東，沒有屏蔽，一些大陸人就在這裡兜售他們的產品。什麼產品呢？絕大部分是「發票」，因為在中國，發票是不能公開出售的。因此賣「發票」，就是為各階層人士提供報帳領錢的工具。

更離譜的是出售碩士、博士的論文，寫明並非抄襲，保證過關。還有更恐怖的是出售駕駛執照、會計執照、大專畢業證書，包括醫學院的畢業證書。發票是否真能報帳，論文是否抄襲，執照、證書是否真有效，都已經不是重點，而是既有供應，就證明有市場。

中國在全球化之下成為世界工廠，形成政治專權、市場開放的權貴資本主義。在這種「中國特色的社會主義制度」下，中共領導層不再避諱自己的子女親屬掌管能源、金融、交通、航運等民生商業重鎮的角色。在權貴資本主義氾濫下，社會貪污腐敗已經成為人們的日常，道德、專業、人與人的信任蕩然無存。

兜售發票證書論文

從論壇網頁的大量兜售發票、證書之類，可見中國的地下經濟極為蓬勃。看病給醫生的紅包、家長給老師的紅包，買賣執照、證書的獲利，都不會被GDP計算在內。一個縣級銀行分行的主管，被揭發貪污竟然過億元。

中國官員、企業主管以至地方的小官，他們都需要洗錢，也就是把見不得光的錢，經過合法金融操作，「洗淨」為看似合法的資金。

香港在二〇〇四、〇五年之後，就成為大陸人洗錢的天堂。具體操作是在香港設立一間有限公司，以買空賣空的方式聲稱賺了大筆錢，比如買進大批鐵礦石，轉賣到另一國家，賺了一億。但買賣都只是單據，並無實物。於是黑錢得以洗淨，成本就是繳交香港利得稅的最高稅率16.5％。

香港自一九九七年金融風暴後連年受財政赤字困擾。但從二〇〇四年開始，財政就轉虧為盈，接著十多年都有盈餘，而且盈餘較預算多得多。原因就是公司利得稅年年暴增。實際上就是由於大陸人大量在香港設公司洗錢所致。

曾蔭權擔任特首時期，據聞他曾經考慮過把商業利得稅減少一個百分點，使香港更具競爭力。但被中央叫停。傳聞中央叫停的原因，是中國受到中南美洲一些洗錢國家的壓力，這些國家抱怨香港洗錢成本太低，搶了他們的生路。中國出於外交原因，阻止香港的利得稅下調。這是我聽來的內幕消息。

不管這消息的可信程度如何，中共各級領導層不可能不知道整個中國社會的運作已經離不開貪腐這個潤滑劑，而香港也是所有權貴洗錢和轉移財產的最方便和成本最低的地方。

中國社會已經徹底變了。對中共掌權者而言，香港還要實行一國兩制，但不是有利於國家的一國兩制，而是有利於權貴的一國兩制。因此，必須去掉一國兩制中對權貴不利的規則，並力阻香港人建立一個保護原有規則的制度。這是九七後十年香港一國兩制面對的改變。

（原文發布於二〇二二年七月二十二日）

176／「天譴」論惹的禍

二〇〇七年，我除了主編論壇版，也開始寫「蘋論」，即《蘋果日報》的社論。「蘋論」從週一至週六，由兩、三人輪寫，我每週寫二或三篇。寫社論者毋須相互交流，老闆、社長、總編也不過問。總之，輪到誰寫，就自己選題和發揮。我對這工作很認真和費心思，不僅用本名發表，也力求每篇都有新意。

二〇〇八年我為汶川地震寫的一篇「蘋論」，一時成為眾矢之的，引起香港輿論界和《蘋果》讀者來信來稿討伐。而我在眾聲喧譁中，難免感到忐忑不安。一方面想要不要寫另一文章做些補救，另方面也想到必須忠於自己、不畏群情。我沒有屈服。

汶川地震發生在五月十二日。那天直到夜晚，都只知道震級極高，傳聞達到八・二級，受災人數和死亡人數尚未得知。我思考怎樣寫翌日的「蘋論」。我想到一九七六年唐山大地震時，國學大師徐復觀寫過一篇文章，他說對於地震，我們既要有科學的，也要有非科學的觀察角度。科學的不用說了，什麼是非科學的觀察角度呢？那就是古代常有人以自然災害來表示上天對帝王的「天譴」，作為對帝王的約制手段。

所謂「天譴」，就是指在專權政治之下，老百姓的疾苦，帝王可以不理；賢臣的規勸，帝王可以不聽甚至將進諫之臣治罪。但老天爺的警告，你不可以不聽了吧！地震就是老天爺的警告。這種非科學的「天譴」論，常發生在帝王得意忘形之時，它能迫使帝王將他的殘暴統治略為收斂，甚至下一個「罪己詔」，採取一些利民措施。在黑不見天的日子裡，這種非科學的論述，不能不說是對於約制帝王的權力，發生過一點效用。

掌權者的非科學警示

我在「蘋論」中說，「天譴」論是沒有科學根據的。但據聞現在中南海的要人，頗有些人相信風水、命相、術數。如果他們能夠因這次地震而想一下，今年由年初的雪災，到膠濟鐵路的火車相撞，和這次的地震，是否有不祥之兆？若再反省一下：三月發生的西藏大規模騷亂事件、貪污在全國全社會蔓延、拘捕異見人士，以及中國在世界各地傳遞奧運聖火，每到一處就引來當地關注中國人權人士的示威抗議，苛政劣政是否人民災難之源？如果他們能夠像古代帝王那樣因大地震而想到「天譴」，想到「罪己」，去除或減少苛政，也算是積德消災吧。

全篇文章講的「天譴」，指明這是對掌權者的非科學的警示，而不是「天譴」災民。但當時香港在左派輿論的鼓動下，市民基於對災民的同情，不讀文章，不究底里，人云亦云，簡單地認為我把地震說成是「天譴」，就是無同情心、冷血、惡毒。

當時中共改變了過去對唐山地震的封閉和拒絕外來救援的做法，容許香港及外國記者採訪，亦接受全球救援和各界捐款。災民的慘況，在香港得以廣泛報導。牽動了香港居民的情緒，積極捐錢捐物資。

據統計，救援汶川地震，香港立法會撥款九十億港元、賽馬會捐款十億港元、民間捐款一百三十億港元，合共約兩百三十億港元。遠遠超過歷年來對所有災害的捐款數字。一九九一年華東水災時香港政府捐五千萬、香港民間捐了六億。

五年後「一毛錢不捐」

清末以來，香港華人的民族感情通常在中國人民遭遇苦難時最為強烈。這次恐怕也是這樣。民調顯示，自九七以來，二〇〇八年是香港人對中國人認同的最高點。有人認為是北京奧運、中國神舟七號上天引發的自豪感，我則認為主要是汶川地震引發的關切之心。

在同情和認同感大增的情勢下，長期批評中共的政治人物，也投入募款行列。《蘋果日報》就將幾天售報所得，全部捐給中國紅十字會。

在這種氛圍下，我提出的「天譴」警示被解讀為「天譴」受難的災民，而受到鋪天蓋地的輿論批判。連某些對中共一向持批評意見的公共知識分子，也加入對我的批判行列。

在群情洶湧之下，有三個人對我的「天譴」論表示支持。一個是黎智英。他雖然義賣《蘋果日報》，捐錢給汶川地震，但有一天他與一位旅港朋友約我吃飯，明白地說：「天譴」論哪有什麼不對？他是報館裡唯一跟我說這話的人。另一是我太太麗儀，她說：根本就是「天譴」。官員藉天災撈錢，香港捐這麼多錢，會有多少真正落在災民手上？「我一塊錢也不捐」。還有一個是作家陶傑，他用筆名寫文章支持「天譴」論，甚且進一步說，即使說「天譴」人民也沒有錯，因為容忍一個無道的政府，人民也是「共業」。

他的說法，與二〇一一年日本福島大地震後，日本作家石原慎太郎所說不謀而合。石原說：「日本人過於偏重自我，凡事都以私欲為主。地震是對日本人墮落的巨大警戒。透過這次海嘯清洗這些執著。我覺得或許是所謂天譴。」

石原的「天譴日本人」論沒有引起日本社會的憤怒，反而帶來公眾的自省。他隨後即當選了東京都知事。

這是我自從江南案[1]之後，再一次面對群情洶湧的糾結。我挺過來了。而五年後的雅安地震，形勢出現大顛倒，香港人發起「一毛錢不捐」運動。「天譴」論也無人再批評。只有地下黨員的梁振英會時而拿來說事。

（原文發布於二〇二三年七月二十五日）

1　參考篇目108-109。

177／港人感情五年大翻轉

二〇〇八年汶川地震五年後，二〇一三年四川雅安發生七級地震。兩次地震在香港引起兩極反應，是香港市民對中國認同的大顛覆。

汶川地震看到無數校舍倒塌、孩子受難的畫面令人心碎。香港人在捐助以至直接參與救援中形成「血濃於水」的情感，增加對中國人的認同。

世界各地的捐款也如雪片飛來。據中國《財經網》報導，汶川地震收到六百五十二億人民幣（以下皆同），比中共建政以來累積收到的捐款總額還要多。其中，香港的捐款佔將近三分之一。

這樣龐大數目的捐款去了哪裡？中國清華大學教授鄧國勝團隊的研究報告指出，八成資金流入政府帳戶。《財經網》則指出，在六百五十二億的捐款中僅一百五十一億公布了使用明細，其餘五百零一億至今沒有明確交代。

其實捐款是去向分明的：〇八年底全國公務員大幅加薪、災區綿陽建起超豪華政府大樓、映秀鎮政府購買豪華車隊、中國紅十字會會長郭長江戴上價值一百多萬元名錶、其子郭子豪擁價值一千多萬名車。香港曾參與出資兩百萬港元興建的綿陽紫荊中學，也被改建成豪華商場等。

天災就是發財

更讓人觸目的是二〇一一年，有一位年方二十、自稱是紅十字商會總經理的郭美美在微博上炫耀奢華，包括她的豪華別墅、三輛豪華跑車、十多個名牌皮包，以及她四處飛來飛去的頭等艙登機證存根，更亮出自己卡上餘額的手機短信截圖，顯示有五十一億多元存款。郭美美承認，這些財富主要是中國紅十字會博愛資產管理有限公司前董事王軍的私人贈與。她說王軍是她「乾爸」，中紅博法定代表人翁濤卻說王軍是郭美美的「男友」。王軍已婚，曾任財政部副部長、中國紅十字會副主席，二〇一三年調任國家稅務總局局長，黨組書記。

類似貪污的事情在世界許多地方都有。一般人認為紅十字會是民間救援組織，在各國都獨立運作，但在中國，紅十字會卻是官方組織，由黨領導，員工參照公務員待遇。而且，中國沒有其他非官方的慈善組織。對災區捐款若不是直接給政府機關，就都要通過紅十字會。

郭美美在網上炫富，等於向公眾昭告，大眾的愛心捐款，相當部分輾轉去了這個二十出頭的美女手上了。

對一切專權國家的各級掌權者來說，天災不是他們的災難，而是他們的發財機會。沒有天災，就沒有捐款；沒有賑災，就沒有發災難財的機會。

捐款層層刮削

郭美美在微博炫富的直接效應，就是使中國唯一的官方慈善機構紅十字會連年善款籌集暴跌八、九成，民眾捐血銳減以致各地出現「血荒」。為挽救信用破產，紅會社監會開啟是否調查事件的討論，但郭美美在微博說了狠話：

「只要敢動我一根毫毛，我立即公布紅十字會很多不為人知的貪污內幕！資料我已寄到美國，有膽你們放馬過來！」紅會社監會的十四名委員中，只有兩名委員投了贊成票。調查告吹了。

其後，中共突然以開設小賭檔的罪名，拘捕郭美美並判刑五年。中國紅十字會表示：「隨郭美美案塵埃落定，我們希望，公安機關的偵查結果不僅還紅會一個清白，同時也給全社會一個重塑誠信體系的機會。」並請公眾「忘記郭美美」。

欲蓋彌彰的手法未免太拙劣。明擺著是用一個不相干的小罪名去轉移視線，要公眾忘記紅十字會高層的貪腐及錢權色醜聞。

捐款除了層層刮削之後進入政府口袋，部分撥了作維穩費，用來打壓內地維權人士，包括真心幫助災民的人。比如要當局調查豆腐渣校舍、公布死亡人數名單的人士。

二〇一三年雅安地震的消息傳出後，香港各網頁的留言都表示「不捐」。對表示要捐款的藝人，網民多懷疑他們基於對大陸市場的考慮，而非人道關懷。

香港特區政府向立法會提出撥款一億港元向雅安賑災。《南華早報》為此作民意調查，結果贊成撥款的僅1%，贊成在防止濫用的條件下撥款的7%，反對撥款的高達92%。

立法會討論撥款，反對派議員黃毓民慷慨陳詞表示反對。他的這段講話，被中國優酷網頁配上簡體字幕轉播，點擊近百萬。大陸網民留言普遍認為理由充分：上次捐給你的，一筆帳都拿不出來，這次憑什麼還要送錢給你？

儘管在建制派佔多數的情勢下，立法會還是通過了撥款；但從全港市民捐出一百三十億，短短五年，就轉化為「一毛錢也不捐」的運動。這是香港人沒有了同情心呢，還是中共當局摧毀了香港人的民族感情和對大陸人的同情心呢？答案再清楚不過了。

（原文發布於二〇一二年七月二十八日）

178／「奶粉保衛戰」本土意識成形

前文談到香港人對中國的感情大翻覆，突顯在兩場地震的強烈對比上。實際上這只是港人感情改變的鮮明象徵，真正的改變其實在更早時候就開始了。

自從香港成為英國殖民地以來，作為中國人避秦之地，人口不斷增加。其後發展成國際都市，彙集了世界各國的外來人口。香港人無論對大陸新移民，或來自世界各地的居民，都相處無間。比諸台灣、日本或亞洲其他地方，香港人並不熱情好客。但香港人遵守規則，重法治，做好自己本分，不會歧視外來人。香港人也不仇富，對一些憑姿色而晉身豪門的「美女」，也只當作茶餘飯後的談資，沒有鄙視之心。

錢權色交易的事，香港人見得多了，不以為怪。汶川地震之前，香港人向世界各地特別是中國大陸捐款，已是常有之事。香港人也從不過問捐款的下落，即使是到了貪官口袋中，一般人也只是覺得盡了心就好，其他不是自己責任，也容不得去管。只是汶川地震牽涉到壓制對豆腐渣校舍的調查，壓制公布死亡人數及死者名單，又傳出郭美美的醜聞，才使香港人覺得自己捐款成了冤大頭。尤其是：這麼大的中國，又有這麼多在香港花錢如流水的暴發戶，全國民間捐款只七千多萬人民幣（下同），加上帶強制性的四千多萬共產黨員為地震交納的「特殊黨費」也不過九十七億，而香港一個小地方卻捐出兩百億。這種冤大頭的感覺是百多年來向大陸捐錢救災、支持革命、抗日等等從未發生過的。

對港人生活的侵凌

港人感情大翻覆的主要因素不在對中共政權的反感，而是中國自經濟起飛後，其惡質社會所產生的暴發戶對香港人生活的侵凌。

中國人口十三億，貪污腐敗和紅包盛行，造就富起來的人即使佔百分之一，也有一千多萬。二〇〇三年開始，中國開放廣東省到香港的自由行，之後這政策逐漸擴展到其他城市。於是，香港就成了許多大陸客置產、購物、洗錢、走資[1]的福地了。

過去，香港因為低稅和方便，也曾經被譽為購物天堂，日本經濟好景時有不少人到香港買名牌皮包；有段時期一些印尼華人富商們在香港大手置業，炒高了樓價。香港人都沒有反感，多數人知道這是自由經濟的現象。

但中國暴發戶的行為卻不一樣。他們用現鈔買房，出價有時比賣家的要價還高，志在必得。而數量之多、涵蓋各種物業範圍之廣，將樓價推高到一般市民難以負擔的程度。

大陸旅客大量湧進香港，他們購物主要聚焦在名牌和黃金珠寶，因為這些貴重物品在大陸最多假、冒、偽，而香港的黃金珠寶店成色都有保證。因為生意太好了，甚至出現在同一條街道上、同一名號的珠寶店在不遠處又另開一家。

又因為大陸不時出現毒奶粉，於是在香港買奶粉也成為大陸客的最愛。不僅自用，還在大陸炒高價錢轉售。

於是，香港街道充斥了珠寶店和賣奶粉為主的藥房。香港人尋常去光顧的小食店、雜貨店……，就因鋪租上漲而經營不下去了。

不可諱言，自由行某種程度帶旺了香港的經濟，但也改變了香港。據統計，二〇一二年訪港旅客四千八百多萬人，其中72％是大陸旅客，比一年前增長24.2％，其他地區整體訪客反而下降。從海外來港的朋友，對香港的普遍反應是印象很差，酒店房間小得難以轉身，而價錢貴得離譜，街道上大陸人擁擠。一些帶著孩子的大人，在最熱鬧的街道讓孩子就地大小便。香港已變得不像樣了。

自由行變成「蝗蟲」

大陸的假、冒、偽貨不僅是珠寶名牌，連日用品都有假。所以當深圳開放了一個簽證可以多次來往香港、即所謂「一簽多行」之後，就有了許多來香港超市買日用品的「水貨客」。他們每天來往香港數次，鄰近邊界市鎮的超商每天都人滿為患，許多店鋪都成了因應大陸人需要而重新分類包裝的中轉站。農曆年前，在新界區的超市經常可見繞了幾圈、推著堆滿年貨購物車的付款人龍，以及在門外將獵物裝進大箱中的人群。香港一般市民，想要在那幾天進超市買點小東西，都很困難。

至於水貨客怎麼可以每天幾次進出中國海關？中國海關不是應該給他們的貨品課稅嗎？這些問題就毋須多問了，一切盡在不言中。

大陸客對香港的衝擊，還表現在從開放大陸人來港自由行之後，就掀起的來港孕婦潮。香港《基本法》規定，凡是在香港出生的人都是香港居民。因此，許多大陸孕婦就以自由行的名義來港產子。香港任何醫院都不能拒絕孕婦，尤其是懷孕後期到了醫院急診部，就一定要處理。生下的孩子自動有香港居留權，可以享受包括醫療在內的各項福利。

大陸孕婦潮人數年年增加，到二〇一〇年已增至四萬人，佔香港公私醫院新生嬰兒的45%。而到香港產子也成為大陸的新行業。從簽證到過關，到私家醫院檢查、訂住院床位，再到嬰兒出生、取得香港居民身分，一條龍服務需十幾萬。這數目對中國被稱為「大款」的暴發戶來說，根本不是問題。但香港本地人，就因為醫院費用被拉高、住院床位難求，而正常生活被打亂了。

香港人不僅對中國政權的感情翻轉，連對來自大陸的中國人也厭惡起來，稱之為「蝗蟲」。這是一百多年來從未有過的厭惡外來人士的情緒。在這種社會情勢下，香港本土意識出現，並迅速增長。

（原文發布於二〇二二年八月一日）

179／香港淪陷紀實

二〇一二年，一段「二次創作」韓國騎馬舞歌曲的〈核突支那 style〉在 YouTube 發放，十天內點擊量超過一百萬。核突，廣東口語，是噁心、古怪、令人憎厭的意思。稱大陸為支那，亦顯示香港人的分離意識，以及對大陸人湧港的厭惡和無奈。

二〇一四年初，一、兩百名示威者在大陸客購物點的廣東道指罵陸客為「蝗蟲」，叫他們「滾回去」。示威者並自製百張英文傳單，向外國旅客解釋示威目的，希望對方體諒示威所造成的不便。

這絕對不是香港人傳統待客之道。次日，歌手黃耀明說了一段簡潔的評論：「我反對這樣對遊客，但高官們有否想過是什麼事，什麼政策和什麼人將香港人逼瘋了？」

這樣對待遊客是「瘋了」，但是被「逼瘋」的。

自開放大陸人來港旅遊，香港的街道越來越擁擠。我認識的朋友，包括我自己，都有被大陸客拉著箱子輾過腳背的經驗，也都親眼見過大陸客在熱鬧街道讓孩子大小便。這絕非個別現象。一位友人在港鐵車廂內見大陸人抱起女兒就地大解，把乘客嚇到跳起來。女孩七、八歲，已經不算小了。她的父母卻若無其事，被斥責還說你們香港人不近人情。

新移民大幅增加

在一切「向錢看」的大陸社會，醫護收紅包已經是普遍現象。即使因車禍送院，有些醫院也要先收錢才給傷者治療。但香港無論公私醫院，都不會在就醫前收費。於是，開放大陸人來港後，各公私醫院甚而專科醫生的私人診所，都擠滿大陸客，更頻頻出現病人出院後不付錢、一走了之的情況。據香港政府審計署報告，二〇〇五至二〇〇六年底，醫管局醫療欠款高達一億三千萬港元，其中有七成是大陸來港產子的孕婦。

此外，大陸旅遊業還創造出「低團費」以至「零團費」的怪招。就是旅行社不收任何交通、住宿、餐飲費用，但有一個潛規則，就是旅客要到指定的商店購物。旅行社賺的是商店的回扣。

「零團費」是香港過去從未有過的，世界上大概也極少。但在惡質社會的影響下，這種旅遊方式風行一時。其後大陸人乾脆自己在香港經營旅行社和專營商店，只付導遊象徵性的工資，導遊的主要收入，就靠和公司分攤旅客購物的回扣了。所以「零團費」或「低團費」基本上是購物團，買夠了東西才帶旅客去景點。

但大陸旅客也有不遵守潛規則的刁民，他們就是拒絕購物或少購物。由此而引起的衝突頻頻發生。某次旅客把導遊的惡言責罵上傳網頁，引來中國國家旅遊局對香港旅遊業的批評。於是，刁民更有恃無恐，二〇一一年發生大陸惡客摑女導遊事件，而旅行社不但不報警，反而向惡客賠錢以求息事寧人。

困擾香港人的另一件事，是大陸新移民的大幅增加。根據《基本法》，中國其他地區的人進入香港須辦批准手續。但沒有指明是由中、港哪一方批准。按全世界的規定，理所當然要由被移居的地方批准，但香港卻是反其道由「一國」的原居地批准。人數也是由中國規定每天一百五十人。這些人持中國發的單程證，就可以來港定居。

在中國，發放單程證是上下分肥的貪污財路。我認識一位朋友，在鄉下娶妻生了兩個女兒，二〇〇〇年時申請來港團聚，從村到縣再到省，花了約十萬人民幣才取得單程證。十多年後，漲價怕十倍都不止。

新移民除了親屬關係之外，還有許多是中共各部門派出的人員，以單程證方式取得香港人身分，對政府部門或不同行業進行滲透。

港人權益被漠視

單單每天一百五十人入境，每年就有四、五萬人。從一九九七到二〇一八年，就有一百零三萬人通過單程證來港，成為香港居民。另外還有在港產子成為居民的約二十萬，以及通過「輸入內地人才計畫」的約十三萬人。

這些現已佔香港人口七分之一的新移民，與九七前的大陸移民是完全不同的另一種人。以前來港的幾乎都較為貧困，他們來到異地就努力融入社會，刻苦耐勞，在公平的體制下奮鬥謀生。

其後中國經過「有權就有一切」的洗禮，舊有的道德文明都已經被現實利益和虛偽政治洗刷得一乾二淨。正如中國作家韓寒所說：「在我生存的環境裡，前幾十年教人凶殘和鬥爭，後幾十年使人貪婪和自私，於是我們很多人的骨子裡被埋下了這些種子。」

韓寒說的，就是惡質化社會造就了惡質化的人。許多來港的新移民在大陸都不是窮人。他們付得起買單程證的錢。他們來香港，許多人都申請福利補助金，申請公共房屋。香港人申請這些都要經過資產審查，但香港政府哪裡有辦法去這些新移民的原居地審查呢？

香港每一屆的特區政府，遇到新移民或大陸遊客的問題，幾乎都站在大陸人這一邊。否則，怎麼會出現華為的孟晚舟同時持有三本有效的香港特區護照這樣的事？

大陸網站曾有一篇文章說，「許多國內同胞……到香港即使不足七年都可以直接、間接享受特區政府的各項福利，包括：醫、食、住、行，甚至教育。有的是以現金發放，有的是免費服務」。又說，「咱們有句老話，『不吃白不吃』。……所以，盡早以合法途徑到香港特區，爭取各種福利，包保可以醫食無憂，老有所養，壯有所居，幼有所長」。

香港人，就這樣被歷屆特區政府，和配合「一國」及「不吃白不吃」的刁民給吃定了、「逼瘋」了。

（原文發布於二〇二一年八月一日）

180／司徒華晚年的妥協

二〇一一年一月二日，香港民主派大佬司徒華去世。他離世前一年多所做的一件事，不但影響許多香港人對他身後的評價，也造成香港抗共民主運動的重大分裂。

二〇〇九年十二月初，有朋友相約去香港新界郊遊，同去的有司徒華。那時他早已不再參選立法會議員了，但仍是支聯會主席。實際上，他作為創辦者，在教育專業人員協會（簡稱教協）和民主黨，都仍然有很大話語權。香港自九七以來，最大的爭民主、反建制的力量，就是簡稱為「支教民」的這三大組織。

郊遊前的十一月底，我寫了篇《蘋果》社論：〈籲請泛民以鋼鐵團隊參與總辭公投〉。這篇文章當時頗受關注。我在郊遊期間問司徒華有沒有看過那篇文章，他說看過。沉吟好久之後他說，選戰會很累，而且選後還有更多的事情要做。對於他拒絕參與總辭後的補選，我不能說什麼了。因為他很清楚，補選後也只是再做兩年議員，補選的意義在於「變相公投」。他既然都知道，恐怕是另有隱情了。我相信那時他已經知道自己罹患癌症，不過公眾還不知道。

五區公投的緣由

這裡解釋一下「五區總辭，變相公投」是怎麼回事。關心香港的朋友會記住這是抗共爭民主的重要一役。

香港立法會分成兩個組別，一個是職業團體組成的功能組別，實際上是中共操控大部分成員的組別；另一個是由全港五個選區的選民直選出議員的組別，民主派在這個組別中一直佔很大優勢。也就是說，如果全港選民直接投票，民主派幾乎一定勝出。

九七以來，民主派一直爭取實現《基本法》所確立的「雙普選」，即普選特首和全部普選立法會議員。但這訴求卻不斷受到北京阻攔。親中的民建聯曾經提倡、中共也承諾過不會干預的〇七、〇八年雙普選，卻被中國人大釋法予以否定了。北京提出要在二〇一七年才可以普選特首，但又設置一個由中共可以控制的「提名委員會」去提名。也就是說，市民只能在中共屬意的名單中投票選擇。

立法會的民主派有好幾個派別，被社會統稱為「泛民主派」。最大黨是民主黨，其次是公民黨，新銳而言行較激烈的就是社民連（社會民主連線）。

二〇〇九年七月，社民連提出一個政治行動，就是在立法會由五個直選區選出的民主派議員，各有一人提出辭職。這樣，政府就需要在五區進行補選。五區涵蓋了香港全部選民。民主派議員辭職後，即參加補選，補選者都提出「實現真正雙普選」的訴求。建制派當然亦可以派人參加補選。但在一對一的競爭下，建制派從來沒有勝算。因此，五區總辭再進行補選，就等於針對雙普選進行了一次「變相公投」。中共和特區政府再沒有藉口說香港市民支持雙普選的只是少數人了。這是給中共真正而實在的壓力。

而中共，最忌憚的就是公投，即使是變相公投。因此，這建議一提出，就受到中共輿論鋪天蓋地的批判，建制派自然也奉命抵制。

但「辭職」、「補選」，這一切行動都符合香港特區的體制與法律。因此，這確實是一個「變相公投」的妙計。八月初，司徒華積極回應這建議，並提出辭職補選的名單。在接受電台訪問時，他說「應該做、值得做、快點做」。到九月初，公民黨兩位議員表態願意辭職。當時，公民黨和社民連力促民主黨參加。這樣聲勢就浩大了。

突反口拒絕參與

我提出「籲請泛民以鋼鐵團隊參與總辭公投」。所謂鋼鐵團隊，就是五區辭職者要包括泛民各黨主席，而參加五區補選的，就是民主派已經退休和享有高聲望的元老級人物，包括李柱銘、司徒華等。這樣帶來的轟動性和投票率都一定會產生震撼效果。高投票率就實現了中共最不願意見到的公投。

九月時，黎智英邀請了李柱銘、司徒華、陳方安生、李鵬飛等四位民主派元老晚飯。飯局中，據聞眾人一致支持五區公投，唯獨司徒華反對。十一月，司徒華和社民連為五區公投發生嚴重罵戰，他一口推翻他說過支持五區公投的言論。其後，又指責在黎智英飯局中眾人脅迫他支持五區公投。

司徒華對「變相公投」的建議，為什麼態度在一個多月就有一百八十度轉變？讓人吃驚。他不僅言論反對，而且促使民主黨提出要等到十二月十三日會員大會時才做決定是否參與。這個安排相當離奇。為什麼黨內決策要拖這麼久呢？

司徒華不久就傳出罹癌的消息。去世前的一年內，民主黨大會否決了參加「五區公投」。二〇一〇年五月「五區總辭」後的補選進行投票。司徒華向傳媒表明不投票。「五區公投」在建制派杯葛及民主黨不參與下，投票率只有17.1%，約五十多萬人投票。「公投」沒有實現預期的目標。

投票後一星期，民主黨領導層進入中聯辦，與中聯辦官員舉行自六四後的首次會面，中聯辦官員對民主黨不認同五區公投表示讚賞。

二〇一〇年六月立法會審議民主黨與中聯辦協商提出的二〇一二年政改方案。司徒華公開表示支持改良方案。結果，民主黨和建制派在立法會以三分之二多數通過方案。反對政改方案的民主派人士指罵司徒華及民主黨是民主罪人。

司徒華在去世後出版的回憶錄，在談及「五區公投」時，他解釋起先支持而最終反對的理由是，經過一段時間觀察，覺得社民連的目的是想搶奪民主黨的領導地位。社民連的黃毓民指出，當初他邀請民主黨主席何俊仁來領導「五區公投」，怎會是爭領導地位呢？以當時社民連成立才兩三年，也沒有資歷去帶領整個民主運動呀！

我相信是健康的因素改變了司徒華的決定。傳聞中國對他的治療略有援手。但不確定。在他生命的最後歲月，他的親弟弟、一生在中聯辦服務的司徒強，與他接觸甚多。他晚年的改變是一個謎。我只能想，或許人在生命遭到嚴重威脅時，有時候難免會軟弱和作妥協。

這一念之間的改變，就影響了香港的抗共運動與民主思潮。從此，民主黨的支持度直線下滑，香港的民主運動也陷於分裂。「愛國民主派」式微，本土民主派應運而生。

司徒華數十年來，作為抗共組織的創立者和領導者，功績彪炳。他本是剛強和有原則的人。但作為一個人，他也有人的弱點，罹患癌症後的軟弱妥協，可說是晚節不保，對香港民主運動留下深遠挫傷。只不過作為朋友，我對他也許不能夠求全責備了。

（原文發布於二〇二二年八月五日）

181／本土意識的濫觴

二〇一九年七月，香港的「反送中」運動如火如荼地開展，並在世界上引起震動。這時，我接到日本一家出版社提出翻譯我二〇一三年出版的《香港思潮》的要求。事隔六年之久，為什麼日本出版商不是針對當前政治事態出版「反送中」的書，而是要出版六年前的《香港思潮》呢？

在這本日文版更名為《香港為何抗鬥》的書中，譯者坂井臣之助寫的「解說」表示：「香港久違地重返到了世界史的前台。照此下去香港就會完蛋地崩潰，或至少有存亡的危機。危機的根源是香港中國化與對此反彈的高漲本土意識的兩者對立。」

短短幾句話，點出了香港「反送中」運動發展到「完蛋地崩潰」的根源。日本觀察家從根源處想到翻譯我六年前這本書。

本土意識的興起絕不是我帶動的。二〇一三年底出版這本書的時候，本土意識已經出現好幾年了。但這本書卻是把香港本土意識興起的香港、中國、國際等因素較全面地作出剖析。書中文章是我多年在《蘋果日報》的社論彙集。不少人反映，這本書通俗易明，為他們已有卻不太成熟的想法提供了理論與實例的根據。

民主枷鎖越來越緊

香港原先並沒有本土意識。香港不像台灣，台灣在二戰結束、國府遷台前，已存在早年來台灣開墾並定居的「本省人」，他們對台灣有鄉土感情和本土意識。香港雖也有二戰前就在香港定居的人，但為數甚少。二戰結束時香港人口只有六十萬。一九四九年中共建政後，大陸人移居香港與日俱增，到一九九七年主權轉移時，人口已達六百五十萬。

幾十年逐漸移居香港的大陸人，除了享受在法律保護下的自由競爭和安居樂業之外，生活上保留著中國的傳統文化、習俗和南方人的語言和生活方式。他們在英國保護傘下得享自由和法治，但大部分人沒有政治意識，若有，也都是關心大中華（兩岸）的政治嬗變，支援革命、抗日、

2019年10月1日遊行，銅鑼灣現場。

新中國建設等等，而極少關注本土政治權利和本土利益。我自己及那些當年為中國、為香港爭民主的人士，也是從關懷大中華的情懷走過來的。

八九民運和六四屠城，香港百萬人支援大陸民主運動，很大程度上出自期望中國能朝民主發展，因而使九七主權轉移後，香港的宗主國仍然是民主國家。因此，作為民主派主導力量的民主黨和支聯會，每年的六四燭光晚會，每年的七一遊行，以及投入議會在體制內對行政當局的制衡，訴求對象一直是中共操控的「一國」。換言之，尋求或爭取的，是「恩賜的政治權利」，而不是立足於本土的民主。

但在人類歷史上，從來沒有實現過「恩賜的民主」。所有的民主都是本地人向本地統治者不惜犧牲地抗爭而取得的。一切民主都是本土民主。因此，每一次六四晚會或七一示威後，數以萬計的市民呼喊一番，次日一切如常。而中共對香港的民主枷鎖，卻越來越緊。香港離民主普選之途越走越遠了。

泛民缺席保育示威

另一方面，就是中國政策及大陸人對香港人權益的侵凌。之前談到大陸人在香港自由行對港人生活的擠壓。[1] 二〇〇九年特區政府奉中央之命，在立法會強制通過建設廣深港高鐵香港段。高鐵香港段，路程短，比已有的鐵路快不了多少，造價卻是全球最貴，而目的就是可以使中國邊檢站伸展到香港市中心。網民發動反高鐵抗爭，目標是不顧香港利益、一味迎合中共發展全國高鐵連線的特區政府。大批社團參與反高鐵行動。但泛民主派政黨沒有參與。

反高鐵之前，香港就已經發生一連串的文化保育社會運動，爭取保留港英時代的建築。這種保育社運潛藏著對舊歲月的懷念意識，和對九七後改變的不滿。

反高鐵後就不斷爆發反對中港融合、反對大陸全面侵蝕香港的社會運動，反蝗蟲、反雙非（即父母皆非香港居民而以旅行方式在香港生嬰兒）、反新界東北發展、反水貨、反搶奪奶粉、反國教（設立以愛國民族主義情感教育為主的國民教育科）等連續出現。

二〇一一年，香港學者陳雲出版了《香港城邦論》，針對自二〇一〇年以來的中港矛盾，指香港應採取中港區隔的措施，捍衛本土利益，維護英治時代留下的典章制度，最終達致與中國政府互惠互利，甚至改革中國政治體制，使之逐漸民主化。

陳雲提出的「香港城邦論」，為香港的本土思潮提供了理論根據。

但佔據立法會議席的泛民主派，卻公開排斥本土意識。他們仍然抱著「愛國不愛黨」、「反共不是要反中」等觀念，支持政府優惠新移民政策，亦反對社會上壓制大陸客掃貨的行動，甚至舉行記者會公開反對本土化。

香港從港英時代到主權轉移，都沒有本土意識。本土意識是被逼出來的。逼迫者不僅是中共及其政策，而且是那些當初不顧本土利益、一味擁抱大中華的泛民主派。

（原文發布於二〇二一年八月八日）

1　參考篇目178-179。

182／特首豬狼之爭

九七後，香港守不住原有這一制、向中共那一制徹底淪陷，相信是以二〇一二年特首選舉為轉捩點。在那次所謂選舉中，中共最終放棄有香港傳統富商和高官背景的唐英年，選擇長期栽培、滿腦子中共權力意識的梁振英當特首，開始了兩制邁向死亡的路程。

儘管這仍然是小圈子選舉，但競爭激烈程度為香港前所未見。而競爭亦反映了中共對香港政策的內部權鬥。

在梁振英之前，中共為維持香港的穩定，尤其是讓香港人及國際社會認定香港原有制度不變，因此在社會上，倚重香港原有的華資勢力作為經濟支柱；政治上，就倚重原有的公務員團隊。第一任特首是香港商人董建華。繼任者是港英時代高官、擔任公職近四十年的曾蔭權。

對曾蔭權，由於他長期在英國人領導下服務，按中共的敵情觀念，對他是不放心的。我相信也因為這緣故，曾蔭權在許多問題上，如文革，如六四，不能不考慮靠近北京的立場。但總體而言，我認為他是歷任特首中最為香港人著想的。

曾蔭權一直想在中共與香港人之間，找到一個雙方能夠接受的雙普選方案。他聲稱，只要有任何一個普選方案獲得60%的支持，他就會上呈中央政府。在他力促之下，中共同意二〇一七年實現特首普選，並在三年後的二〇二〇年，考慮立法會全面普選。

外圍左派更可怕

二〇一〇年，立法會通過了民主黨與中聯辦協商後的政改方案。儘管香港有不少人反對民主黨的妥協，但從中共的角度來看，則是曾蔭權沒能掌控政治局勢，使中共被迫讓步。

第二年中，香港社會開始議論下一任特首的人選。我於是在《蘋果日報》社論中提出了在中共一黨專政之下，繼任特首需怎樣才能跳出事事奉迎北京的奴才德性困局。我想到了幾點：一、要使北京對繼任者的對黨忠誠有信心，不需老提醒著「愛國愛港」（實際上是「愛黨」的代名詞）；二、繼任者會從保護香港利益、維護一國兩制、港人治港的立場去聽取及配合中央意圖，而不要老是去揣摩、去迎合中央並沒有的意圖；三、此人必屬傳統左派，故沒有對傳統左派「親」和對民主派「疏」的必要。

我認為只有一個人最適合，就是曾鈺成。他是建制派第一大黨民建聯的創立者和第一任主席。許多人懷疑他是共產黨員。我根據幾十年的觀察經驗，認為：有理想的共產黨員未必不可敬，而刻意迎合強權的外圍左派反而更可怕。

這篇原題為〈曾鈺成是下屆特首的最適合人選〉的社論，發表前老總有點擔心讀者會以為《蘋果》轉態變親共，終於社長決定在題目後加一問號。

不久，我過去在左派陣營中的老領導的女兒約我吃飯。這位女士，我一直認為她是我的追隨者。我與她爸爸商議辦《七十年代》時，她還是小學生。後來她去了英國留學。在《七十年代》受左派杯葛時，她給我來信支持。在《九十年代》休刊號上，她以筆名發表一首詩，其中一句是：「我們雖放下了《九十年代》，其精靈，卻如日月星辰……」。她在英國讀完大學後回香港，在港英時代當上高級公務員。九七後離開。她喜歡找我聊天，談她的工作和生活。她父親去世後，我們仍然保持接觸，談文說藝。

但這次見面，她說她參加梁振英選特首的競選團隊，希望我也支持。我斷然拒絕，並告訴她我數十年來對梁振英的觀察了解：他是一個工於心計、缺乏誠信、言辭閃爍的人。支持他當特首會害了香港。但我沒能說服她。因為我看得出她負有中共交代的任務。而且我恍然大悟自己看錯了人：以為她是我思想的追隨者，實際上她是中共在香港的權力繼承者之一。她帶了一些梁振英參選的文宣給我，我說我只會扔掉。因這件事，我們以後幾乎沒有來往了。

中共寧選「自己人」

接下來，就是唐英年和梁振英宣布參選。我在《蘋果》社論寫了一篇題為〈在豬與狼的兩難選擇中，還是豬好些〉。狼，比喻心狠手辣的梁振英；豬，比喻在鏡頭前的言辭、表現有點笨拙的唐英年。這比喻使「豬狼之爭」流行一時。但豬其實並不蠢。唐在回歸前曾被委任為立法局議員，後又從功能組別參選立法會，〇二年任工商局長接著任財政司長至今。既有選舉經歷，又有高官資歷。在財政司長任內，以免除遺產稅和紅酒稅而備受讚賞。此外，他出身香港企業世家，父親與江澤民體系的上海幫關係密切，本人也得到香港商界支持。

論條件，唐英年比梁振英好得多。他繼任特首本已成定局。但中共地下黨和中聯辦認為香港大商家和「港英遺孽」都靠不住，最可靠還是「自己人」。而潛伏多年一直說自己「N年都不選特首」的梁振英是不靠商界、與港英政權無涉，被中共認為「社會關係清白」的「自己人」。因此中共在香港的地下黨向當時主管港澳事務並即將當上總書記的習近平進言，改為欽點梁振英。這是中共接管香港權力的轉捩點。

梁振英在民調中本落後於唐英年，但他在中共支持或提供資料下，引爆唐英年婚外情和房子違建兩枚炸彈，將唐英年民望壓下去。再經中共非公開的動員，梁振英以六百八十九票當選。而差不多同一時候台灣的總統大選則馬英九恰恰以六百八十九萬票當選。是香港特首當選票數的一萬倍。李嘉誠在投票日，公開表示「我會投唐先生」而被認為與中共的政治關係斷裂。

梁振英當選後，即被揭發他的大宅也有違建。他上任的七月一日，香港大遊行的主題之一是「梁振英下台」。上任後兩年，又被揭發私下收取澳洲企業五千萬港元。

他接下來的表現，讓我想起美國作家馬克吐溫筆下的人物：「靈魂充滿了卑鄙，口袋充滿了贓物，嘴巴充滿了謊言」。

（原文發布於二〇二二年八月十日）

183／我所認識的曾鈺成

蘇共時代有一個睿智話題：真誠、才智和黨性這三種特質，一個人只能夠擁有兩種。有真誠、黨性就不會有才智；有才智、黨性就不會有真誠；有才智、真誠就不會有黨性。

幾年前，我的一個年輕讀友拿這話題問曾鈺成，這三種特質中他有哪兩種。曾快速回答：我三樣都沒有。

非常聰明的回答，迴避了糾纏不休的解釋。但這回答本身就顯示他至少具有才智。而自從我五十年前知道他的名字以來，半世紀的耳聞目睹，認識到的曾鈺成，不僅才智過人，而且論真誠和黨性，儘管他一直在糾葛中，但應該也在一般中共黨員或左派人士之上。他不僅不是「三樣都沒有」，而且很可能是三樣都有的一個「例外」。

七十年代初，我在左派陣營頗受器重。那時在中共駐港高層潘靜安[1]的辦公室，不時遇到培僑中學校長吳康民。他講到從香港大學畢業卻來這家左派中學當教師的曾鈺成，盛讚他不僅數學好，而且中英文都好，連書法也出色。他和潘公認為曾是重點培養的對象。培養什麼？培養成為「愛國事業」，即中共在港事業的領導接班人是也。

真誠「留港建港」

曾鈺成一九六八年以一級榮譽在港大數學系畢業，留校當助教一年，月薪一千五百港元。那時我在左派書店的月薪只三百元。他到左校任教，月薪六百元。培僑已經給出高薪，但以他的驕人學歷和放棄去美國讀碩士的前程來說，無疑是很大犧牲。他年輕時「心向中共」的真誠無可懷疑。

時值文革後期。在左校的極左氣氛下，相信曾鈺成也曾被洗腦。《七十年代》在四人幫事件後批判極左思潮，在左派圈中引起熱烈討論。他對我也一定有所認識。

一九九二年，中共為九七後實行「港人治港」作準備，成立一個左派的參政團體「民主建港協進聯盟」，簡稱民建聯。曾鈺成是創黨主席。民建聯提出「留港建港，真誠為香港」的口號，積極投入選戰。但不久，曾鈺成被揭發與太太和女兒安排移民加拿大。我為文譏之為「真誠騙香港」，社會亦謔稱他為「太空成」。不過他個人終於沒有離開香港，堅持實踐「留港建港」。

曾鈺成是不是共產黨員呢？在許家屯出走美國後，一九九二年我在美國訪問他時問過這個問題。許家屯以「入黨需要一定的條件」，間接否定。我相信至少他辦加拿大移民時並非黨員。不過後來他一直拒絕回答是否黨員的問題，可能因為他那時已經被吸收入黨了。

1 參考篇目69。

九七主權轉移後，曾鈺成當選立法會議員，在立法會領導民建聯抗衡民主派。二〇〇〇年他在立法會提出「反對台灣獨立」議案，二〇〇三年全力支持「禁止叛國行為」的二十三條立法。這段時間，我在輿論上與他針鋒相對。

二〇〇八年他當選立法會主席。其後，他主持會議力求遵守議事規則，處事公正。為此，他受到來自中共、港共和建制派的壓力，認為他沒有按照習近平提出的「三權合作」、以立法配合行政的方針去做。但實際上他是在維護《基本法》所訂下的一國兩制。

為了阻止建制派以「多數暴力」通過一些不合理的惡法，本土民主派採取「拉布」做法，即不斷以長篇發言和對議案的大量修訂，來阻延議案的表決。有一次曾鈺成問政府官員：「有沒有出現斯德哥爾摩症候群，即對拉布議員產生好感？」斯德哥爾摩症候群是一種心理學現象，是指被害者對於加害者產生情感，認同加害者的某些觀點和想法。時任政務司司長的林鄭月娥說：「沒有。對拉布的行動深惡痛絕。」曾鈺成就在電台節目中說，他自己患上斯德哥爾摩症候群，因為看到拉布的議員有專業精神，雖然明知達不到目的，發言都做好資料搜集和準備，不是站起來就亂講；感覺他們處事認真。

曾鈺成尊重一國兩制所規定的立法監督行政的職責，也尊重每一個認真議政的議員，不會因為政見不同就對他們的發言權利「深惡痛絕」。對於黃毓民問特首梁振英「幾時死」的冒犯性問題，他裁決梁振英要回答。

二〇一二年特首選舉爆發豬狼之爭，兩個建制派的人選互相攻擊。梁振英除了引爆唐英年的黑材料，他的競選辦更去串連黑社會人物。在這兩人的民望都低落的情況下，曾鈺成表示考慮參選。這時，如果北京不阻止的話，曾鈺成當選的機會應該最大。但他終於表示放棄參選。

四年後的二〇一六年，在社會反對梁振英連任的聲浪高漲情勢下，我仍然推動曾鈺成參選。他在媒體訪問中流露了意願。但最終還是打退堂鼓。

二〇一七年，曾鈺成通過黃毓民約我吃飯，說他的一個學生很想認識我。我就去了。原來是他在香港資優教育學苑所收的徒弟——一個十六歲的名校中學女生。我過去儘管在許多場合與曾鈺成見面交談，但一起用餐還是第一次。那天晚上，他和黃毓民都談興很濃。我問他為什麼不參選特首。他說，他當特首比其他人更難做：如果政策上稍偏北京，會被輿論以他的左派背景來罵翻；如果稍偏向民主派或香港本土，又會被左派和北京質疑他背叛。我說，不會是北京對你擔心多些吧，因為你似乎事事維護香港人。他說，我只是維護一國兩制。

在我們幾個老男人交談中，那十六歲的女孩一聲不響。於是我忍不住問她：我們談香港前景，但我們都老了，香港未來是屬於你的。你希望香港有一個怎樣的未來呢？

女孩沉吟片刻，看了她的師父幾眼，然後抬頭鼓起勇氣說：我希望香港的未來是港獨。

我和黃毓民都笑了。曾鈺成並不尷尬，他說：年輕人有自己的想法是好的。我想起兩年前，在港台一個清談節目中說，他曾私下對朋友說，若讓台灣和西藏都能獨立，看來對香港的一國兩制較好，減少很多麻煩事和磨擦。回想他在二〇〇〇年，曾在立法會提出過一個「反對台灣獨立」的議案。他的想法應該有很大改變。

回到本文前面提到的那個蘇共時代的話題。中共原先是想培養他在主權轉移後某個階段當特首的。為什麼後來改了主意，因為他在三個特質中有一樣很突出，就是他的才智。其實在專權政治的逆向淘汰中，一個人只要有這一個特質，就不可能被提升到重要職位。其他兩個特質，有或沒有都沒有大影響。

（原文發布於二〇二二年八月十二日）

184／香港能相信這人嗎？

寫曾鈺成一文，受關注程度破了回憶錄刊登以來的紀錄。

網友留言中，不少人認同我對曾的歷史事實紀錄和個人特質描述，也有不少人認為我過於肯定他的才智，而沒有點出他為追逐權力而虛偽作假的一面。看法分歧，說明許多人沒有顧念到時勢的變化，以及個人因應變化而作出的妥協或堅持。正因為這樣的不同執念，產生對一個人截然不同的評價。

寫回憶錄之初，我已經想到社會上對人、事、物，會有不同反應。每一個人因不同處境，或對某一事件的感受特深，而會在政治上對某人、某政團有固定看法。這種執念我自認也難免，但我提醒自己要以事實為主，從當時局勢去體認，而不要以結果去判斷某人或某些人先前行為的對錯。比如現在有許多民主派人士身陷牢獄，我們同情他們的遭遇，譴責司法的不公。但這不是對他們之前的所作所為全部肯定的理由。否則，就永遠沒有歷史真相了。

陶傑兄又一次對拙文謬賞，愧不敢當。他點出「香港特區時代，有資格稱為『政客』者，唯曾梁兩人。……曾先生前半生黨性堅定，有『烈日天中燎原野』之剛猛，深為『國家』激賞；後幾年卻人性閃爍，因『暗香浮動月黃昏』之陰婉，慘遭土共妒批」。到頭來是「窮此一生，發現將英雄當狗熊使，將人才當奴才用，……有志難伸，有苦難言」。

可靠人選反在黨外

為什麼特區時代有資格稱為政客者，唯曾鈺成與梁振英二人呢？因為他二人都是共產黨重點培養的對象。是否正式入黨不重要。中共出於政治需要，往往把極為「可靠」、完全有資格入黨者，故意留在黨外，以免被外界指為「黨人治港」而不是「港人治港」。因此，如果曾鈺成已經入黨而梁振英宣稱不是共產黨員的話，很可能梁振英才是中共最信賴的特首人選。這種已被視為黨員卻沒有正式入黨的人，歷史上有過很多，最典型的例子就是宋慶齡。她為中共做了不少別人無法替代的工作，比如介紹斯諾去訪問延安。中共建政後，她以非中共黨員的身分擔任國家副主席，以此來體現中共政權的包容。直到她去世前，中共才在她病榻前為她進行入黨宣誓，以了卻她的心願。

曾鈺成從當年被認為是天之驕子的港大生身分，投身到不被主流社會接受的左派學校當一名低薪教師，不論對錯，他追求理想的心志不容否認。而當年中共在香港的領導層，包括吳康民和潘靜安，他們參加中共多有個人政治前途的考慮，而非個人經濟利益的考慮。這是我當年置身左派陣營的體驗。

梁振英是在八十年代初中英談判時期向中共靠攏的。那時中共已經開始走向權貴資本主義，可用作家韓寒的話總結。[1] 梁振英投靠中共的時候，正是中共以其凶殘和鬥爭，去實現個人貪婪和自私的開始。

梁振英如何取得中共信任，有不同說法，我沒有確切了解。但中英談判期間，他沒有在媒體現身，《基本法》起草之初也沒有角色，到一九八八年他突然接替時任新華社副社長的毛鈞年擔任《基本法》諮詢委員會祕書長，才使人覺得他受中共器重。一九八九年六四後，他在《文匯報》署名聲明：「強烈譴責中共當權者血腥屠殺中國人民。」後來許多人以他這個聲明來質疑他的轉態。但我想他當時發這樣的聲明，只是他以為鎮壓派終會失敗，因而押寶在改革派而已。

時機成熟赤膊上陣

九七後董建華當特首，當時香港最高權力決策的行政會議，只在短期間由港英時代的鍾士元擔任召集人，其後召集人之位就由梁振英擔任，並延續到曾蔭權時代，直至二〇一一年梁振英參選特首才辭任。我相信梁長期任召集人不是董、曾的選擇，而是中共的授意，目的是安排梁這隻棋子去監察港府決策，向中共彙報，並通過他去貫徹中共的意圖。梁振英多次被媒體追問他會不會選特首，他說「N年都不會」。直到二〇一一年，中共和他都認為時機成熟，可以擺脫港英時代的商界和高官，由中共派人赤膊上陣了，於是梁振英才從幕後監視走向前台掌權。

---

1 參考篇目179。

我跟梁振英只交談過一次。記得那是我與朋友約在香港會所午餐，遇見梁振英一個人獨自用餐，於是我們坐在一起談話。他那時是董政權的人，但談話間對董頗有些批評，盡量表現他的開明和自由派立場。但實際上我們知道，董的八萬五千個建屋單位的政策[2]，是出自他的主意。二〇一一年他決定參選後，我那老領導的女兒來拉攏我[3]，我相信也是他的主意。在正式參選前，他向《蘋果日報》提出想來參觀報紙的運作。《蘋果》也接待了他，只是老闆和社長都沒有與他見面。

我為那次選舉提出「豬狼之爭」後，社會上就給梁振英一個「狼英」的綽號。在他以六百八十九票當選特首後，社會上普遍以「689」這綽號稱呼他。

梁振英上台的最大特點，就是繼承了中共的鬥爭意識，在政府和各政策委員會中，清除商界和港英時代高官的勢力，由親共人士全面接管政權，政府施政向中共權貴階層的利益傾斜。香港從梁振英主政開始，全面淪陷。

但梁振英並不聰明。無論民主派、建制派、商界、專業界，都看得出他的計謀，也都輕易捅破他的謊言。從他身上，可以印證德國神學家潘霍華（Dietrich Bonhoeffer）的話：「愚蠢是一種道德上的缺陷。」

（原文發布於二〇二二年八月十五日）

---

2 參考篇目156。

3 參考篇目182。

185／「ABC」

二〇一二年香港特首選舉，是九七以來競爭最激烈的一次。那年的選舉論壇，辯論中兩個建制派候選人相互攻擊，火力之猛堪稱空前，恐怕也是絕後。

唐英年揭露，二〇〇三年香港五十萬人大遊行後，梁振英曾在一個高層會議中說：「香港始終有一次要出動防暴隊和催淚彈對付示威人士。」唐認為梁有摧毀香港人自由價值的企圖。梁振英絕口否認曾經這麼說過。唐英年於是指著他說：「你說謊！你騙人！」

梁振英上台兩年後的二〇一四年，香港防暴警察發射八十七枚催淚彈鎮壓抗爭者，全港譁然。梁振英用行動證明唐英年揭發他說過的話極可能是事實。即他在二〇〇三年就有鎮壓示威者的想法。

後來林鄭以警暴對付「反送中」的市民，更成為日常。警暴是由梁振英開始並由林鄭繼承的。當然，也可能是中共的決策，他二人只是奉命行事。但作為香港特首，如何向北京反映香港的民情，是北京作出反應和決策的依據。

迎合中共力壓一制

我相信梁之前的兩位特首，會在專權的中共，和注重個人權利的香港人之間，力求平衡。也就是說，既向香港人解釋中共的政策，也向北京解釋香港人行使政治權利，實無損於中國的利益。

中共曾經寄予厚望的曾鈺成，曾在二〇一三年九月表示，政改在於中央一念之間，若北京能將剔除不喜歡人選的「心魔」移開，不任意排除某些人參選，則普選便「海闊天空」。這說法後來受到左報不點名批評，而他也回應說會「認真聆聽、虛心接受、深切反省」，並解釋「心魔」並非貶義，只是一個念頭、看法、信念。

到了二〇一六年，曾鈺成仍然抱著幻想，說：「下屆特首最重要的任務，是重新與中央政府建立一個一國兩制的 understanding。一國兩制的成敗只是一線之差。目前不少香港人感覺北京要控制香港，北京同樣感覺香港要失控了，尤其看到香港年輕人出來講獨立，不是少數，而是形成一股氣候，這在過去是很難想像的。」

這股氣候很大程度是二〇一二年梁振英上台後造成的。他不是試圖促進根本觀念南轅北轍的兩制相互了解和包容，而是站在中共那一制的強權一方，壓制香港這一制。他的中心思想是如何迎合中共的鬥爭哲學、敵情觀念，無所不用其極地打擊反對派和年輕人，致力於清除香港舊有的利益集團，為中共權貴在香港掃清道路。

在競選特首期間，他競選辦的人就參加有黑社會人物在場的飯局，爭取黑道對他選情的支持。顯然是貫徹中共「黑社會也有愛國的」這路線。

梁振英揭發唐英年住宅有違建使唐的民望急挫，相比之下，梁的民望似乎略高，因而給中共提供了支持他任特首的理由。

但隨後梁振英被揭發在一個大型建築的設計比賽中擔任評審，卻隱瞞他是其中一家參賽公司的股東，涉及利益輸送。他當選後，又被揭發在山頂的大宅也有違建。無論他如何辯解，結果卻是越描越黑。終於，在他上任的七月一日，香港爆發以「梁振英下台」為主要訴求的大遊行。國際輿論普遍認為他是歷屆特首中，一上任就不被市民信任的一位。

「愛字堆」湧現搞對抗

梁任特首後，香港出現了好幾個被稱為「愛字堆」的團體。所謂「愛字堆」，就是都跟「愛國」有關，名號也常有「愛」字，比如「愛港之聲」等。這些組織專門在市民示威遊行時現身，與示威者對抗、對罵。有傳媒拍到有人付錢給這些「愛字堆」的參與者。這種發動「群眾」鬥群眾的手法，對大陸人來說並不陌生，但在香港就從未出現過。

梁振英壓制新聞自由，也是香港歷來少見的。他為《信報》一篇批評他的文章，向《信報》發出律師信。藉著向商業電台續牌的機會，讓商業電台終止了與一位主持人的合約。這主持人常批評梁的施政。他公開批評香港大學的學生報《學苑》宣揚港獨，而實際上這份學生報只是討論香港未來的各種可能性。

梁振英當選第二天，就到中聯辦拜訪，被指為是去「謝票」。輿論界將「顧全大局」這成語改為指梁許多施政是「顧全大陸」。在他任內，爆發連續七十九天佔領香港九龍部分街道的「雨傘運動」；發生被懷疑是特區政府誘發的旺角暴力對抗事件[4]。

他在任五年，摧毀香港核心價值、以共幹手法施政的惡行罄竹難書。我在《蘋果日報》寫社論，評析連續發生的事件，幾年內彙集出版了三本政論集，記錄下那五年香港斷崖式的淪落，以及因此導致本土主義崛起並成為社會主流意識。

商界、政界、學界，包括親中的政團，在二〇一六年梁振英考慮爭取連任時，共同的聲音是「ＡＢＣ」，即 Anyone but CY（任何人除了ＣＹ）。ＣＹ是振英的英文字頭。

（原文發布於二〇二二年八月十七日）

4 參考篇目189。

186／雨傘運動的日日夜夜

梁振英當特首後，港人權益放一旁，全面奉行「顧全大陸」政策，引發香港社會的民主意識，漸趨本土化與激進化。二〇一四年九月爆發了佔領街頭的運動，亦稱為「雨傘運動」。

佔領街頭的主張，最先是二〇一三年一月香港大學法律系副教授戴耀廷提出的。他主張動員市民去佔領香港核心地帶的中環街道，以癱瘓香港政經中心的非常方式，迫使北京給予香港真普選。他的提議原獲得社會較積極的回應，但曠日持久，經過多次的商討、預演等等活動，支持者都彈性疲乏了。這時，學生組織在發動大罷課結束後，突然衝入政府總部的「公民廣場」。學生領袖被捕，大量市民前往支援。九月二十八日凌晨，戴耀廷宣布「佔領中環正式啟動」。當天黃昏，警方開始用催淚彈驅散示威者，市民撐起雨傘擋催淚煙。大量雨傘出現，佔領運動遂被稱為「雨傘運動」。

催淚彈激起民憤。第二天就有二十萬人上街，佔領香港九龍共三個地區的街道。佔領運動持續了七十九天。十二月十五日，在警方溫和清場和佔領區留守者被拘捕的口號聲中，運動結束。

我曾經多次到過三個佔領區，看到佔領者在馬路搭建帳篷，不分日夜留守；看到一些老師或

2014年雨傘運動，李怡攝於旺角佔領區。

2014年10月19日，金鐘佔領區現場。

大學生義務為中學生補習功課；看到很多創意的圖像，到處貼滿標語和箴言。佔領運動和平，參與者友愛，並主動清除垃圾，保持街道潔淨。

便溺風波挑起矛盾

我一直有文章談雨傘運動。運動結束後，我說我看到年輕一代的覺醒和奮起，標舉「命運自主」的意識在社會發芽，使我在悲觀中看到些微希望。

可是，年輕人並不認同我的看法。年僅十八歲的香港青年領袖黃之鋒說：「我不會說好多香港人覺醒就是一個成果……，爭取成果不是爭取退場。大家都不甘心，我們什麼都沒有得到！我不會說這叫贏。」

我覺得自己確實老了。滿足自我的感覺，卻沒有看到年輕人的渴求，和不達目的不甘心的勇往直前精神。

為什麼佔中運動會在幾乎奄奄一息中突然大規模爆發？為什麼即使給市民生活帶來許多不便，佔領後期仍有近三成市民支持繼續佔領？如果沒有學生被捕，沒有警方暴力，會有三區佔領行動嗎？

雨傘運動爆發前幾個月，香港和大陸發生了一次關於在街頭便溺的網民論爭。事源香港《蘋果日報》報導一對大陸父母抱小童在鬧市街頭便溺，引起香港社會譁然。大陸網民因港人的反應，發起六月一日起不去香港行動，聲稱「我們是消費者、我們是上帝」，要讓香港人知道失去大陸旅客的後果。

香港網民的回應是「好極了」，希望大陸人說得出做得到，永不來港，讓香港變回從前的模樣。

大陸搜狐網站就便溺風波進行民意調查，結果64.65%的人認為「孩子尿急當街小便可以理解」，以及「香港人對大陸人就是有偏見」。

港中這種民間的對立，顯示中國大陸社會這二十年已發生蛻變。過去從大陸偷渡來港的人士，仍有傳統道德，他們也都珍惜和愛護香港的法治與自由；而現時來港者成長在摧毀了傳統美德的社會，到香港就覺得有了不守規則的自由了，什麼事都可以做。來香港消費，就抱著大爺施恩的暴發戶心態，不懂得這是一種公平交易。

大陸官媒站在大陸民意一方，《環球時報》發表文章指港人應包容大陸旅客的便溺行為，向他們拍照即顯示香港人不文明；《人民日報》海外版批評港人「不在乎別人的感受、不體諒別人的難處，絕不是文明的表現」。

香港官員也配合中共官意。商務局長呼籲港人要包容及體諒，「以和為貴」。

便溺風波雖不是什麼大事，卻反映了中港矛盾不僅是香港人與中共掌權者的矛盾，而且兩地人民也因為中國社會的蛻變，而出現前所未有的矛盾。這也是雨傘運動發生的社會意識基礎。

泛民否決港人優先

雨傘運動發生，儘管世界各國的評論都肯定香港示威者和平善良，但大陸媒體卻對香港運動極盡醜詆。在微博鋪天蓋地的言論中，流傳最廣的一篇是〈香港，祖國欠你什麼？〉，把港中貿易說成是大陸對香港的「貿易超惠政策、經濟特別支持、旅遊特別照顧……但是一些香港人不思感激，不知道這是（大陸）父母對失而復得的（香港）孩兒的溺愛，反倒以為是當過洋奴後派生的『特權』。」又威脅說，「必要的時候，中央政府可以收回某些授權，甚至直接管理」、「我駐港部隊可是要亮劍的……」。

令人遺憾的是，香港立法會泛民主派的多數仍然沒有從雨傘運動中覺醒。清場前一天，立法會表決本土派議員提出的「港人優先」議案。議案要求特區政府在制訂入境、教育、經濟發展及福利等政策時，以「港人優先」為依歸。結果在四票贊成、三十一票建制派議員反對、十四票泛民主派議員棄權之下，被否決。

優先照顧本土居民及公民，是世界各地政府包括大陸各省市地方政府的基本原則。不以長期繳稅的港人為優先，對大陸移民無入境審批權，對無法查核其大陸資產的新移民給予各種福利，等於是對本土香港人的歧視和霸凌。大多數泛民議員投棄權票，難怪有人說：整場運動最顯而易見的現象，是幾乎所有體制之內的政治力量（政府、建制派與主流泛民政黨），均與「撐傘一代」嚴重脫節了。

在這種氛圍下，不甘心的年輕人，更趨激進了。於是，發生二〇一六農曆年的「魚蛋革命」。

（原文發布於二〇一二年八月十九日）

187／泛民與本土的對立

本土派在年輕人中崛起，與愛國民主派衝突之多，不勝枚舉。這裡只選兩件事談談。

一九八九年後，香港支聯會每年六月四日夜晚都會在維多利亞公園舉行燭光晚會，數以萬計的市民出席，舉起手中燭光，高呼平反六四、建設民主中國。每年從高處拍下的萬點燭光照片告訴全世界，有一個主權屬於中國的地方，持續著「記憶與遺忘的鬥爭」。

隨著本土意識興起，當年由父母帶去維園參加晚會而有了民主覺醒的年輕一代，想法已與他們的前輩不同了。他們看不到中國有民主前景，看不到在一黨專政的主權下，香港莫說民主了，連延緩沉淪都難。他們對每年六四的固定口號、年年一樣的「行禮如儀」，感到虛偽和無意義。參加六四晚會的人數逐漸下降。

二〇一三年，市民對支聯會的評分繼續下跌。本土派在網上發起杯葛維園晚會，他們不是不支持悼念六四，而是反對支聯會提出的「愛國愛民，香港精神」主題口號。他們另選地方舉行悼念六四活動。

支聯會歷年的六四主題，都沒有「愛國」字眼，何以二〇一三年會突然提出「愛國」呢？

很難讓人不想到這與近年中共提出香港從政者的條件是「愛國愛港」有關。聯繫到這些年的中港矛盾，大中華派政治人物極少站在香港自主立場參與抗爭，而這時候藉六四提出一個「愛國」主題，香港民情會怎麼反應，其實不用評估就知道了。

支聯會的愚蠢口號

「國」被黨綁架，在香港已人所共知。反國教，其實反的就是「黨教」。在大陸，清醒的知識人也早看清楚「愛國」的涵義。因此，當支聯會以本土派杯葛燭光集會為由，幾次向天安門母親丁子霖寄郵件和報章，希望她批判本土派的「歪論」時，丁子霖的回答是：雖然反對杯葛燭光晚會，但她站在本土派一方，表示「我看人家（本土派）提的意見也不是完全沒有道理啊」。一九八九年血腥鎮壓之後，愛國的概念變味了，政權把愛國變成愛黨，她說：「我不了解支聯會出於什麼考慮，提出這個口號，這麼愚蠢！……支聯會應該好好反思一下。」

支聯會不但沒有對丁的意見做出反省，反而由支聯會常委徐漢光回了她一個電郵，提出十六點意見，其中第四條提到對該「愛國」口號立場是「撐到底」[1]，第五條批評丁不了解香港形勢，第三條說泛民本質關心中國的事和發展，這就是愛國。又指丁患了斯德哥爾摩症候群。丁說：「這簡直是對我人格的侮辱」，「我提點意見，希望有所改進，即使不對，也不至於招來如此辱

1 支持到底。

罵啊。」

在天安門母親的盛怒下，徐漢光致信丁子霖道歉。支聯會主席李卓人宣布更改原訂口號，改為「平反六四，永不放棄」。

這一年及以後幾年，六四的維園燭光儘管仍然燦爛，但也有本土政團和大學校園另舉行六四集會，與支聯會分庭抗禮。也可以說是傳遞不同的六四意義。

二〇一六年，我應邀參加香港大學學生會主辦的六四晚會。我在發言中講到香港人在香港前途問題上沒有發言權，所以在八九民運時積極爭取中國民主，想由此帶來對香港自由法治的保障。但經過將近三十年，中國民主越來越顯得沒希望。香港人特別是年輕人，覺得要挽救香港的沉淪，就要首先認清自己是香港人。香港要自救，就要擺脫乞求中國的恩賜。我說我不懷疑這麼多年來，維園悼念活動的動機，但實際上卻是不斷加強我們的中國意識，而結果就是令我們放棄爭取對香港命運的自主權。在這種情形下，年輕一代要與維園悼念活動切割是很自然的事。

另一件事是二〇一三年民主黨副主席蔡耀昌以社區組織協會幹事身分，協助一名新移民就申領綜援提出司法覆核，獲終審法院裁定勝訴，引發社會爭議。

所謂「綜援」，是香港為那些在經濟上無法自給的人士提供安全網，使他們的收入達到一定水平，以應付生活上的基本需要。港府在二〇〇四年訂立條例，限定新移民需居港七年才符合申請綜援資格。終院裁決這條例不符合《基本法》。新移民到港可以立即申請綜援。

終院作出新移民勝訴的裁決，根據的是《基本法》第三十六條：「香港居民有依法享受社會福利的權利。」這條沒有指明必須是居港七年的「香港永久居民」。

腐敗的「中港融合」

照法律字眼去裁決，自然是合法的。但這明顯是當初制訂《基本法》的漏洞。因為任何國家、任何地區，都不可能在移民之始就獲得與當地永久居民同等福利。這位申請司法覆核的新移民叫孔允明，稍早她在高等法院敗訴。法官指孔婦在廣州擁有物業，兩名兒子有謀生能力，她並非是完全無依無靠的寡婦。但蔡耀昌還是幫她上訴到終審法院。

終院的裁決，尊重法律的香港人不會去挑戰。但這合理嗎？幫助新移民作司法覆核的蔡耀昌就被社交網頁罵翻了。二〇一四年元旦遊行，蔡耀昌被一批「反赤化」的網民圍堵，並斥他為「賣港賊」、咒他「落地獄」。

香港有多少人在廣州有物業，兒子有謀生能力？孔婦何以還要在香港申請綜援？但人性本貪，經文革「殘酷鬥爭」和改革開放後「一切向錢看」的洗禮，不少大陸人尤其是貪的極致。香港有綜援可拿為什麼不拿？有公屋可住為什麼不住？跟公安當局買個單程證，或花錢來個假結婚，計算一下還是有賺。到港後隱瞞大陸家庭成員、財產和退休金，拿香港錢，偶爾回大陸享受，這就是從「新中國人」變成移居香港的「新香港人」，也是和腐敗的大陸人合搞的「中港融合」。

但愛國民主派有數十年發展下來的組織，有基本的支持民眾，在立法會擁有不算少的議席。本土派一無所有，有的只是年輕人的熱血，探求真理的熱誠。而對付他們的是整個體制的孤立與攻擊。

（原文發布於二〇二二年八月二十二日）

188／我最滿意的一次訪談

在前面回憶黎智英的幾篇文章中[1]，我已談到他是支持港人治港、一國兩制的「大中華派」，曾指示旗下報刊不要讓本土派發表太多言論。

這種取向，我認為主要是基於當時整個西方世界對中國和香港的態度。西方企業樂見中國開放後給他們提供的廉價勞力、土地使用權和無污染代價的投資環境，樂見中國的超大市場。西方政界又一廂情願地認為中國的經濟發展必然帶來社會的自由、民主和遵守規則的價值觀。而香港作為前進中國的基地，中國也必定會讓香港保持一國兩制，以符合中國的利益。

西方世界對香港人受到的侵凌不太關注。世界上比香港慘的地方多得是。香港人自主的前景反而使西方難以捉摸，因此，西方願意支持的是：在一國兩制下爭取《基本法》訂下的民主普選。

本土化思潮在九七後約十年興起，泛民的支持者開始流失。二〇一〇年民主黨走進中聯辦商討並妥協產生政改方案後，每次選舉都受到本土派挑戰。在「告急」聲中，泛民要求選民不要分散票源給本土派，以致使建制派「漁翁得利」。於是，有了要求選民「含淚投票」給不喜歡的民主派的說法。

泛民支持度大減

黎智英在每次選舉時也下令報刊配合支持泛民主派候選人。我主編論壇版因為要文章好看，不但沒有配合支持泛民主派，反而會提供泛民與本土展開論戰的空間。因為讀者愛看不同意見的爭鋒，而且真理越辯越明。終於，黎智英撤換了我的主編職務，使最熱鬧的論壇淪為泛民的喉舌。

不過，誠如我先前所說，我對此無怨。他是老闆，有他的民主觀念，也有與國際社會的意識契合的想法。

後來，有一個網上分享軟體 Foxy 披露黎智英政治捐款的訊息，指他從二〇〇六年到二〇一一年，捐給民主黨一千三百六十九萬港幣，捐給公民黨一千四百五十五萬港幣。

政治捐款在民主國家事屬尋常，但在中共高度介入香港政治的情況下，幾乎沒有商人願意給民主派捐款。泛民或本土的政治捐款來源多靠在遊行時設於路邊的「街站」。黎智英對泛民的大額捐款是一大消息，而更重要的訊息，則是報導指在〇九／一〇年度，他的捐款佔民主黨非會員

1 參考篇目131-134。

捐款的99％，佔公民黨的68.2％。他固然是泛民的「大水庫」，也同時證明泛民來自一般市民的捐款少得可憐。

香港民意趨向已經很清楚。在中共封殺民主普選，大陸對香港人生活的滋擾侵凌下，港人捍衛本土的意識不斷升高。而泛民主派雖然也反共爭民主，卻不但沒有積極支持本土意識，反而打壓本土派，導致支持者流失，財源枯竭，靠黎智英獨撐。

自決不等於獨立

我儘管不再主編論壇，但仍在《蘋果》寫社論。我忠於自己的認知，不受黎智英及《蘋果》偏向泛民的立場所左右。我提出自有人類以來，所有的民主都是本土民主，從沒有自上而下的恩賜民主。乞求強權分些政治權利給人民，是不可能的，《基本法》列明也無濟於事。必須以本土利益聯繫最廣泛的市民，即使力量仍不足以對抗強權，也還是一股擰在一起的力量。

我強調「自決」不等於「獨立」，自決是世界人權公約訂明的基本人權，是權利；而獨立則是自決追求的目標之一，但不是唯一；自決的結果不一定是獨立，可以是一國兩制，或與中國完全融合的一國一制。我又指出「獨立」的英文是 independent，它的造詞結構從 dependent 而來，指的是與依賴、依附相反的狀態。它的反義詞不是統一（united），統一是指與分裂相反的狀態，是先有分才有合（統一）。一個獨立的人，指其有獨立思想、獨立人格，有自主意識和自由意志，他的行為與抉擇基本上不受他方影響。

我在社論反覆強調，香港市民有宣傳港獨的言論自由。因為只要不是行動的一部分，沒有引起「明顯而立即的危險」，言論自由不應該有任何限制。

我站在本土和年輕人一邊的言論，在那幾年頗受關注，特別在年輕人中被廣泛傳閱。二〇一五年二月六日，香港電台邀我出席「星期五主場」節目，在主持人咄咄逼人下，我簡略談到當時社會關心的幾個主要問題。我事前沒有準備，不知道主持人會問什麼，但因為大部分問題都是我寫過或至少在腦子裡盤旋過的，因此不加思索地迎刃而答。當晚在電視台播出後，立即在各網頁被廣泛傳播。網民的回應延續了好幾個月，絕大部分是正面的。我自己也覺得那是我那幾年最滿意的訪談。

網民回應中，最令我感動的是署名馬黑白寫的「李怡先生，謝謝你」。在短短的文章中，這位年輕人洞悉了我以八句之年，為文、發聲的用心和立意，誠懇地向我致謝。得到年輕人的共鳴，使我深感所有的努力，沒有白費。

（原文發布於二〇二二年八月二十四日）

189／魚蛋革命與梁天琦

二〇一四年十二月雨傘運動結束後不到一個月，特首梁振英在施政報告中一開頭就批判港大學生刊物《學苑》，指刊物的專題「香港民族命運自決」有鼓吹「港獨」傾向，應引為警惕。

佔領運動後，因北京和港府仍然對政改寸步不讓，令市民尤其是年輕人高漲的怨氣無法消減。這時特區政府理應採取一些降溫措施，以免矛盾激化，但梁振英不思此道，反而在眾多大專學生刊物中把《學苑》挑出來，誇大它的「港獨」傾向。這除了使社會矛盾「火上加油」，還向北京強調港獨的「敵情」，促使北京採取強硬政策，讓中聯辦及大陸官員插手香港事務更名正言順、明目張膽。

仔細讀完《學苑》的專題，可以清楚知道文章並非鼓吹港獨，而只是呼籲港人擺脫奴性。港獨作為一種可能性的探討，文章也提到其不可行的一面。《學苑》原來只在學生的小圈子中流通，經梁振英批判，反而出版成書在市面大賣。港獨言論本不受社會關注，絕大多數香港人都覺得不合實際，經梁振英推廣，卻成為年輕人的重要思潮之一。因此，有人將梁振英稱為「港獨之父」。

農曆年間取締小販

在輿論譴責聲中，梁振英稱特首也有言論自由，我當時即表示人民批評政府和討論公眾事務不應設限，但政府官員卻沒有隨意發表意見或對人民意見反批評的言論自由，因為他們是掌權力者，他們一出聲就是政治行動。比如牛頭角順嫂（指市井小民）都可以評論股市，但政府官員特別是財金官員絕沒有談論股市的言論自由，或鼓勵市民買樓。

特首批港獨，令各級官員和建制派跟著學舌，因此成為政治行動。中港矛盾更趨尖銳。青年學生團體大都逐漸有香港自決或至少不能持續走向中港融合的思想傾向。到二〇一五年底，爆出了銅鑼灣書店五人被中共拘留，特別是書店經營者李波在香港被中共辦案人員擄走的消息[1]（這件事稍後詳談）。香港人要與大陸區隔的本土思潮成為更普遍的社會意識。到二〇一六年初，終於爆發了抗爭者與防暴警暴力衝突的「魚蛋革命」。

「魚蛋革命」發生在二〇一六年二月八日夜晚至九日早晨，即農曆年初一至初二。事發的背景是：香港的食物環境衛生署（食環署）專責取締無牌熟食小販，但過去許多年都有一個不成文的慣例，就是每逢農曆新年，許多食肆都休息，食環署對流動無牌熟食小販會網開一面，不予禁止。熟食小販賣的多是香港獨特的咖喱魚蛋。

---

1 參考篇目192。

誰料這次卻突然嚴厲執法，食環署大舉出動在旺角取締小販，與在場市民發生衝突。其後，成立不久的青年組織「本土民主前線」通過網上召喚，大批人前來支援。另方面，警察也大量出動實施管制。警方用胡椒噴霧和警棍驅散人群，示威者用木板、磚頭、垃圾桶襲擊警方，並縱火燒雜物阻擋警方推進。警方兩度鳴槍示警，激發對抗升級。據警方消息，最多有七百名示威者集結，有兩千塊地磚被挖。記者、示威者、警員都有受傷，數十名示威者被拘捕。

被捕示威者中，有一位叫梁天琦，他是港大哲學系五年級生，本土民主前線發言人。他被控暴動罪判刑六年，並成為年輕人甚至許多成年抗爭者的偶像。

迅速定性為「暴亂」

特首梁振英於二月九日早上主動就旺角衝突事件會見記者，將事件定性為「暴亂」。梁振英往年農曆新年都會離港度假，這一年卻留在香港，被懷疑他是否蓄意造成衝突事件的發生。此外，衝突只發生在警方與示威者之間，並沒有滋擾及破壞周圍的店鋪或民居，因此只應該定性為「警民衝突」、「騷亂」而不是「暴動」。當日傍晚，有人見到梁振英在深圳出現，有可能就此事向中共彙報。有論者懷疑，食環署突然嚴厲執法，甚至有假扮的示威者開始襲擊警方，以挑動抗爭者的情緒，是整個計畫的一部分。不排除是類似德國納粹「國會縱火案」的事件。

政府和建制派口徑一致，譴責示威者「暴動」。本土派政治團體譴責警方開槍及使用過分暴力。一些政治團體則對食環署一反常態，於農曆新年期間大舉打擊小販難以理解。

民主黨發聲明，譴責示威者襲擊前線警員的暴力和縱火行為；對於有記者採訪期間遇襲受傷，深表憤怒。公民黨譴責示威者縱火、扔磚、襲擊警員和記者，多人受傷，財物損毀。這兩個最大的泛民政黨，都站在與示威者切割的立場。

社會輿論普遍要求成立以法官為首的調查小組，調查事件的真相和來龍去脈。但政府反對，建制派認為沒有必要，泛民主派也不支持。

旺角騷動後接著到來的，是立法會因一位議員辭職而要進行補選。參選者本是泛民與建制的候選人之爭，但這次有本土派的年輕人梁天琦參選，部分原來支持泛民主派的選民因旺角事件轉投梁天琦，使民主派的選情出現變數。

梁天琦從一個籍籍無名的大學生，走上政治的前台，顯現他突出的政治魅力。由此展開他短暫而跌宕的政治生涯，並對其後的抗爭運動帶來深刻影響。

（原文發布於二〇二一年八月二十六日）

190／懷想梁天琦

二〇一六年是香港歷史和社會意識大轉折的一年。這轉折又與年輕人的奮起直接相關。標誌性的人物，就是香港大學學生梁天琦。他在魚蛋革命中開始了勇武抗爭；他標舉「港獨」旗幟，參加立法會補選，雖落敗卻成為年輕一代的偶像；在立法會換屆選舉中，他再參選但被港府改變規則取消資格，由此喚起社會更大的反港共政權意識；他被控暴動罪並甘願服刑六年；二〇一九年反送中運動時他在監獄中，但他二〇一六年在競選期間提出的「光復香港，時代革命」口號，卻在整個反送中運動中鼓舞著示威者的勇氣，使他成為絕大部分抗爭者的精神領袖。

二〇二二年一月十九日梁天琦刑滿出獄，為避開難以計數的歡迎者，他在凌晨三時由警方七人車接走。凌晨六時，梁天琦在網上發文稱，已平安返回家人身邊，惟按法定要求，獲釋後須遵守「監管令」，即時停用社交媒體，謝絕傳媒訪問和採訪。「衷心感激各位的關懷和愛護。」

像曇花一現，像電光一閃，像彗星劃過天空，但在許多被梁天琦喚醒的香港人心中，怎會把他忘記？思想，簡稱「光時」的思想，怎麼監管得住？

我和他有過幾次接觸。他在獄中，和已經出獄，我都一直深深懷想著他。

參與補選高票落敗

二〇一六年，二月旺角騷亂發生後，在包括泛民主派主流在內的各方切割聲中，被指使用暴力的本土民主前線發言人梁天琦參加立法會補選。他既少為人知，又標榜港人過去忌諱的「自決與獨立」，因此輿論起先認為他絕無勝算。補選是競爭一席，根據歷次經驗，民主派與建制派的選民是六與四之比。多了一名反建制的梁天琦參選，民主派起先不以為意。誰料梁天琦獲本土派年輕人大力助選，立法會議員黃毓民也為他站台，使他民調飆升。民主派的六成票源在二人相爭之下，極可能使建制派當選。於是，泛民主派及支持他們的傳媒就大力打壓梁天琦選情，甚而有陰謀論說他是受中共幕後指使來分薄民主派票源的。陰謀論並無證據，徒然增加梁天琦支持者對泛民的惡感。

補選結果，梁天琦獲得15.3%的選票，以高票落選。按他所得到的支持率，在緊接著的立法會換屆選舉中，幾乎一定可以當選。但這時政府卻突然要求參選者簽署「確認書」，確認香港是中國的一部分，也就是排除任何分離主義意識。

梁天琦以政府沒有審查參選人思想的權力，尋求司法覆核，但法官認為並無急迫性，拒絕批准緊急司法覆核。為了獲得參選權，梁天琦簽署了他認為是「政治衰仔紙」的確認書，刪除FB專頁支持港獨的言論，自認衰仔。但他的確認卻沒有獲選舉主任接納，仍然主觀判定梁天琦沒有真心放棄原先主張，而取消梁的參選資格。

梁天琦妥協沒有被接納，更暴露確認書只是表面文章，用意是要把中港共不喜歡的人刷掉，不得參選。港府醜態畢露，使眾多市民感到應有的權利受威脅，政治權利無保障，大律師公會前主席陳景生和一批法律界發表聲明反對。

語言真誠深具魅力

以香港獨立為目標的香港民族黨號召八月五日晚在添馬公園進行和平集會。集會以一兩天時間透過FB號召參加，主辦者陳浩天事前估計只有一千人，結果聚集成超過萬人的大場面。各大學的學生會都有參加，並亮出各校的旗幟。在集會中，公然打出過去許多香港人害怕也是泛民主派拒絕沾染的「香港獨立」旗號。梁天琦在演講中表示，今晚是一個歷史性時刻，看到有這麼多人走出來為了他不能講出的四個字（香港獨立）。他表示，革命會很漫長，但得民心者得天下，要有更多的人相信這理念，堅信終有一天會成為主流。

僅僅在數月前，香港民族黨成立的時候，只有陳浩天一人現身，聲稱有成員三十人，但都沒有露面。為什麼幾個月社會就發生這麼大的改變？不是香港支持港獨的人突然多了，而是政府改變遊戲規則壓制異議者參選使人們憤怒了，是年輕人對一個能代表他們意見的人被拒絕參選發出抗議聲音。

這之後，梁天琦沒有了參政空間，在被控暴動罪的保釋期間，他去了英國和美國，在哈佛做研究。二〇一七年底他回香港，接受暴動罪的審判。二〇一八年一月他在審訊中承認襲警罪被即時扣押。五月被裁定暴動罪判入獄六年。

在梁天琦短促如彗星劃破天空的幾年間，我見過他幾次。第一次是在港大的六四晚會，沒有深談。後來在他的同學引見下做過詳談。他溫和有禮，語言真誠，深具個人魅力。最後一次是他被扣押在荔枝角收押所，等待判刑，我同他的女友去探監，在限定時間內交談了十五分鐘。

梁天琦走上這條爭取香港自主的道路，與我有關嗎？

二〇一六年他在電台節目中介紹我的一本書《傾聽內心深處的吶喊》，書中引用了「垂死者的五大人生憾事」，指出很多垂死之人，最大遺憾是沒有勇氣去追求自己的夢想，活了一輩子都在追求名、利、金錢、女色等。直到最後，儼如沒活過一樣。梁天琦說：「讀完李怡先生的文字，頓覺有時需要聽聽自己內心的聲音、克服對現實世界的恐懼、做自己想做的事，才能夠成就自己。」

我從來沒有告訴年輕人要走怎樣的道路，只是以自己的經驗，說傾聽自己內心的聲音做人，會活得心安理得。儘管生活可能會比較困苦。

（原文發布於二〇二二年八月二十九日）

191／年輕人的勇氣自愧不如

二〇一六年香港立法會選舉，特區政府改變規則，要參選者簽署「確認書」。[1]將行政凌駕於「選舉權」這種做法，刺激了市民票投民主派。選舉結果，有六名本土派和自決派的新人當選，泛民雖有幾位老馬失蹄，但也完成了一些新舊交替。非建制派的議席增至三十席。

接下來出現了宣誓風波。十月十二日立法會議員宣誓就任，開始新任期。在本土思潮影響下，有議員將誓詞中「效忠中華人民共和國香港特別行政區」的字句，於宣讀誓詞時以不同形式表達他們的政治訴求。其中最突出的是青年新政的梁頌恆與游蕙禎，兩人宣誓時不僅展示「Hong Kong is not China」布條、將英語誓詞中的「China」讀成「支那」，游蕙禎更將「People's Republic of China」中的「Republic」讀成「Re-fucking」。梁頌恆也在宣誓時將中指和食指交叉，意味不遵守誓言。監誓的立法會祕書長不接受這樣的宣誓。

建制派全體批評梁游的宣誓表現，說「支那」用語是侮辱和歧視中國人，要求取消他們的議員資格。中聯辦和中共官方媒體亦對此行為憤慨和譴責。

人大又介入釋法

立法會主席梁君彥十月十八日決定，梁頌恆及游蕙禎可再次於十九日第二次大會中完成宣誓。但十八日下午，行政長官梁振英突提司法覆核及申請法庭臨時禁制令，力圖阻止二人重新宣誓。網民對梁振英「突襲」大表譁然，認為他赤裸裸踐踏「三權分立」。結果高等法院以立法會主席具憲法地位，有權容許再次宣誓，而拒絕批准政府的禁制令。梁振英提出司法覆核。梁君彥於是決定押後兩人宣誓，等待司法覆核的裁決。

司法覆核在十一月三日開庭。當日仍未有判決。但次日中國人大常委就主動提出「釋法」，指宣誓要真誠及莊嚴，要準確、完整讀出誓言，道具、口號等一概不容，否則監誓人須裁定宣誓無效，且不允重新宣誓。

在香港法庭仍在審理一宗純屬香港內部事務的案件期間，人大常委就以「釋法」介入裁決，《基本法》列明的香港獨立司法權和終審權還存在嗎？

在人大「釋法」的高壓下，香港法院判梁振英勝訴，撤銷梁游二人的議員資格。按普世的司法原則，新法律不能追溯制訂法律前的行為，於是梁游再上訴，但仍被駁回。上訴庭判決指，人大釋法具追溯力，生效日期為一九九七年七月一日，「適用於所有案件」。

---

1 參考篇目190。

法律不溯既往是普通常識，但這位上訴庭法官張舉能卻說，人大釋法是中國大陸法律，香港《普通法》不能過問。法律界對這樣的裁決「極大保留」，但後來張舉能卻更上層樓，在二〇二一年一月接任香港終院首席大法官。

梁游事件的發展，充分顯示在中共專政權力下，不僅行政干預了立法，干預法院對立法會權力的確定，而且在法院審理案件期間，以人大釋法來插手司法審理。而法院只能夠順從。這意味司法獨立已死，三權分立已死。

2014年12月10日，李怡攝於金鐘佔領區。

梁頌恆與游蕙禎兩個年輕人，在二〇一六年是繼梁天琦之後的風雲人物。他們的作為引起社會的爭議，他們對反對者和輿論的回應，有時顯得稚嫩和欠技巧。有一段時間，絕大部分的傳媒和政界都攻擊他們，包括許多民主派議員和支持民主的民眾。有人挖出梁在大學時與中聯辦人士有過接觸，游曾在《大公報》實習，於是就有輿論說他們是與中共有關連的「鬼」（意指為中共工作），也有人說他們在立法會的宣誓行動是「蠢」，不識時務。

站在雞蛋的一邊

在眾聲喧譁中，我獨持己見，選擇與他二人站在一起。我寫了篇文章，題目是〈自愧不如〉。我把它節錄在這裡：

怎樣看梁天琦？自愧不如。怎樣看梁頌恆、游蕙禎？自愧不如。

對敢於以卵擊石的向強權抗爭者，無論他們多麼錯誤，我都永感自愧不如。

即使我二十多歲，我也沒有梁天琦這樣的勇氣，眼看一國兩制遭強暴而瀕危，整個城市在沉睡，而奮勇以雞蛋之身，擲向高牆。他說在梁游宣誓事件後，由於仍以暴動罪的待罪之身保釋候審，故選擇一言不發，他承認懦弱。他表示要共同承擔梁游宣誓犯錯的責任。

全城幾乎鋪天蓋地的罵梁游，若誠實地回顧這幾年的網絡，「支那」是特有所指還是對全球華人的侮辱？又回顧數十年來，「香港不是中國」是否正是中英雙方對世界的宣示？罵二人是鬼又說他們蠢，有沒有思量過鬼需要聰明，怎麼會是蠢？

為什麼不聽有經驗者的教誨，等宣誓進入議會之後才抗爭？他們確實有錯。但宣誓時誰料到會有釋法？世界上多的是事後孔明。莫說年輕人不懂世情會犯錯，年長者懂世情難道就不會犯錯？

有人說，他們提出港獨訴求，要全港市民埋單。但誰挑起港獨議題的？不是去年（二〇一五）一月梁振英在施政報告中掀動這個議題嗎？港獨，可以說是不切實際的想法，但我們無權去砸碎年輕人對這個社會僅有的希望。讓我們誠實地問一問自己：真的以為一國之下可以爭得民主嗎？真的認為因有梁游的作為才有中共的釋法，和梁振英的司法覆核暴力嗎？真的認為一味當順民就能夠免除暴政施虐嗎？

在這個聰明人充斥的時代，總要有人願意站出來抗爭，社會才不會絕望。失敗幾乎是肯定的。雞蛋擲向高牆，怎麼可能不粉身碎骨？主權轉移之後，一切爭民主爭普選的抗爭，哪有成功過？但總要讓強權知道，儘管多數人選擇逆來順受，仍然有人不顧螳臂擋車，以懸殊之力去抗拒社會沉淪。

錯？誰沒有？最錯的是沉默、退讓、撇清、自保，尤其可鄙的是把社會沉淪賴在力阻沉淪的抗爭者身上。對於所有以雞蛋砸高牆的抗爭者，不管他們有多少錯誤，不管他們多麼蠢，我在他們面前都自愧不如。

後來，游蕙禎在一個訪問中說，讀到我這篇文章感到受寵若驚。怎麼會呢？這是我至誠的感受啊！

（原文發布於二〇二一年八月三十一日）

192／銅鑼灣書店的詭譎故事

二〇一六年元旦早上，我讀報看到一段消息：中國流亡詩人貝嶺在長途電話中向《蘋果日報》表示，他收到一封電郵指「李波失蹤，生死不明」。我當即給李波太太電話，問她想不想跟我談談。她說很想。我們住得近，就約在一家餐廳。

二〇一三年，我要出版《香港思潮》，顏純鈎就介紹我認識李波，說他可以出版。見面時才知道原來他太太是我認識三十多年的蔡嘉蘋。當年她在三聯書店編輯部工作，並以舒非的筆名寫散文。現已退休。李波在經營一家叫巨流傳媒的公司。他建議我這本書自資出版，他提供國際書號和發行。就這樣，我們合作了兩三年，我出了幾本書。我們聚首聊天也較多。

應該把事情鬧大

元旦中午與蔡嘉蘋見面，我從未見過她如此的六神無主。她說李波平日每晚七時許就回家吃飯。三十號那天晚飯時沒有回來，打手機沒有接。很晚了她接到來電顯示從深圳打來的電話，李波異常地用普通話跟她說話，顯然是要身旁的人聽到講什麼。李波說要配合調查暫時回不了家，又說如果自己表現合作，「可以從輕」。「從輕」？那是說他犯了什麼罪了？後來又再次來電，說「你可能已經知道什麼事了」，「事情千萬不要鬧大」。

她說因為這緣故，所以在貝嶺的消息曝光後，她拒絕所有採訪，也不敢報案。

我跟她說，這件事已經曝光了。講不講社會也都知道。報案就不能迴避媒體採訪，記者也就會追問特區政府這件事。傳媒鬧起來後，中共辦案人員至少會謹慎處理，不至於發生「生死不明」的事。李波在電話叫她「千萬不要鬧大」會不會是反話呢？

蔡嘉蘋幾乎立即同意我的看法。她當天下午就約了一位家人陪同她去北角警署報案。我通知報館記者去警署門前等候。她接受了採訪。當晚和次日早晨，傳媒鋪滿了這則消息。輿論指出，根據《基本法》，只有香港執法人員有權在香港執法，香港以外的執法人員在港執法，是違法行為。最妙的是特首梁振英的回應，他呼籲失蹤者本人提供失蹤資料。這就像課堂點名時，叫「缺席的請舉手」一樣，手忙腳亂到了失智的地步。

這就是銅鑼灣書店事件曝光的起始，以及我的小小參與。以後的發展已有大量報導，在網頁搜尋也有許多資訊。我就不多說了。

這裡只想談談事件發生的社會背景，和我後來逐漸聽到的一些情況。

自從有大陸人來港自由行以來，除了帶旺了金鋪、藥房等，還催生了「大陸禁書」這個行業。香港有多家出版社出版有關中共政爭內幕、祕聞，特別是領導階層貪污和情色醜事的書。在機場、鬧市報攤，都布滿了這類書籍。

「送中」條例的前奏

香港很少人看這些書。它們的銷售對象是大陸自由行旅客。每年大陸旅客有四千多萬，對這些書有興趣的人少說也有上百萬。他們不僅自己買，還幫朋友買。因此出版這些書有豐厚盈利。書的寫作者，大部分是在大陸僱用的寫手，他們或根據一些小道傳聞，或根本就是他們的胡編亂造。據出版者說，內容有七八成是捏造的。

除了大陸客自由行的廣大客源之外，在香港形成中國政治書市還有幾個條件。一，大陸沒有出版自由，香港則有；二，香港是最靠近大陸的使用中文的社會，編寫和出版中文書輕而易舉；三，前美國駐華大使駱家輝對中國人幾點評價的第一條是「非常聰明，但非常相信傳言」。它的含義是：非常聰明也就非常懷疑非傳言，相信傳言是因為傳言比非傳言可靠，非傳言往往都是謊言。

在一個自由開放的社會，出版一本關於領導人的祕聞書卻提不出任何真憑實據，不會有人相信，也不會有市場，受損害的只是出版商自己——沒有盈利還會賠上商譽。但對一個封閉社會來說就不同了，因為領導人的生活和行狀、領導人之間沒有明爭卻有暗鬥，這些都是國家祕密，於是任何揭祕，不管是真是假，都會讓人民感興趣，也會相信。

相信這些祕聞的，不僅是一般老百姓，還有許多幹部，包括影響權力鬥爭的高幹。據說，銅鑼灣書店事件惹禍的書是《習近平的六個女人》，主要敘述習近平任福建省委書記時，和一名女電視主播之間的關係。

巨流傳媒的股份，是李波、桂民海、呂波各佔三分之一。李波和桂民海出版各自組稿的書，呂波負責業務經營。李和桂各自組什麼稿、出什麼書，互不干涉。

據聞關於習近平與女主播的書，是桂民海組的稿。呂波和巨流的另一業務員張志平二〇一五年十月十四日在深圳失蹤。這兩人都不知道有什麼書會出版，因此在他們身上問不出所以然。於是，十月十七日桂民海在泰國失蹤，有四名男子企圖到他的公寓帶走電腦，但被管理員阻止。十月二十四日，銅鑼灣書店的店長林榮基在深圳過關時被拘留。他也不知道有什麼書會出版。這四人唯一與這本書有關的是桂民海，但辦案者取不到書稿，也不知如何阻止這書的印製和上市。

於是，最後十二月三十日就在香港把李波擄走。所有巨流傳媒的人都在手上了，日夜反覆審查，總可以把書稿找出來了吧！但沒有。因為李波也對這本書不知情。

桂民海的電腦是否有這本書稿？書的作者是誰？都是謎。但有知情者告訴我一個書中重要情節，就是某女子及她為名人生下的兒子，突然人間蒸發了。而拘留五人的專案組，據聞是位階高過國安的某夫人辦公室。這是在所有新聞報導中沒有被提到的。

這些傳聞無實據，當然不足信。但到香港擄人這件事，因為受香港和國際媒體譴責，有指龍顏大怒：為什麼收回主權後到香港抓個人都不可以呀？於是在二〇一九年特區政府提出「送中」條例。

（原文發布於二〇二二年九月二日）

193／中國貪腐奇談

前文提到一度在香港氾濫的大陸禁書，內容七八成是捏造的。幾位讀友不同意，說這些禁書的內容七八成是真的。有關某女子為名人生下兒子卻母子均人間蒸發之事，讀友認為若非事實，不會如此緊張，甚至破壞《基本法》越境擄人，更把整間書店所有人抓起來審查。這絕非一般情色小事。

讀友所言當然也有道理。這些書我一本也沒看過。我根據出版商的說法，指七八成捏造，主要是指這些書真名實姓具體而微的描述；至於內容所反映的社會現況，我也相信七八成是真的。

我自一九八九年六四後被中共點名批判，就沒有再去大陸。直至二〇〇六年，經朋友疏通，我再領到「回鄉證」，於是去北京看望年老多病的五叔。也同麗儀去深圳會見她的舊友、學生。後來又去了多次大陸，包括北京、上海、天津、青島、海南、內蒙等地。見到中國經濟起飛，城市面貌大改變。也聽到、看到整個國家權貴資本主義的發展，權錢色在經濟起飛中的運作。許多事情對於在廉政社會生活多年的香港人來說完全陌生，也不得不佩服大陸人動歪腦筋、鑽漏洞之靈活。

行賄貪污花樣百出

一位在地產發跡的朋友，私下告訴我，他多年收地、建房、建酒店牽涉到許多官司，但每一次都贏。祕訣就是：每一件官司，法院都會在立案時即公布主審法官的名字，他於是想方設法找到這位法官，請法官給他介紹律師。這就是官司必勝之道。沒有任何行賄貪污的痕跡。他建酒店，就去找消防局長，請他介紹裝修公司。於是，消防局來檢查防火通道，也一定過關。

這樣的事，在全國一定非常普遍，花樣層出不窮。生活在講規則社會中的人是難以想像的。為什麼任何官司在立案時就要公布主審法官的名字呢？是為了讓腐敗可以方便行事嗎？

在一個飯局中，我聽到一位據稱是中央紀委高幹的人說：我們對待一些事情，要從人性化的角度去考慮處理。人性化？是暗指「人性本貪」因而對待貪腐應該網開一面嗎？

中國劇作家沙葉新在一九七九年發表劇作《假如我是真的》，引起軒然大波，最後遭禁演。但實際上，所揭露的幹部特權，與後來的發展相比，只是小菜一碟。三十年後的二〇〇九年，沙葉新在網上發表了一篇兩萬多字的長文：〈「腐敗」文化——中華民族到了最危險的時候〉，總結出中國官員貪污腐敗的集團化、部門化、市場化、黑幫化，貪官品性的低下、骯髒。最震撼的揭露，是買賣官位的「市場化」。

沙葉新列出湖南郴州販賣「烏紗帽」的市場價格，從縣委書記、公安局長、政法委書記的兩百萬，到縣檢察長、縣政府辦主任的二十萬，一一列出價碼。而烏紗帽收入也由郴州市委書記、副書記、紀委書記按比例分配。

這是二〇〇九年一個小城市的買官價碼。經過多年，我聽到廣東省某城市要買一個公安局長來做，價碼已升到兩億元。用兩億元成本，做一個未知可以做多久的職位，其油水之豐厚可想而知。怪不得中國有這麼多人來香港買樓掃貨了。

沙葉新那時的結論是：腐敗是這個政權執政的基礎。以法治國，以德治國，都是自欺欺人，以腐治國才是實情。「當腐敗的程度能讓各級官員滿意而又不讓百姓太不滿意時，便是這個政權最理想的政治局面。」「如果這個平衡被打破，就將危及政權本身，這才有了所謂『反腐』。」

物慾橫流人性墮落

後來的發展比沙葉新的結論更不堪：各級官員的貪慾永遠沒有滿意的時候；而百姓也習慣了，不行賄還辦不了事。所謂「反腐」跟政權穩定無關，而是跟某人的權力地位有關，是鬥倒政敵的招數。若真要反腐，最基本的要求就是公開所有官員的財產。但中共對此是提都不准提。由此可見，「以腐治國」和「以反腐作為權爭手段」，是中國權貴資本主義發展起來後，政權運作之本。

中共高幹牽涉情色事件之普遍，已毋庸多說。最令人咋舌的是二〇一七年北京紅黃藍幼兒園的兒童被性侵一事。事件爆出後，有位自稱在教育行業混了二十多年的網絡作家赦歌寫了一篇帖文，說「性侵幼女很早就是一個產業鏈了」，而且這產業鏈已擴大到全國大小城市。他說，有一個網站叫「幼幼資源網」，裡面小女孩圖片來自各地幼兒園。參與破案的警察聊天時說：幼兒園扮演皮條客，一個幼女報價十萬元至五十萬元。「風險不高，因為99％的幼女不會對任何人講她發生了什麼事，包括父母在內」。

我對這些傳聞半信半疑，因為太匪夷所思，而且沒有憑據。但我在大陸的朋友對這些事卻深信不疑。他說，經過文革的無情惡鬥，然後是權貴資本主義的物慾橫流，人性之墮落，私慾凌駕一切善良道德，你無法了解整個社會已經腐爛到什麼程度了。

中國內外施政的邏輯有兩個，一是「不見棺材不掉淚」，二是「一闊臉就變」。

九七年江澤民來香港主持主權轉移，他反反覆覆強調《基本法》所宣稱的，中國絕對不容許中央各部門、各省市干預香港特區的內部事務。二〇〇三年反二十三條立法的五十萬人遊行，董建華收回立法，中國也沒有干涉。那是因為中國還亟需香港的投資、換匯，和通過香港進口高科技產品，出口又可享低關稅。這是「不見棺材不掉淚」的出於利益考量的忍讓。

隨著中國入世，成為世界工廠，經濟起飛了，權貴也就「一闊臉就變」。對香港內部事務的干預由暗到明，不再提香港實行高度自治，而是改口中央對香港有全面管治權，又說《中英聯合聲明》已是歷史文件，不具現實意義。越境擄人被輿論廣泛報導後[1]，修改《逃犯條例》就推出來了。

一國兩制的「一國」腐爛到這種地步，還要把這種腐爛向香港這一制推行。香港的「反送中」運動是自發的，還是被逼出來的？

（原文發布於二〇二一年九月五日）

1 參考篇目192。

194／二〇一九，生命中新的一章

二〇一九年三月底，我想到再過幾天就八十三歲了。於是我在《蘋果日報》的專欄表示，將在接下來每週五天的專欄裡，寫些一生中值得記下來的往事，和一路走來的心路歷程。不是完整的自傳，但把一些回憶留下來，是我人生的最後心願。換句話說，在專欄裡將不再評論時政。

作出這個決定，是覺得時事評論越來越沒有意思。我分析得再有道理，香港的政治、社會仍然會往相反方向走。

早幾年，港澳辦主任王光亞提出選香港特首的三個條件：愛國愛港、具高管治能力和社會認受性。前兩個條件是沒有準則的，是否愛國愛港和管治能力多高，全憑中共領導人的自由心證；但社會認受性雖沒有普選的數量化準則，至少還有民調可供參考。因此梁振英才會以揭唐英年醜聞，來拉抬自己的民調，使中共有藉口要聽話的選舉委員投票給他。但是，到二〇一七年再選特首，中共就乾脆不提社會認受性了，硬要選委放棄民望甚高的曾俊華，投票給民望低的林鄭月娥。連民調支持這一個條件都沒有，特首還能夠不百分百聽北京的話行事嗎？甚而不只聽話，還會揣摩上意去加碼迎合北京意願！

時評已無力回天

作為香港社會穩定磐石的香港獨立司法，也變了顏色。除了人大釋法的新訂法律居然有追溯力外，香港法院多次對抗爭者以判刑須具「阻嚇性」為由加重刑罰。在所有司法健全的地區，「阻嚇性」只能夠是判刑時的微量考慮因素，否則就違反依法量刑的精神，變成司法為政治服務了。人們不會忘記一九八三年鄧小平發起的「嚴打」，即「從嚴從重打擊刑事犯罪」，許多輕罪案件就被重判，其中有「偷一元錢判死刑」的報導。香港法院的「阻嚇性」判刑越來越多，市民也就失去司法保障。

這只是一時想到的兩件事：特首向極權通體膜拜，和司法的向下滑落。全港輿論都無力回天，更何況我只是在一份報紙中寫個小專欄。

既然時評改變不了什麼，就想到寫回憶錄的事。至少十年前，就有朋友催促我寫自傳。我的人生經歷微不足道，但可說既幸運又不幸的是，我生活的時代是中國、台灣和香港經歷極大變遷的時代，而我置身在觀察、報導和評論這三地大變遷的敏感傳媒當中，

2019年七一遊行維園現場。標語鼓勵「香港人支持下去」。

經歷在香港最能夠自由報導海峽兩岸事態的時代，也眼看著香港這地方新聞自由的失落。我的出身、工作、家庭和在交叉路口的糾結，也有些特別。我想在有生之年，給自己留下幾片雪泥鴻爪。

八十三歲，也許已經太遲了。但至少開始去做，以完成自己的最後心願。

寫了好幾篇，在二〇一九年四月初突然接到黎智英的電話。他說想同我商量一下，能不能暫時停寫回憶錄幾天，評論香港修訂《逃犯條例》這件事。我說之前已經寫過一篇。他說他剛到台灣，同機有一位台灣朋友跟他說，很希望能看到我評論這件事。不是其他人，而是特指要看我寫。我說好。黎智英連說謝謝、拜託。

被運動牽動心緒

在《蘋果》寫稿二十多年，黎老闆幾乎從來沒跟我說要寫什麼。這次打電話來，顯然他很關注這件事。事實上，事態的發展也使我越來越關注了。

想不到，這一寫，就不是僅僅幾天，而是寫了一整年。不是黎智英要我寫，而是我被一場波濤洶湧的反送中運動牽動著心緒，使我再也沒有心情去緬懷過去。每一天，我都被社會發生的事情牽引著關注，不能不寫自己對當前時事的感受和評論，也無時無刻不因時局的變化而產生對自己既有觀念的審視。

這一年我在許多認知上有所覺醒。我擱下寫回憶錄的心願，因為那時候，我覺得自己過去的經歷，已經不那麼重要。新的體認，改變我過去對生活了七十多年的香港和香港人特別是年輕一代的認知。反送中運動的整個過程，醍醐灌頂般讓我對人生歷程有了新的醒悟。這是我老年生命中新的一章。日後無論做什麼事，包括若要寫回憶錄，這一章對我的思想和書寫都太重要了。

儘管寫政論文章要講理性，但一個人做什麼事、走哪條路，往往是受感情而不是由理性支配的。我放下了自己的回憶錄，是因為轟轟烈烈的事情就在我眼前發生，人不能沒有感情，不能不被感情激勵而做自己要做的事。人可以抗拒很多東西，但抗拒不了感情。

接下來，我會寫極具意義的香港二〇一九年。對這一年發生的事，各類媒體已經報導很多了。我也出了一本書《香港覺醒》。在這裡，我不再重複講眾所周知的事，但會記下事情的緣起，以及我認知的幾個重要改變。

（原文發布於二〇二一年九月七日）

195／神針拔去，風暴將臨

二〇一九年二月香港特區政府以一宗香港男子在台灣殺害女友的案件為由，提出修訂《逃犯條例》，容許政府把疑犯移交台灣及中國大陸等地。

香港和許多國家都訂有引渡罪犯協議，但與台灣、中國大陸卻沒有。二〇〇五年在一個聚會中，我問過終審法院首席大法官李國能這個問題。他說最根本的原因是中國、台灣仍有死刑，而香港已經廢除了死刑。

除了有引渡協議的國家或地區之外，香港也為沒有協議的地區訂有《逃犯條例》。在《條例》第十三條「移交令」中，列明有死刑的地方，只有在該地方不會執行死刑而香港特首亦信納這保證的情況下，才會發出移交令。不過，更列明：「在某人為中華人民共和國國民的情況下，行政長官可決定不就該國民作出移交令。」

訂立這一條，相信是因為中國是世界上執行死刑最多的國家。據二〇一七年官方數字，中國執行死刑人數有一千五百五十一人，而全球各國執行死刑的總數也只有五百九十六人。

原有的《逃犯條例》在一九九七年公告，其後並作修訂，內容指：移交逃犯安排適用於香港政府及香港以外地方的政府，但卻指明「中央人民政府或中華人民共和國任何其他部分的政府除外」。意思就是不能夠移交逃犯到中國大陸了。

這條例把中國大陸排除在可移交逃犯的世界各國之外，明顯就是中共也知道香港和世界各國對中國的司法沒有信心。中國司法強調黨領導，「黨」字的組成是「尚黑」，在有關中國司法案件的許多報導中都體現「尚黑」。中共為求取香港及西方國家對主權轉移後香港的信心，就不顧面子訂下這「除外」條款了。

中聯辦號召同仁支持

二〇一九年特區政府提出修訂《逃犯條例》，把「中華人民共和國除外」的字句去掉，是因為中國富起來、強起來也。除了這個條款帶屈辱性，更有一說習近平以「反貪腐」鞏固權力，就要抓一些在香港的權貴政敵，撲滅對他權力有威脅的書刊。銅鑼灣書店的風波鬧大[1]，刺激中共不想再暗中擄人，乾脆在香港立法，名正言順地把看不順眼的人作為罪犯抓到大陸去。

另一說法是由於孟晚舟在加拿大被捕，要引渡去美國，北京為求反制，希望在香港掌握類似的法律籌碼，將「觸犯中國法律」而身處香港的中外人士移送至中國大陸受審。

不少人認為是特首林鄭月娥為迎合北京而提出修例，但我更相信這是北京的命令。因為一提出修例，中聯辦就召集香港的政協、人大及建制派議員，要求全力支持。

修例的藉口，是一年前即二〇一八年二月台灣發生的命案。兇嫌和受害者都是香港人。兇嫌棄屍後回港，台灣當局在發現屍體後，三度致函港府，提出司法合作。但港府一句回應都沒有。

直至一年後，特首和保安局長以悲憫之姿指若不修訂《逃犯條例》，就無法把疑兇送去台灣受審，受害人家屬可憐呀！無法彰顯公義呀！

法律界指出，台灣與中國是不同的司法管轄區，《逃犯條例》的「除外」條款不應包括台灣。香港與台灣進行一次性個案移交，一點問題也沒有。此外，司法合作還可以包括由台灣辦案人員到香港機場，由香港警方把兇嫌交給台方押送回台。這樣的做法以前也試過，不是第一次。

但港府卻拋開已有的可行辦法，捨易取難、不顧輿情地把原《逃犯條例》的「中華人民共和國的任何其他部分除外」這條款予以剔除，把台灣列為中國的「其他」部分，認為這樣才能填補《逃犯條例》漏洞，才可以把疑犯送往台灣。台灣當局洞悉把台灣納入「一中」的陰謀，立即拒絕以這方式接收疑犯。更發出旅遊警示，指香港修例後，中共就可以在香港合法拘捕台灣人，送往大陸受審。

「除外」條款剔除的禍害

修訂《逃犯條例》的要害，就在於把排中的「除外」條款剔除後，許多在香港不屬於犯罪的行為，若遭特首配合中共需要，都可以列為「在中國的犯罪者」而予以拘捕送交中國。比如「攻擊國家領導人」、「尋釁滋事」、「勾結外國勢力」等等。因此，修訂《逃犯條例》也被稱作

1 參考篇目192。

「送中」條例。

林鄭政權稱修例是為補漏洞。但實際上「除外」條款是基於對中國司法的評價而作出的，而且是中國自己同意及參與制訂的。它不是「漏洞」，而是一國兩制的定海神針。神針拔去，專政風暴就會來臨。

修訂《逃犯條例》提出來後，香港許多人都嗅到了氣味。於是，從法律界開始，到傳媒、寫作者、商人，包括一些親建制的富豪，都紛紛發聲反對。大家都看到，一年前的台灣命案只是巧立名目，而且立得不巧，漏洞百出。若這惡法通過，則所有人都生活在動輒得咎的恐懼中。一網打盡香港人，一錘擊潰一國兩制，更給台灣硬吞「中華人民共和國一部分」的死老鼠。

西方政府機構、香港大律師公會，和包括部分親建制的報章社論，都反對修訂《逃犯條例》。人權組織 Hong Kong Watch 不具名引述多名商界名人表達憂慮，這些人包括國際銀行高層、對沖基金經理。中共任命的基本法委員會委員陳弘毅教授撰長文，對修訂條例提出質疑。

但林鄭政權對所有質疑全都裝聾作啞。主持修例的高官連與法律界見面討論都欠奉，只是用強權逼一些親中人士表態，並依靠在立法會佔多數席位的建制派議員企圖硬闖過關。

在民主派分裂成大中華派和本土派的爭鬥中，連續幾年泛民主派主導的遊行人數越來越少。因此，中共和林鄭政權都低估了反對力量。但想不到全港大部分年輕人奮起，扭轉局面，使反送中運動風起雲湧，氣勢澎拜！

（原文發布於二〇二二年九月九日）

196／伊利沙白二世與毛澤東

九月九日，英國失去了在位七十年備受世人敬重的女王伊利沙白二世。在四十六年前的同一天，中國失去了讓大約五千萬人民非正常死亡的獨裁者毛澤東。英女王的典範能否傳承，世人或有些忐忑；而毛澤東的專權政治不但延續，而且政策頗有向毛時代復活之勢。

香港「反送中」發展到幾乎半數市民直接間接參與的運動，原因是從英治時代香港的流風善政，在九七主權轉移後每下愈況，使香港人越來越無法忍受。英女王去世，香港許多人去英國總領事館獻花和簽弔唁冊。若不是有國安法的血滴子在頭頂盤旋，相信弔唁的人會更多。

女王存在似有若無

殖民地時代的香港，英女王與香港市民有什麼相干？實際上幾乎所有香港人都只知道有女王存在，並戲稱之為「事頭婆」（老闆娘），幾乎政府機構都有掛她的頭像，但這種存在似有若無。在生活中，我們完全感覺不到她的影響，更莫說她的權力了。

而到了今天，香港主權歸屬的中國，就完全不一樣了。對香港人來說，習近平的權力是真實的存在，而且是對市民生活有十足影響的存在。

之前我曾節錄老子《道德經》第十七章的文字。在英女王逝世的時刻，我想到第十七章全文：

「太上，下知有之。其次，親而譽之。其次，畏之。其次，侮之。信不足焉，有不信焉。悠兮其貴言。功成事遂，百姓皆謂：我自然。」

「太上」至「其次，侮之。」前文已詳述，現在講講其他。[1]

「信不足」是指政權缺乏誠信，「有不信」指百姓不再相信政權。深一層的意思是，社會之間也缺乏互信了。

「悠兮其貴言。」掌權者要悠閒自在，「貴言」是不多言，以免侵擾百姓。

「功成事遂，百姓皆謂：我自然。」意思是當事情做成了，在講述功勞的時候，百姓都說，是我自己幹的。不會感謝政府。這種社會的前提就是每個人都自主、自由、自尊，這就是社會最好的狀態。

從殖民地香港，到主權轉移二十五年，香港就從「太上」狀態到「下下」狀態了。

老子講的「太上」狀態，我過去一直認為只是一種理想，世上並不存在。但現在想來，英治時代的香港，至少處於接近「太上」狀態。英女王的統治似有若無。唯一我聽說的一件事，就是前面講過的一九八六年香港通過的《公安（修訂）條例》草案，條例通過後，英女王遲遲未簽署。兩年後，政府當局廢除了這條例。[2]英女王何以遲遲不簽署，沒有人知道。我猜她是基於對新聞自由的價值觀。但「悠兮其貴言」，她沒有說出來。

聽取批評從善如流

在位七十年，雖說行的是君主立憲制，但其責任是維護國家的榮譽，皇室的榮譽。其實家家有本難念的經，皇家也不例外。光是丈夫、兒子、媳婦、妹妹就一大堆問題。國家也經歷由日不落國，而殖民地一個個獨立，英聯邦的維繫，頗大程度是靠她這個象徵性元首的柔性外交。在國際影響力下降中，女王不僅對外維護榮譽的責任不好當，對內還需從高高在上的君主制，過渡到現實世界的君主制的困難。

一九五七年，奧特林厄姆勳爵（Lord Altrincham）在報章批評伊利沙白二世「自負」、「老派」、「守舊」，演說讓人昏昏欲睡。他提出諸如取消名媛舞會、讓更多平民得以近距離接近王室、女王應當在電視上發表聖誕講話，保證王室與時俱進等等。

女王實際上幾乎全數採納了勳爵的建議。一九五七年的聖誕夜，伊利沙白二世首次在電視直播中發表聖誕講話。

聽取意見，從善如流。不要以為這是很容易做到的事。身為國家元首，經下屬的層層遮擋，要聽到批評意見已極不容易。要接受在當時屬少數人的批評意見去改進，更是難能可貴，世間少

1 參考篇目138。
2 參考篇目143。

有。

英國民間曾流傳女王在位七十年的一些小故事，她的親民，她的幽默等等。以她在位時間之長，及經歷之豐富，故事真是不多，甚至可說太少。但她最可敬之處不就是故事少嗎？作為掌最高權力者，她實現的就是老子的理想狀態：「下知有之」，「悠兮其貴言」和「功成事遂，百姓皆謂：我自然」。

因為她，我相信君主立憲制可能比共和制更好。

（原文發布於二〇二二年九月九日）

197／年輕人化解泛民分裂

二〇一四年佔領運動雖由戴耀廷教授倡議，但最終卻是因一些年輕學生衝進公民廣場啟動。帶動雨傘運動[1]的主要是年輕人。

二〇一六年魚蛋革命[2]，全由年輕一代發動和參與。

香港民主派自二〇〇三年就開始和理非（和平、理性、非暴力）爭民主，主要群體性活動就是每年元旦和七一的遊行。組織遊行的是民間人權陣線（簡稱民陣），這團體包括約五十個組織參與。二〇〇三年五十萬人的遊行規模最大，跟著每年至少兩次遊行，延續十多年，遊行示威成為香港的地方風采。但在中共從暗到明的政治干預下，市民的民主權利不僅沒有寸進，反而體制內的民主力量越來越薄弱。民陣每次大遊行照例拉橫額、喊口號，政黨在路邊擺攤募捐，遊行後人群散去，第二天人人照常上班上課。一切都是老樣子，人民依舊無權，政府向中共傾斜愈甚。

二〇一〇年後，本土派崛起，但在議會中的民主派仍然都是老一輩的大中華派。他們在選舉、輿論中，排擠以年輕人為主的本土派，常污衊本土派是中共奸細。在被排擠和敵視的情況下，年輕人對民陣的遊行也不參與了。民陣遊行人數逐年下降。

二〇一九年特區政府提出修訂《逃犯條例》後，民陣在三月底舉行過一次反修例遊行。參加者據稱有一萬兩千人，社會反應並不激烈。

四月二十八日，民陣發起第二次遊行。集合地點在鬧市的東角道，那裡可容納的人數不多。民陣估計不會有太多人。誰料參加人數大幅上升，擠爆了現場。遊行在三時四十五分起步，結果末端到六時才出發。民陣宣稱有十三萬人參加，是林鄭月娥上任後人數最多的遊行。

無法解釋條例漏洞

原因是政府中沒有人能夠解釋為什麼要修訂《逃犯條例》。一樁一年前在台灣發生的命案，明明有現成的法例可以把香港的逃犯移送到台灣，而且也有過先例，為什麼要以此為藉口，把不容許將逃犯移送中國大陸的「除外」條款去掉？[3] 目的不就是要依從中共專權政治的意願，把異見人士送去大陸受審受刑嗎？

特首林鄭、律政司司長鄭若驊、保安局長李家超被稱「修例三人組」。他們表示是要修補《逃犯條例》的漏洞，但又無法解釋包括法律界在內的各界所提出的問題，對西方駐港機構提出的質疑也沒有回應，甚至對所有提出異議的團體和名人都拒絕見面商討。可謂司馬昭之心，路人

年輕人自製宣傳單張，呼籲港人上街。

皆見。

年輕人決定不計前嫌，參加民陣的反送中遊行。這是四月二十八日遊行人數暴增的主要原因。

接下來，各大專學校以至各中學，都成立了反送中關注組，各社團及學校的反送中連署風起雲湧。民陣在六月九日發起第三次反送中遊行。由於估計人數會很多，因此將集合地點定在可以容納最多人的維多利亞公園。

為呼喚市民參加這次遊行，各大專學生和部分中學生，在港九新界各區進行動員。他們自費印刷宣傳單張，在各區的街道設街站，用喇叭向市民解釋「修訂《逃犯條例》」的要害，為什麼修例與香港每個市民都相關？為什麼要參加六月九日的遊行？

兄弟爬山各自努力

一個滂沱大雨的傍晚，在北角的一個街口，幾個年輕人冒雨向路人派傳單，同時用擴音喇叭講解。我向一個十多歲的女生說，你們這樣淋雨會感冒的，去商場避一避再出來吧。她帶著天真的微笑對我說：沒有關係，我們可以啦！

我被他們感動。我相信也有其他人被感動。有一位住新界的朋友說，他看到一個弱質彬彬的

1 參考篇目186。
2 參考篇目189。
3 參考篇目195。

小女生，一個人背著一大袋宣傳品，走長長的路送去街站。他說要幫忙，那女生說：謝謝，不需要啦！

如果說前幾年的兩次運動表現出了年輕人的勇氣的話，反送中能夠動員幾乎半個香港的市民直接間接參與，則歸功於年輕人的包容。他們絕大部分都是維護香港固有價值的本土派。泛民主派批評和攻擊他們所支持的本土參政者，就等於攻擊了他們本人。但在反送中的目標下，他們不計前嫌，全力動員同學、家人和廣大市民，一起參加由和理非的民陣發動的和平示威。一夕間掃除民主派的分裂現象。

反送中在其後表現出的民主派的相互包容，相互支援，這種「兄弟爬山，各自努力」的特質，是由年輕人在六月九日之前的表現形成的。在反送中運動中，分裂不再存在，無論是意識形態的分裂、抗爭手段的分裂，或世代的分裂，都不復存在。而這種改變，是我之前從來不敢想像的。

那時候政權之粗暴，和立法會建制派佔多數的形勢，使香港絕大部分人覺得抗爭是沒有勝算的。我在六月七日發表文章說：「我們走出來，不是因為覺得有希望，而是沒有希望也要走出來；不是因為相信人多就可以成功，而是不成功也要走出來。」

在年輕人動員下，六月九日的示威人數達到破紀錄的一百萬人。

（原文發布於二〇二一年九月十四日）

198／想忘記，又不能忘記的過去

「想忘記，又不能忘記的過去。」講到反送中，一位讀友這樣說。我知道許多香港人都有同樣的心情。

「想忘記」，正如一個你摯愛的人死亡，你要走自己的人生路，就不能讓這個你摯愛的人一直在腦海盤旋。一個曾經給你自由和無數機會的城市也一樣。它死亡了，你也不能永遠停留在懷念中。你或離開，或要適應。

「又不能忘記的過去」，是因為這段過去無比壯烈。它是一段歷史的斷層。它不大可能會再次出現。它的結局是一個悲劇，但誰能料到它不會成為未來的生機？

不管怎樣，真實必須記下來。誠如捷克作家昆德拉說：「人類對抗權力的鬥爭，就是記憶與遺忘的鬥爭。」

二〇一九年六月九日一百萬人參加反送中的和平遊行。包括我在內，那時誰都不認為示威行動會有什麼成果。當時我說：「我們走出來，只因為我們是有尊嚴的人。豬被殺還會叫幾聲，人豈能不如豬，默默地任憑惡法宰割？我們怎能容忍一個人人有法律保護的社會，淪為人人赤身露體任憑強暴的社會？」

果然，一百萬人示威沒有用，林鄭政權仍然決定六月十二日將法案在立法會建制派護航下硬闖。於是，六月十二日早晨開始，大批市民湧往立法會，阻止開會。警方下午使用武力，發放兩百多枚催淚彈和橡膠子彈，八十多名示威者受傷，有些傷勢嚴重。立法會暫停開會。林鄭在十五日宣布暫緩修例。

波瀾壯闊運動的起點

六月十二日這一天，是反送中運動中警方使用過度武力的開始，是警民衝突的開始，也是勇武抗爭產生了成效（阻止法案通過）的開始。波瀾壯闊的反送中運動，就以這一天為起點。

接下來整年發生的事件都令人震驚和意想不到。六・一六爆發兩百萬人的示威遊行。港島從東區到金鐘，所有馬路和地鐵站都擠得水洩不通。我因年老，朋友就建議我坐計程車到灣仔加入遊行隊伍。但即使這樣，因人太多，行走像蝸牛蠕動。走了兩小時，也只走了一小段。我因疲累就回家了。

六・一六兩百萬市民提出五大訴求：完全撤回《逃犯條例》修訂草案、撤回當局對六・一二的暴動定性、不檢控所有被捕示威者、追究警隊濫權、林鄭月娥辭職下台。

兩百萬人的訴求，政府仍然置之不理，警暴與抗暴事件就連續發生。七・一衝擊立法會，七・二一警方放任黑社會在元朗無差別地襲擊路人，八・三一在地鐵太子站車廂內警察亂棍毆打乘客。九月十五歲少女陳彥霖的全裸屍體在海面被發現，政府急急將屍體火化，說她是自殺，而她是一名游泳健將。十一月二十二歲科大學生周梓樂在警民衝突期間，從三樓停車場墮下重傷不治。他手腳無骨折而軀幹受重傷。他的死因受到多方質疑。

中文大學和理工大學爆發警方與抗暴學生的激烈攻防戰。學生被圍困和用各種方法逃脫，香港市民則群起對學生支援。此外，又不斷傳出被捕的抗爭者在拘留處被虐打、被強暴的消息。每天電視和網台直播的畫面，與次日警方記者會的謊言，從根本上改變了沉默大多數的觀念。

只有在抗爭中才自由

我每天看著電視畫面上警察對抗爭者的暴打，施放催淚彈、橡膠彈甚至真槍實彈。我憤怒，對年輕人的勇武抗爭感到痛心。許多個晚上，我緊盯電視，想看到中大、理大攻防戰的發展，想看到年輕人脫身和被救援。我流著眼淚，心裡叫那些年輕人不要以卵擊石地衝擊呀！但我說不出口，也寫不出來。因為我知道這些勇敢的年輕人，在和平的手段用盡而得不到政府的回應時，他們只有在抗爭中才感到自由，才體驗到不相識手足的真正友誼。

好幾次，我忍不住要走上街頭和勇武抗爭者站在一起，在精神上支援他們。但我被一位年輕人阻止了。他說你去只會增加抗爭者的負擔。因此，除了大遊行之外，我只參加過

2019年4月28日反送中遊行。

一次銀髮族支援抗爭運動，以及一次全港手拉手的人鏈活動。

整年反送中的歷程，已經有許多文字和視像報導，我也已將這一年的評論彙集成書。這裡就不重複敘述了。但有些數字也許應該留下來，就是反送中運動到二〇二〇年三月為止，共有超過七千人被捕；二〇一九年六月到九月，有兩百五十六宗自殺案，和兩千五百三十七具「屍體發現案」。這些屍體是怎麼會出現的？關於抗爭者被虐待致死並非法「處理」，在香港已不是都市傳說，而是社會共識。

二〇一九年之前的幾年，香港政治、社會、經濟在中國大陸的侵蝕下，已經使我這個在香港生活了七十年的人感到陌生了。想不到二〇一九年香港人為社會權益奮起抗爭，那種獻身精神，也使我感到陌生。前者這種陌生令我沮喪；後者這種陌生令我驚異。我自問對香港人的特性有深切了解，香港人精明，在守法中很懂得轉彎，到了世界各地都能夠生存，善於趨吉避凶。但怎麼會在這一年變得不顧個人利益勇於為促使社會改變而犧牲呢？

對於當時八十三歲的我來說，這是全新的認識。香港人覺醒了。強權可以壓制覺醒了的人的行為，但壓制不了這種覺醒。一有機會，就以不同方式表現出來。比如，英女王逝後，那源源不絕的人龍和花海，就是民心所向，也是對強權的無聲抗議。

（原文發布於二〇二二年九月十六日）

最終章

026／《蘋果》：成功的失敗者

照目前形勢估計，相信大多數人都會預料，本星期六（六月二十六日）以後，《蘋果》能再出版的機會是微乎其微了。《失敗者回憶錄》的連載會中斷。

《蘋果日報》於一九九五年創刊，我在這一年年尾開始在論壇版寫每週六篇的評論「李怡專欄」，二〇〇五年擔任論壇主編至二〇一四年，其間在名采寫過散文，寫過「蘋論」，寫過「小評」，二〇一六年開始寫「世道人生」專欄至今年三月底。我人生中任《七十年代》、《九十年代》總編二十八年許，又接著在《蘋果日報》寫和編二十五年許，超過半世紀的筆耕生涯，近一半在《蘋果》。我在「題記」中說，單從事業、家庭、生活等去考量，我這一生當然不算失敗，「但回顧我一生的追求，卻是不斷的感受理想破滅、價值敗壞的悲哀」，從這個角度看，就是「失敗者」。

只有讀者是老闆

來到《蘋果日報》的尾聲，我也就提前在這裡寫《失敗者回憶錄》的尾段：我有四分一世紀在此編撰，而又二十六年從未間斷地閱讀的報紙。以我的「失敗者」定義來看，它就是失敗者。但不要忘記，它曾是香港報紙當中，一面世即取得最大成功的一份。它由成功走向失敗，有全世界紙媒淪落、網路媒體資訊爆炸的客觀因素，也有主觀因素。終於不得不停刊，則眾所周知是極權插手，香港禮崩樂壞、人權不保、法治蕩然的結果。

著名作家、曾在《人民日報》當記者多年的劉賓雁說過：報紙的面孔就是總編輯的面孔。但在自由競爭的社會，更準確地說，報紙的面孔是老闆的面孔。香港絕大多數報紙的老闆，都插手編採的輿論走向；而老闆的個人經驗、見識和氣度，更可以在報紙面孔見到。

黎智英以製衣業成功商人的背景進軍傳媒。他以高薪請了大批編採人員，但他沒有完全相信手下的編報經驗，而是每天開「鋤報會」，各高層參加，也選些讀者出席，對每一版的每篇報導、標題和每篇文章批評，不留餘地。他說過，報紙是辦給讀者看的，報紙只有一個老闆，廣告客戶不是老闆，管理層不是老闆，只有讀者是老闆。

黎智英沒有辦報經驗，但是，他有從商經驗。伊利諾大學經濟學教授 Deirdre N. McClosKey 曾經提到，在機會平等的市場經濟社會，從商是以美德為基礎，並能在從商者身上催生幾種美德，其中包括創新的勇氣，誠實買賣的公正，和對法治下市場社會的信念。

《蘋果日報》面世時，令人耳目一新，它不是哪一個總編輯的面孔，而是一切以顧客的需要為依歸的成功商人的面孔。

中文報業上留名

「愚者師經驗，智者師歷史」。一個人如果做什麼事都根據過去的經驗，就無法開創新局面。

從《壹週刊》到《蘋果》、《壹本便利》、《忽然一週》、《飲食男女》，以及台灣版報刊，都因打破以往的辦報經驗而成功。但從二〇〇八年收購台灣《中國時報》失手之後，香港《爽報》的失敗，特別是台灣壹電視的大出血，我不知道是客觀社會的習慣改變所導致呢，還是有了成功經驗之後，被成功經驗所囿，與時代脫節而走向失敗？

不下毒手，《蘋果》還能撐多久，一直是人們議論的話題。下了毒手，就同情歸《蘋果》，怨憤歸強權也。

但無論如何，壹傳媒在香港的出現，在中文報業史上，應留下商人辦報勝於文人辦報的成功經驗，或許可以同張季鸞一九二六年入主《大公報》創造的輝煌相媲美。張季鸞提出「不黨、不賣、不私、不盲」這四不原則，是新聞界的圭臬。《蘋果日報》老闆未必知道這「四不」，因為他只是實行了其中一部分。

無懼鎮壓
蘋果日報
催淚彈強攻下
留守迎接拘捕

2014年9月29日，《蘋果日報》發行「佔中特輯」。

（原文發布於二〇二一年六月二十三日）

027／怎能向一種精神道別？

民國時《大公報》張季鸞提出「不黨、不賣、不私、不盲」這四不原則，按他的解釋，「不黨」並非中立，亦非敵視政黨派系，而是同一切政黨無連帶關係，純以公民地位發表意見；「不賣」是言論獨立，貴經濟自存，不接受政治人物投資，亦不以言論作交易；「不私」是不讓新聞這種公器私用，要做公眾喉舌；「不盲」是自勉之詞，「隨聲附和，是謂盲從；一知半解，是謂盲信；感情衝動，不事詳求，是謂盲動；評詆激烈，昧於事實，是謂盲爭。吾人誠不明，而不願自陷於盲」。

這「四不」，本以為理所當然，但經數十年之經驗，知道所有大規模的傳媒，都極難做到。就連多數人都認為最能體現新聞自由的美國，去年（二〇二〇）選戰也出現了媒體大歸邊的現象。黨領導的中國媒體不用說，即使過去香港的媒體，儘管在世界新聞自由的評分中名列前茅，但實際上均與「四不」有段距離，只看是距離多遠，或能持續多久而已。中國政治一直不放過媒體，關說統戰、威迫利誘不絕。文人辦報的大作家，在見了鄧小平之後，也變了顏色，說媒體應效法解放軍也。

關說拉攏不絕

《蘋果日報》創刊不久，聲勢已起，但老闆闊綽，成本高而未有盈利，這時據知有一個新紮年輕富豪，出價三十億港元向黎智英提出收購，講明不更動不干預現有編採。當時老闆僅投資數億元，以做生意計算，實應大賺一筆，但老闆斷然拒絕。

在漫長的經營歲月裡，中國已經不止一次向黎老闆拉攏，包括我寫過的兩夫妻到台灣遊說而被老闆叫保安送客的事[1]，也有通過文化界大佬向他拉攏回大陸辦報。即使在幾年前，還有通過親屬邀他去北京一行，但都被他回絕。換了文人辦報，以中國傳統知識人的習性，這都是求之不得的事。一些老朋友賣交情要求報刊報導或不報導的關說，多不勝數。黎智英都不理會。我因為跟他認識，也不斷有人託我關說，但我知道不可能，都一一回絕。所以，「不賣」他是絕對做到了。

「不黨」若講的是掌權的政黨，那麼《蘋果日報》確實與掌權者永遠保持安全距離。但我也不得不說，在爭取香港民主的過程中，壹傳媒一直偏向民主黨、公民黨、和理非，對年輕抗爭者、本土派、勇武派缺乏支持，甚而有所詆毀。這是《蘋果》在本土意識崛起後，漸漸得不到年輕讀者支持的原因，恐怕也是我編論壇版九年後，因為廣開言路而被老闆撤換的原因。所以，「不黨」沒有完全做到。到二〇一九年反送中運動開展後，才出現「不割席」的形勢。

「不私」也基本做到，沒有利用媒體為老闆個人謀私，但也有為他所屬意的政黨謀政治利益。「不盲」既是自勉之詞，做到多少是見仁見智了。

沒有《蘋果》之後

但黎智英最大的失誤，正正是他最值得尊重的一點，就是守法和太相信法治。他在一九九七前兩年辦《蘋果日報》[1]，是他相信中共會遵守《基本法》，相信和平爭取民主會真正實現港人民主治港。而不知道中共最忌諱的，不是暴力抗爭，反而是依法以和平手段力爭人民的自主權。

沒有了《蘋果》香港會怎樣？至少是再也沒有媒體去揭露政商界的黑幕了。因為，除壹傳媒外，沒有一個傳媒可以使人相信會真正保護消息來源。比如早前揭發的特首給中央的報告。[2]

我編論壇時的助理 Kannie 昨天在 Facebook 上寫了一篇好文章，她說：「不想、亦不會向蘋果道別。怎能向一種精神道別？特別在今天的香港。」

「成功不是終結，失敗不是終結，只有勇氣是永恆。」追求「四不」的勇氣，就是蘋果的精神。它已經深植人心。

（原文發布於二〇二一年六月二十三日）

1 參考篇目133。

2 《蘋果》曾取得一份特首辦提交給中央的抗疫工作報告，揭露當時的特首林鄭月娥將抗疫錯失歸咎反對派、建制派及激進網民，更將抗疫工作視作選舉翻盤契機，被指為「假抗疫，真助選」。

028／自由時代的終章

《香港國安法》頒布的一年前，《蘋果日報》出版一本二十五週年特刊，取名「不是最終章」，一年後，「最終章」在六月二十四日成為現實。

在滂沱大雨下，《蘋果》最終章使香港成為悲情城市。不錯，仍然有許多人若無其事，有許多人公開或暗自竊喜，但鋪天蓋地的貼文、照片、影像，在社交媒體洗版，已經告訴全世界，香港人正在悲痛著這裡已經不再是以前的香港。

最能夠反映這個時刻的，是攝影師和導演梁銘佳（Ming Kai Leung）製作的「豪情夜生活——《蘋果日報》最後一晚我最喜歡的人（目前）」，影片以著名的蘇格蘭「驪歌」〈Auld Lang Syne〉配樂，剪輯了大雨中《蘋果》大門外最後一夜民眾聚集，和次日凌晨開始香港各區報攤、便利店大排長龍的情景，飄逸著依依不捨的情懷，令人傷感。

在互聯網和社交媒體的襲擊下，傳統的媒體尤其是紙媒許多都結業了。人人都習以為常。不久前，《蘋果日報》台灣版的紙版收攤，社會上沒有掀起一絲漣漪。封殺了《蘋果日報》的廣告，《蘋果》何時辦不下去，幾年前行內行外都認為是時間問題，老闆黎智英為理想不斷貼補墊支，是勉強撐持下去的唯一原因。二〇一九年的反送中運動，使《蘋果》的訂戶驟增，算是暫度難關。但靠社會運動帶來的支持，畢竟不是生意經。因此，運動被壓制後，《蘋果》缺廣告且讀者流散，仍然未脫經營困難。

非由市場淘汰

儘管廣告戶受到政治壓力而使《蘋果》斷水源，但基本上這仍然是依市場規律作淘汰。若香港《蘋果》如同台灣版那樣結業，二十三、二十四日的夜與日，不會使香港成為悲情城市，而《蘋果日報》的結束也不會顯得如此轟轟烈烈——不過就是一份報紙結束吧了。

但所有香港人，全世界輿論，都看到這不是市場淘汰的結束，而是從去年（二〇二〇）七月《國安法》在香港實施以來的一次有計畫的鎮壓反對派意見表達的行動。於是，「蘋果最終章」的出版日，就成為香港人、香港歷史、甚至世界報業史、自由抗爭史的永遠被記住的一天。

因為，這一天不只是一份報紙的最終章，而且是自由香港的終章。自一八四一年開埠以來，香港從一個小漁村發展成蜚聲國際的國際金融中心，長期高倨全球經濟和新聞自由度前列，而這個法治保障下的自由所創造的奇蹟，在六月二十四日這一天走到「最終章」。不是香港人告別了《蘋果日報》，而是香港告別了自由。

人類社會的「四大自由」，是：言論自由、宗教自由、免於匱乏的自由和免於恐懼的自由。而言論自由是「四大自由」之首，而且是其他自由的保障。言論自由範圍的新聞自由，它的主要功能，依美國大法官 **Hugo Black** 的定義，就是「防止政府任何部門欺騙人民」。因此，當政府任何部門可以扼殺新聞自由的事情發生，那就是社會言論自由的泯滅，也就是人們所有的自由失去了保障。

《蘋果日報》的消失，不會令香港失去新聞自由和言論自由，但《蘋果日報》以現在這種方式消失，亦是向一個時代告別，告別的不是一份報紙，而是自由的時代。

曾經信有明天

如果不是英國殖民地帶給香港的自由的時代，不會有孫中山的革命思想，不會有香港人對中國抗日戰爭和追求民主自由的抗爭的支援，不會在海峽兩岸都缺乏言論自由的時代，成為獲取兩岸資訊並由外轉內影響兩岸局勢的最重要基地，不會大批中國商人在法治下各顯神通，創造國際級的企業，不會有在歷次中國蒙災蒙難時香港人的慷慨伸手，不會有改革開放後中國的發展。

而我的整個人生，也正好因為在香港發展我的編輯寫作生涯，才可以在中港台的局勢充滿轉變的時代，因緣際會地自由論政，成全了可以無愧的漫長人生。

一九八四年，當中英談判香港前途問題塵埃落定，知道一九九七年香港和香港人將由一個非自由法治的共產政權管治，那時及以後，我都不認為香港的自由可以延續。九七前兩年，《蘋果日報》創刊，社論指出，「對九七後香港新聞自由的信心絕不動搖」，「在資訊自由的今天，人民選擇自由的威力比任何力量都要強大」。一九九七年香港主權轉移，美國《財富》雜誌指是「香港之死」，而《蘋果》當天的頭版是「一個大時代的開始——香港信有明天」。亦引述了當時國家主席江澤民的話：「貫徹高度自治　香港人當主人」。

2021年6月24日《蘋果日報》最後一天出刊。

在之後，《蘋果》一直堅守「一國兩制」立場，推動《基本法》下的港人治港，反對台獨、港獨甚至本土化，即使本土化是世上所有地區在外來者侵凌下的必然趨勢。《蘋果日報》所代表的，確實是香港市民中無法或不想離開的人士，對中國承諾的一國兩制的真誠期望，並努力促其真正實現。香港二十四年的實踐，由《蘋果日報》的災難式終結，就等於宣示一國兩制的終結，香港一百八十年自由的終結。

蘋果落到地上，種子在泥土中，會生長出更多的蘋果樹。這是許多人對《蘋果》終結後的樂觀希望。我從來不是樂觀者，對人性的醜惡了解越多，越知道真理很難敵得過強權。但追求自由是人性中無法遏止的渴求。強權雖得逞，但自由壓不住。強權永遠無法代替真理。

沒有了《蘋果》之後，這是續刊《失敗者回憶錄》的第一篇，如有機會出版，很可能會放在最後。因為這也是我回憶在香港從事自由編寫生涯的終結。

（原文發布於二〇二一年六月二十八日）

代後記

二〇一九年三月底，我在報章的專欄表示，我將會在接下來的專欄中，就我一生中值得記憶的一些經歷，一路走來的心路歷程，寫下來。

我的人生經歷，是微不足道的。不過，既可說幸運又可說不幸的是，我生活的時代是中國、台灣和香港都經歷極為重大變遷的時代，我又置身在觀察、報導、評論這三地大變遷的敏感傳媒中。我目睹香港傳播界的淪落：從三地中最能夠自由看到海峽兩岸看不到的時事和政治，能自由評論，急速因自我審查、廣告和採訪受壓、事事要政治正確，而社會公信力不斷下跌；我經歷台灣人從正面期待「香港的今天，台灣的明天」，而急速地變成負面警惕「香港的今天，台灣的明天」。在這個大變動中，我的社會角色、出身、工作、家庭和在交叉路口的糾結，也許有些特殊。我想在有生之年，為自己留下這片雪泥鴻爪。

十多年前已經有這心願，只是在讀過黑澤明的《蝦蟆的油》和一些人的自傳後，深覺人類很難擺脫自我美化的怪圈，不想自己也陷入這怪圈中，因此蹉跎了好久，直到二〇一九年已高齡八十三，覺得有些事情不寫，可能後世就無人知道了，於是下決心去實現人生的最後心願。

《回憶錄》在香港《蘋果日報》刊登了十來篇。一日，我接到黎智英電話，他說當時在台灣，有人對他說，希望看到我對當時香港特區政府提出的「送中」條例發表評論。他問我能否暫時擱下回憶錄幾天，在專欄講講反送中。我在《蘋果》寫評論二十多年，黎老闆從未對我的寫作提出要求。我回答他說我可以寫，但不會有什麼作用，港府和立法會都鐵定會一意孤行。他說，還是盡點力吧。我應承了他。

想不到的是，一寫就不可收拾。不是寫幾天，而是寫了一年多。我被香港一場反送中運動牽動心緒，使我再也無法有心情去懷想過去。每一天，我都被社會發生的事情吸引著關注，都不能不寫自己對當前時勢的感受和評論，也無時無刻不因時局變化而產生對自己既有觀念的審視。這一年我在許多認知上有所覺醒。我放下一年前的最後心願，因為我覺得自己過去的漫長經歷，即使對我自己，都已經不那麼重要。

魯迅說：「我的確時時解剖別人，然而更多的是更無情面地解剖我自己。」我的一生也經歷過多次解剖自己，對社會主義的覺醒，對共產黨的覺醒，對愛國主義的覺醒，對中國的覺醒，這些都是不同層次的覺醒，一次次在解剖自己的思想認知，並貫徹在編輯寫作的實踐中。到八十多歲高齡，以為思想已經定型了，以為對生活了七十多年的香港社會已有相當穩定的認知了，不料整年反送中運動，卻醍醐灌頂般讓我又有了很大醒悟。

那時，年輕作家盧斯達訪問我，問我會不會覺得不夠時間？我想他大概是想問我寫回憶錄的事。我說：「會，但我現在覺得要順其自然。我本來想寫回憶錄，但我現在覺得，做得到就做，做不到就算。」因為儘管寫政治文章多數要講理性，但一個人做什麼事、走哪條路，是受感情支配，不由理性支配的。

但接著香港粗暴通過「國安法」，我仍然無懼紅線的模糊而繼續在香港寫時評。直到今年（二〇二一）三月，我感到六十多年寫作生涯從未遇到過的實實在在的壓力，感到政治荒謬程度到了普通市民都人人可以看到、人人都會講，已不需要評論家去分析，而政治環境則是使「人人都不可以講」。於是，我就在三月三十一日告別我的時評專欄。

在四月十九日，我在《蘋果日報》開始了「失敗者回憶錄」的專欄。香港《蘋果日報》被迫終結後，我沒有擱筆。二〇一九年的事會寫在最終章。有人說，我寫的是「非一般」的回憶錄。這不是意味「好」，而只是「非一般」，因為我在敘述個人往事中，一直帶著對個人思想、心路歷程，對社會和家國大事的思索和剖析。鑑往而思今，是我寫回憶錄的目的。

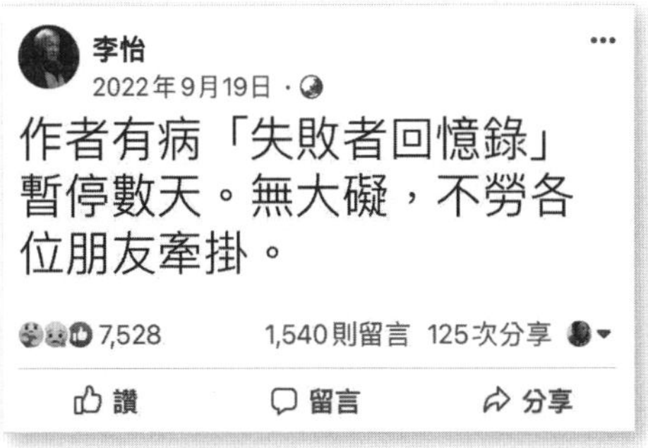
李怡
2022年9月19日 ·
作者有病「失敗者回憶錄」暫停數天。無大礙，不勞各位朋友牽掛。
7,528
1,540則留言 125次分享
讚
留言
分享

圖片授權

篇目	圖片提供者
彩頁、1、2、3、8、9、12、13、15、16、18、20、22、23、24、30、31、34、35、36、37、38、39、41、44、46、47、49、50、53、55、56、57、82、89、101、110、117、119、128、145、149、171、172	家屬提供
72	黃永玉
103	方蘇
131	陳明
135	林駱友梅
181	中央廣播電台
186	羅恩惠、Kannie
191	羅恩惠
194	B.T.
197	Kannie
198	Ken Lui
26、28	Kannie

特別感謝

香港中文大學圖書館

INK PUBLISHING

People 22

失敗者回憶錄（下）

作　　者　李怡
發 行 人　張書銘
出　　版　INK 印刻文學生活雜誌出版股份有限公司
新北市中和區建一路 249 號 8 樓
電話：02-22281626
傳真：02-22281598
e-mail：ink.book@msa.hinet.net
網　　址　舒讀網 http：//www.inksudu.com.tw

法律顧問　巨鼎博達法律事務所
施竣中律師
總 代 理　成陽出版股份有限公司
電話：03-3589000（代表號）
傳真：03-3556521
郵政劃撥　19785090　印刻文學生活雜誌出版股份有限公司
印　　刷　海王印刷事業股份有限公司

出版日期　2023 年 5 月　初版
2024 年 3 月 8 日　初版七刷
ISBN　978-986-387-632-8
定價　950 元（上下冊不分售）

國家圖書館出版品預行編目資料

失敗者回憶錄（下）／李怡 著 --初版,
新北市中和區：INK印刻文學, 2023. 05 面；
14.8× 21公分. --（People；22）
ISBN 978-986-387-632-8(（平裝）
1.李怡 2.回憶錄 3.時事評論 4.香港特別行政區

782.887　111021344